LESEBUCH

DES

RÖMISCHEN RECHTS

ZUM

GEBRAUCH BEI VORLESUNGEN UND ÜBUNGEN UND ZUM SELBSTSTUDIUM

VON

BERNHARD KÜBLER,

PROFESSOR DER RECHTE AN DER UNIVERSITÄT ERLANGEN.

BERLIN 1912.

J. GUTTENTAG, VERLAGSBUCHHANDLUNG,

G. M. B. H.

SEINER EXZELLENZ

DEM WIRKLICHEN GEHEIMRAT PROFESSOR

DR. ERNST IMMANUEL BEKKER

IN TIEFSTER VEREHRUNG UND HERZLICHSTER

DANKBARKEIT DARGEBRACHT.

Das Buch, welches ich hiermit der Öffentlichkeit übergebe, ist hervorgegangen aus einer Zusammenstellung von Quellenstellen, die ich zum Gebrauch der Zuhörer meiner Vorlesungen über das System des römischen Privatrechts angefertigt hatte. Die Anregung dazu verdanke ich einer Nachricht in den Erinnerungen Bethmann-Hollweg's an Savigny (Zeitschr. f. Rechtsgesch. 6, 57), nach welcher der große Rechtslehrer auf dem Berliner Lehrstuhl in gleicher Weise verfahren war. Da das Büchlein viel begehrt wurde, auch von solchen, die meine Vorlesung nicht hörten, und rasch vergriffen war, habe ich mich entschlossen, es einem weiteren Leserkreise zugänglich zu machen. Es kann vielleicht bei exegetischen Übungen, Repetitorien und namentlich in den Kursen zur Einführung in die Quellen des römischen Rechtes, die in den meisten deutschen Staaten eingerichtet sind, gute Dienste leisten. Mit Rücksicht hierauf habe ich die Stellen stark vermehrt, mit Anmerkungen und einem Wörterbuche versehen. Bei letzterem war es mein Bestreben, nur unbekanntere Wörter aufzunehmen; doch bin ich dabei etwas weit gegangen, was man bei der sehr verschiedenartigen Vorbildung der heutzutage studierenden Jugend begreiflich finden wird. Dagegen habe ich mich in der Aufnahme der zu berücksichtigenden Stellen auf das knappste Maß beschränkt, um den Umfang des Buches in engen Grenzen und den Preis möglichst niedrig zu halten, und vor allem, weil dies Buch nur für Anfänger bestimmt ist und durchaus nicht den Zweck verfolgt, den Gebrauch des Corpus juris zu ersetzen. Bei exegetischen Übungen, die mit Vorgeschritteneren in wissenschaftlichem Geiste betrieben werden, wie ich sie für ganz unentbehrlich halte und am liebsten obligatorisch auf allen Universitäten eingeführt sähe, wird immer das Corpus juris selbst zu Grunde gelegt werden müssen, und ich beabsichtige mit meinem Buche nur, in den Studierenden Interesse am römischen Recht zu erwecken und sie zum eigenen Studium der Quellen anzuleiten und anzuregen. Doch habe ich es bei dem heutigen Stande unserer Wissenschaft für notwendig erachtet, auf die Resultate der Interpolationenforschungen hinzuweisen. Sätze, die als interpoliert erwiesen oder doch der Interpolation in hohem Maße verdächtig sind, habe ich in viereckige Klammern eingeschlossen. Ich bin dabei aber mit großer Vorsicht und Zurückhaltung verfahren und habe lieber des Guten zu wenig als zu viel getan. Ergänzungen von Lücken sind entweder kursiv gedruckt oder in dreieckige Klammern (⟨⟩) eingeschlossen.

Bei der Gestaltung des Textes habe ich mich nicht sklavisch an die Rezension von Mommsen und Krüger gehalten. Da es mir vor allem darauf ankam, einen lesbaren Text vorzulegen, so habe ich gelegentlich die Lesart der zweiten Hand der Florentina oder der geringeren Handschriften, auch wohl hie und da eine gute Konjektur in den Text gesetzt, jedoch immer unter Angabe der Überlieferung. Im übrigen habe ich eine ständige Berichterstattung über den Stand der Überlieferung nicht für nötig erachtet; nur wo ich den Text für offenbar verdorben, die vorgeschlagenen Verbesserungen aber nicht für hinreichend sicher oder befriedigend hielt, habe ich die besten Emendationsversuche in den Noten angegeben, um dem Leser für das Verständnis der betreffenden Stelle einen Fingerzeig zu geben. Auch hier habe ich mich auf ein Minimum beschränkt, weil erfahrungsgemäß der Jurist für die philologische Kritik wenig Interesse hat. Gelegentliche Hinweise auf die Literatur aber hielt ich schon deshalb für nützlich, weil die Studierenden mit den hervorragendsten Werken bekannt werden müssen. Wenn ich hie und da, nach meiner langjährigen Erfahrung in Übungen und Kursen des römischen Rechts, kleine Übersetzungshilfen gegeben habe, so hoffe ich dafür den Dank der Benutzer zu ernten.

Inhaltsverzeichnis.

Erster Teil. Allgemeine Lehren.

I. Das Recht im objektiven Sinn.

Seite

§ 1. Begriff und Einteilung Nr. 1, 2 1
§ 2. Gesetze Nr. 3 1
§ 3. Gewohnheitsrecht und Gerichtsgebrauch Nr. 4—10 2
§ 4. Aufhebung der Rechtssätze Nr. 11, 12 3
§ 5. Arten der Rechtssätze Nr. 13—22 3
§ 6. Auslegung der Rechtssätze Nr. 23—26 5
§ 7. Zeitliche Herrschaft der Rechtssätze Nr. 27—28 5
§ 8. Räumliche Herrschaft der Rechtssätze Nr. 29—34 6

II. Das Recht im subjektiven Sinn.

§ 9. Begriff Nr. 35—39 7
§ 10. Ausübung und Kollision der Rechte Nr. 40—43 7

III. Das Rechtssubjekt.

A. Die natürliche Person.

§ 11. Anfang der Persönlichkeit Nr. 44—53 8
§ 12. Ende der Persönlichkeit Nr. 54—56 10
§ 13. Geschlecht Nr. 57—59 11
§ 14. Alter Nr. 60—66 11
§ 15. Gesundheit Nr. 67—69 13
§ 16. Ehre Nr. 70—73 14
§ 17. Abstammung, Verwandtschaft, Schwägerschaft Nr. 74—80 15

B. Die juristische Person.

§ 18. Begriff und Einteilung Nr. 81—86 16
§ 19. Entstehen und Untergang der jur. Person N . 87—90 18
§ 20. Rechte der juristischen Person Nr. 91—95 19

IV. Das Rechtsobjekt.

§ 21. Begriff und Einteilung Nr. 96—108 19
§ 22. Rechtsverhältnisse an Sachen Nr. 109—122 22

Seite

V. Die juristischen Tatsachen.

§ 23. Tatbestand und Rechtsfolge Nr. 123—129 25
§ 24. Die Zeit Nr. 130—141 26
§ 25. Unwissenheit und Irrtum Nr. 142—148 28

A. Das Rechtsgeschäft.

§ 26. Begriff Nr. 149—152 31
§ 27. Mängel der Willenserklärung Nr. 153—163 32
§ 28. Bedingung, Befristung, Auflage Nr. 164—194 35
§ 29. Stellvertretung Nr. 195—200 40
§ 30. Ungültigkeit und Heilbarkeit der Rechtsgeschäfte Nr. 201—202 41
§ 31. Auslegung der Willenserklärungen Nr. 203—209 42

B. Unerlaubte Handlungen.

§ 32. Begriff des Zivilunrechts Nr. 210—215 43
§ 33. Grade des Verschuldens Nr. 216—220 44

VI. Der Rechtsschutz.

A. Selbsthilfe.

§ 34. Selbstverteidigung Nr. 221 46
§ 35. Selbstbefriedigung Nr. 222—226 46

B. Staatshilfe.

§ 36. Die Klage Nr. 227—230 47
§ 37. Die Einrede Nr. 231—238 48
§ 38. Litiskontestation und Rechtshängigkeit Nr. 239—244 50
§ 39. Beweis Nr. 245—248 51
§ 40. Urteil Nr. 249—254 52
§ 41. Verjährung der Klage Nr. 255—260 54
§ 42. Wiedereinsetzung in den vorigen Stand Nr. 261—266 55
§ 43. Sicherung von Ansprüchen Nr. 267—270 56

Zweiter Teil. Das Sachenrecht.

I. Das Eigentum.

§ 44. Begriff Nr. 271—274 58
§ 45. Das Miteigentum Nr. 275—279 59
§ 46. Eigentumserwerb infolge von Übertragung durch den Berechtigten Nr. 280—292 60
§ 47. Ersitzung Nr. 293—297 62
§ 48. Okkupation (Aneignung) Nr. 298 63
§ 49. Spezifikation (Verarbeitung) Nr. 299 63
§ 50. Eigentumserwerb durch Verbindung oder Vermischung (Akzession) Nr. 300—305 64

Seite

§ 51. Schatzerwerb Nr. 306 65
§ 52. Fruchterwerb Nr. 307—310 66
§ 53. Endigung des Eigentums Nr. 311, 312 67

II. Der Besitz.

§ 54. Begriff und Arten Nr. 313—322 67
§ 55. Besitzerwerb Nr. 323—332 69
§ 56. Verlust des Besitzes Nr. 333—340 72

III. Schutz des Eigentums und Besitzes.

§ 57. Die Eigentumsklage und die Publizianische Klage Nr. 341—345 73
§ 58. Persönliche Klagen zum Schutze des Eigentümers Nr. 346—365 75
§ 59. Besitzschutz Nr. 366—377 79

IV. Servituten.

§ 60. Allgemeine Regeln Nr. 378—382 81
§ 61. Personalservituten Nr. 383—389 83
§ 62. Prädialservituten Nr. 390—396 84
§ 63. Begründung der Servituten Nr. 397—399 86
§ 64. Endigung der Servituten Nr. 400—402 87
§ 65. Rechtsschutz der Servituten Nr. 403—406 88

V. Emphyteuse und Superficies.

§ 66. Emphyteuse Nr. 407 88
§ 67. Superficies Nr. 408 89

VI. Pfandrecht.

§ 68. Begriff Nr. 409—413 89
§ 69. Entstehung des Pfandrechts Nr. 414—416 90
§ 70. Gegenstand und Wirkungen des Pfandrechts Nr. 417—421 90
§ 71. Klagen aus dem Pfandrecht Nr. 422—425 91
§ 72. Mehrheit der Pfandrechte Nr. 426—432 92
§ 73. Endigung des Pfandrechts Nr. 433—436 93
§ 74. Pfandrecht an Rechten Nr. 437—442 95

Dritter Teil. Das Obligationenrecht.

I. Allgemeine Lehren.

§ 75. Begriff, Inhalt und Arten der Obligationen Nr. 443—450 97
§ 76. Besondere Leistungen (Geld, Zinsen) Nr. 451—462 98
§ 77. Die Haftung des Schuldners Nr. 463—467 101
§ 78. Vorteilsausgleichung Nr. 468—470 103
§ 79. Erfüllungsort Nr. 471—472 103

Seite
§ 80. Erfüllungszeit, Verzug Nr. 473—486 104
§ 81. Naturalobligation Nr. 487—498 107

II. Entstehung der Obligation.

§ 82. Einteilung Nr. 499 109

A. Aus Rechtsgeschäften.

§ 83. Verpflichtung durch einseitiges Versprechen Nr. 500—507 110
§ 84. Das Nexum Nr. 508—509 111
§ 85. Der Verbalkontrakt Nr. 510—513 112
§ 86. Konventionalstrafe Nr. 514—520 113
§ 87. Der Litteralkontrakt Nr. 521—523 115
§ 88. Das Darlehn Nr. 524—530 116
§ 89. Die Leihe Nr. 531—534 117
§ 90. Verwahrung Nr. 535—536 118
§ 91. Kauf Nr. 537—552 119
§ 92. Miete und Pacht Nr. 553—559 122
§ 93. Werkvertrag Nr. 560—562 123
§ 94. Große Haverei Nr. 563 124
§ 95. Auftrag Nr. 564—578 124
§ 96. Gesellschaftsvertrag Nr. 579—589 127
§ 97. Innominatkontrakte Nr. 590—595 130
§ 98. Das Pactum adiectum Nr. 596—601 131
§ 99. Das constitutum debiti (pactum praetorium) Nr. 602—603 133
§ 100. Die Schenkung (pactum legitimum) Nr. 604—610 133
§ 101. Quasikontrakte Nr. 611—619 135
§ 102. Kondiktionen (Ansprüche aus ungerechtfertigter Bereicherung) N. 620 bis 641 138

B. Aus Delikten.

§ 103. Allgemeine Regeln Nr. 642—644 142
§ 104. Furtum Nr. 645—660 142
§ 105. Sachbeschädigung Nr. 661—667 145
§ 106. Tierschaden Nr. 668 147
§ 107. Raub Nr. 669—671 147
§ 108. Beleidigung Nr. 672—673 148
§ 109. Quasidelikte Nr. 674—679 148

III. Übertragung der Obligation.

§ 110. Zession Nr. 680—686 150
§ 111. Delegation Nr. 687—689 152

IV. Mehrheit der Subjekte.

§ 112. Haftung für fremde Schulden (adjektizische Klagen) Nr. 690—696 153
§ 113. Haftung für fremdes Verschulden (Noxalklagen) Nr. 697—699 156
§ 114. Die Bürgschaft Nr. 700—708 157

Seite

§ 115. Das Senatus consultum Velleianum Nr. 709—711 159
§ 116. Korrealobligationen Nr. 712—721 159

V. Endigung der Obligation.

§ 117. Die Erfüllung Nr. 722—733 161
§ 118. Konkurs. Anfechtungsrecht der Gläubiger (Actio Pauliana) Nr. 734 bis 739 163
§ 119. Datio in solutum Nr. 740—742 165
§ 120. Novation Nr. 743—746 166
§ 121. Hinterlegung Nr. 747 167
§ 122. Aufrechnung Nr. 748—762 167
§ 123. Erlaßverträge Nr. 763—774 169
§ 124. Unwillkürliche Erlöschungsgründe Nr. 775—780 172

Vierter Teil. Das Familienrecht.

I. Das Eherecht.

§ 125. Ehe und Verlöbnis Nr. 781—791 173
§ 126. Ehegüterrecht Nr. 792—806 175
§ 127. Schenkungen unter Ehegatten Nr. 807—810 179

II. Die väterliche Gewalt.

§ 128. Entstehung und Endigung der väterlichen Gewalt. Adoption Nr. 811 bis 817 180
§ 129. Rechtsverhältnisse zwischen Eltern und Kindern Nr. 818—820 182
§ 130. Das Kindesvermögen Nr. 821—829 182

III. Vormundschaft.

§ 131. Begriff Nr. 830, 831 185
§ 132. Bestellung der Vormundschaft Nr. 832—840 185
§ 133. Ablehnung und Endigung der Vormundschaft Nr. 841—845 187
§ 134. Verwaltung der Vormundschaft Nr. 846—857 188
§ 135. Die Vormundschaftsklagen Nr. 858—868 191

Fünfter Teil. Erbrecht.

§ 136. Wesen, Einteilung und Geschichte des Erbrechts Nr. 869—891 193

I. Testamentarische Erbfolge.

§ 137. Das Testament und die Fähigkeit zu seiner Errichtung Nr. 892—897 197
§ 138. Form des Testamentes Nr. 898—905 198
§ 139. Besondere Arten des Testamentes Nr. 906—914 200

Seite
§ 140. Inhalt des Testamentes Nr. 915—929 203
§ 141. Ungültigkeit des Testamentes Nr. 930—938 206

II. Intestaterbfolge und Noterbrecht.

§ 142. Intestaterbfolge Nr. 939—953 208
§ 143. Das formelle Noterbrecht Nr. 954—961 211
§ 144. Das materielle Noterbrecht (Pflichtteilsrecht) Nr. 962—965 213

III. Erwerb der Erbschaft.

§ 145. Art und Form des Erwerbes Nr. 966—987 214
§ 146. Übertragung der Erbschaft (In iure cessio, venditio, transmisio) Nr. 988—995 219
§ 147. Wirkungen des Erbschaftserwerbes Nr. 996—997 221
§ 148. Akkreszenz Nr. 998—1001 222
§ 149. Caduca, Ereptoria (Erbunwürdigkeit) Nr. 1002—1006 222
§ 150. Erbschaftsklagen Nr. 1007—1018 223

IV. Vermächtnisse.

§ 151. Begriff und Arten Nr. 1019—1034 227
§ 152. Beschränkung der Vermächtnisse Nr. 1035—1036 231
§ 153. Inhalt der Vermächtnisse Nr. 1037—1045 231
§ 154. Erwerb und Rechtsschutz der Vermächtnisse Nr. 1046—1057 233
§ 155. Ungültigkeit, Widerruf, Übertragung der Vermächtnisse Nr. 1058 bis 1062 236
§ 156. Erbschaftsvermächtnis Nr. 1063—1065 237
§ 157. Schenkungen auf den Todesfall Nr. 1066—1069 239

Stellenverzeichnis 241
Wörterbuch 268

Erster Teil.

Allgemeine Lehren.

I. Das Recht im objektiven Sinn.

§ 1. Begriff und Einteilung.

1. l. 1, pr. — § 2 Dig. de iustitia et iure 1, 1.

Ulpianus libro I institutionum Iuri operam daturum prius nosse oportet, unde nomen iuris descendat. est autem a iustitia appellatum: nam, ut eleganter Celsus definit, ius est ars boni et aequi.
Cuius merito quis nos sacerdotes appellet: iustitiam namque colimus 1
et boni et aequi notitiam profitemur, aequum ab iniquo separantes, licitum ab illicito discernentes, [bonos non solum metu poenarum, verum etiam praemiorum quoque exhortatione efficere cupientes],
veram nisi fallor philosophiam, non simulatam affectantes. Huius 2
studii duae sunt positiones, publicum et privatum. publicum ius est quod ad statum rei Romanae spectat, privatum quod ad singulorum utilitatem: sunt enim quaedam publice utilia, quaedam privatim. publicum ius in sacris, in sacerdotibus, in magistratibus consistit, privatum ius tripertitum est: collectum enim est ex naturalibus praeceptis aut gentium aut civilibus.

2. l. 6 § 1 Dig. de iust. et iure 1, 1.

Ulpianus libro primo institutionum Hoc igitur ius nostrum constat aut ex scripto aut sine scripto, ut apud Graecos: τῶν νόμων οἱ μὲν ἔγγραφοι, οἱ δὲ ἄγραφοι.

§ 2. Gesetze.

3. Ulp. lib. sing. reg. 1, 1; 2.

1. *Perfecta lex est, quae vetat aliquid fieri, et si factum sit, rescindit, qualis est lex ..... imperfecta lex est, quae vetat aliquid fieri et, si*

factum sit, nec rescindit nec poenam iniungit ei, qui contra legem fecit, qualis est lex Cincia, quae plus quam .... donari prohibet, exceptis quibusdam *personis velut* cognatis, et si plus donatum sit, non rescindit. **2.** Minus quam perfecta lex est, quae vetat aliquid fieri, et si factum sit, non rescindit, sed poenam iniungit ei, qui contra legem fecit; qualis est lex Furia testamentaria [1]), quae plus quam mille asses legati nomine mortisve causa prohibet capere praeter exceptas personas, et adversus eum, qui plus ceperit, quadrupli poenam constituit [2]).

§ 3. Gewohnheitsrecht und Gerichtsgebrauch.

4. l. 32, 1 Dig. de legib. 1, 3.

Iulianus libro LXXXIIII digestorum Inveterata consuetudo pro lege non immerito custoditur, [3]) et hoc est ius quod dicitur moribus constitutum. nam cum ipsae leges nulla alia ex causa nos teneant, quam quod iudicio populi receptae sunt, merito et ea, quae sine ullo scripto populus probavit, tenebunt omnes: nam quid interest, suffragio populus voluntatem suam declaret an rebus ipsis et factis? quare rectissime etiam illud receptum est, ut leges non solum suffragio legislatoris, sed etiam tacito consensu omnium per desuetudinem abrogentur.

5. § 9 Inst. de iur. nat. 1, 2.

Ex non scripto ius venit, quod usus comprobavit. nam diuturni mores consensu utentium comprobati legem imitantur.

6. cap. 11 X de consuet. 1, 4.

Licet longaevae consuetudinis non sit vilis auctoritas, non tamen est usque adeo valitura, ut vel iuri positivo debeat praeiudicium generare, nisi fuerit rationabilis et legitime sit praescripta. *(cf. cap. 3 in VIto 1, 4. cap. 9 in VIto 1, 16. c. 50 X 1, 6.)*

7. l. 39 Dig. de legib. 1, 3.

Celsus libro XXIII digestorum Quod non ratione introductum, sed errore primum, deinde consuetudine optentum est, in aliis similibus non optinet [4]).

---

[1]) Vgl. Nr. 1035.

[2]) Text und Ergänzungen im wesentlichen nach Huschke.

[3]) Vgl. Nr. 353.

[4]) Vgl. Enneccerus, Lehrbuch des Bürgerlichen Rechts. I § 36 Anm. 5.

8. Epistula Severi et Caracallae ad Tyranos. a. 201 (*C. I. L.* III 781. *Bruns Fontes*[7] *p.* 261).

Quamquam Tyranorum civitas originem dati beneficii non ostendat, nec facile, quae per errorem aut licentiam usurpata sunt, praescriptione temporis confirmentur, tamen, quoniam divi Antonini parentis nostri[1]) litteras, sed et fratrum imperatorum[2]) cogitamus, item Antonii Hiberi gravissimi praesidis, quod attinet ad ipsos Tyranos quique ab iis secundum leges eorum in numerum civium adsumpti sunt, ex pristino more nihil mutari volumus.

9. c. 2 Cod. quae sit long. cons. 8, 52 (53).

Imp. Constantinus A. ad Proculum (a. 319) Consuetudinis ususque longaevi non vilis auctoritas est, verum non usque adeo sui[3]) valitura momento, ut aut rationem vincat aut legem.

10. l. 38 Dig. de legib. 1, 3.

Callistratus libro I quaestionum Nam imperator noster Severus rescripsit in ambiguitatibus quae ex legibus proficiscuntur consuetudinem aut rerum perpetuo similiter iudicatarum auctoritatem vim legis optinere debere.

§ 4. Aufhebung der Rechtssätze.

11. l. 4 Dig. de const. princ. 1, 4.

Modestinus libro II excusationum Αἱ μεταγενέστεραι διατάξεις ἰσχυρότεραι τῶν πρὸ αὐτῶν εἰσιν.

12. l. 28 Dig. de legib. 1, 3.

Paul. lib. V ad leg. Iul. et Pap. Sed et posteriores leges ad priores pertinent, nisi contrariae sint, idque multis argumentis probatur.

§ 5. Arten der Rechtssätze.

13. l. 7 Dig. de legib. 1, 3.

Modestinus libro I regularum Legis virtus haec est: imperare, vetare, permittere, punire.

---

1) Antoninus Pius, 138—161 n. Chr.
2) Marcus Aurelius und L. Aelius Verus 161—172 n. Chr.
3) abhängig von momento.

14. c. 5, 1 Cod. de leg. 1, 14.

Impp. Theodosius et Valentinianus AA. Florentio pp.[1]) *(a. 439)* .... ut ea quae lege fieri prohibentur, si fuerint facta, non solum inutilia, sed pro infectis etiam habeantur, licet legislator fieri prohibuerit tantum nec specialiter dixerit inutile esse debere quod factum est.

15. l. 29 Dig. de legib. 1, 3.

Paulus libro singulari ad legem Cinciam Contra legem facit, qui id facit quod lex prohibet, in fraudem vero, qui salvis verbis legis sententiam eius circumvenit.

16. l. 38 Dig. de pactis 2, 14.

Papinianus libro secundo quaestionum Ius publicum privatorum pactis mutari non potest.

17. l. 16 Dig. de legib. 1, 3.

Paulus libro singulari de iure singulari Ius singulare est, quod contra tenorem rationis propter aliquam utilitatem auctoritate constituentium introductum est.

18. l. 14 Dig. de legib. 1, 3.

Paulus libro LIIII ad edictum Quod vero contra rationem iuris receptum est, non est producendum ad consequentias.

19. l. 41 Dig. de minor. 4, 4.

Iulianus libro quadragesimo quinto digestorum Unicuique licet contemnere haec, quae pro se introducta sunt.

20. l. 196 Dig. de reg. iur. 50, 17.

Modestinus libro octavo regularum Privilegia quaedam causae sunt, quaedam personae. et ideo quaedam[2]) ad heredem transmittuntur, quae causae sunt: quae personae sunt, ad heredem non transeunt.

21. l. 1 Dig. de natal. restit. 40, 11.

Ulpianus libro secundo responsorum A principe natalibus suis restitutum eum, qui se ingenuum natum principi adfirmavit, si ex ancilla natus est, nihil videri impetrasse.

---

[1]) d. h.: praefecto praetorio.
[2]) et ea quidem: Krueger.

22. cap. 24 X de privileg. 5, 33.

Ut privilegia, quae quibusdam religiosis Romana concessit ecclesia, permaneant inconcussa, quaedam in eisdem duximus declaranda, ne minus sane intellecta pertrahantur ad abusum, propter quem possint merito revocari, quia privilegium meretur amittere qui permissa sibi abutitur potestate.

§ 6. Auslegung der Rechtssätze.

23. l. 37 Dig. de legib. 1, 3.

Paulus libro I quaestionum Si de interpretatione legis quaeratur, in primis inspiciendum est, quo iure civitas retro in eiusmodi casibus usa fuisset: optima enim est legum interpres consuetudo.

24. l. 17 Dig. de legib. 1, 3.

Celsus libro XXVI digestorum Scire leges non hoc est: verba earum tenere, sed vim ac potestatem.

25. l. 24 Dig. de legib. 1, 3

Celsus libro VIIII digestorum Incivile est nisi tota lege perspecta una aliqua particula eius proposita iudicare vel respondere.

26. c. 6 Cod. de legib. 1, 14.

Impp. Theodosius (II.) et Valentinianus (III.) AA. Florentio pp. (a. 439) Quod favore quorundam constitutum est, quibusdam casibus ad laesionem eorum nolumus inventum videri.

§ 7. Zeitliche Herrschaft der Rechtssätze.

27. c. 7 Cod. de legib. 1, 14.

Impp. Theodosius et Valentinianus AA. Cyro pp. et consuli designato (a. 440) Leges et constitutiones futuris certum est dare formam negotiis, non ad facta praeterita revocari, nisi nominatim etiam de praeterito tempore adhuc pendentibus negotiis cautum sit.[1]

28. l. 1, 12 Dig. ad SC. Tertull. 38, 17.

Ulpianus libro duodecimo ad Sabinum Quod ait senatus: 'quae iudicata, transacta finitave sunt, rata maneant', ita intellegendum est, ut 'iudicata' accipere debeamus ab eo cui iudicandi ius fuit, 'transacta' scilicet bona fide, ut valeat transactio, 'finita' vel consensu vel longo silentio sopita.

---

[1]) Vgl. Nr. 421.

§ 8. Räumliche Herrschaft der Rechtssätze.

29. c. 7,1 Cod. de incolis 10,40 (39).

Impp. Diocletianus et Maximianus AA. Aurelio Et in eodem loco singulos habere domicilium non ambigitur, ubi quis larem rerumque ac fortunarum suarum summam constituit, unde rursus non sit discessurus, si nihil avocet, unde cum profectus est, peregrinari videtur, quo si rediit, peregrinari iam destitit.

30. l. 27,2 Dig. ad municip. 50,1.

Ulpianus libro secundo ad edictum Celsus libro primo digestorum tractat, si quis instructus sit duobus locis aequaliter neque hic quam illic minus frequenter commoretur: ubi domicilium habeat, ex destinatione animi esse accipiendum. ego dubito, si utrubique destinato sit animo, an possit quis duobus locis domicilium habere. et verum est habere, licet difficile est: quemadmodum difficile est sine domicilio esse quemquam. puto autem et hoc procedere posse, si quis domicilio relicto naviget vel iter faciat, quaerens, quo se conferat atque ubi constituat: nam hunc puto sine domicilio esse.

31. c. 2 Cod. de incolis 10,40 (39).

Imp. Alexander A. Crispo. Nec ipsi, qui studiorum causa aliquo loci morantur, domicilium ibi habere creduntur, nisi decem annis transactis eo loci sedes sibi constituerunt, secundum epistulam divi Hadriani, nec pater, qui propter filium studentem frequentius ad eum commeat.

32. l. 23,1 Dig. ad municip. 50, 1.

Hermogenianus libro primo iuris epitomarum Miles ibi domicilium habere videtur, ubi meret, si nihil in patria possideat.

33. l. 38,3 Dig. ad municip. 50,1.

Papirius Iustus libro secundo de constitutionibus Item rescripserunt mulierem, quamdiu nupta est, incolam eiusdem civitatis videri, cuius maritus eius est, et ibi, unde originem trahit, non cogi muneribus fungi.

34. l. 6,2 Dig. ad municip. 50,1.

Ulpianus libro secundo opinionum Viris prudentibus placuit duobus locis posse aliquem habere domicilium, si utrubique ita se instruxit, ut non ideo minus apud alteros se collocasse videatur.

II. Das Recht im subjektiven Sinn.

§ 9. Begriff.

35. l. 49 Dig. de verb. signif. 50, 16.

Ulpianus libro quinquagensimo nono ad edictum In bonis autem nostris computari sciendum est non solum, quae dominii nostri sunt, sed et si bona fide a nobis possideantur vel superficiaria sint. aeque bonis adnumerabitur etiam, si quid est in actionibus, petitionibus, persecutionibus: nam haec omnia in bonis esse videntur.

36. l. 11 Dig. de iure fisci 49, 14.

Iavolenus libro nono epistularum Non possunt ulla bona ad fiscum pertinere, nisi quae creditoribus[1]) superfutura sunt: id enim bonorum cuiusque esse intellegitur, quod aeri alieno superest.

37. l. 39, 1 Dig. de verb. signif. 50, 16.

Paulus libro quinquagensimo tertio ad edictum 'Bona' intelleguntur cuiusque, quae deducto aere alieno supersunt.

38. l. 3 pr. Dig. de bon. poss. 37, 1.

Ulpianus libro trigesimo nono ad edictum Bona autem hic, ut plerumque solemus dicere, ita accipienda sunt: universitatis cuiusque successionem, qua succeditur in ius demortui suscipiturque eius rei commodum et incommodum: nam sive solvendo sunt bona sive non sunt, sive damnum habent sive lucrum, sive in corporibus sunt sive in actionibus, in hoc loco proprie bona appellabuntur.

39. l. 51 Dig. de obl. et act. 44, 7.

Celsus libro tertio digestorum Nihil aliud est actio, quam ius quod sibi debeatur, iudicio persequendi.

§ 10. Ausübung und Kollision der Rechte.[2])

40. l. 55 Dig. de divers. reg. iur. 50, 17.

Gaius libro secundo de testamentis ad edictum urbicum Nullus videtur dolo facere, qui suo iure utitur.

41. l. 38 Dig. de rei vind. 6, 1.

Celsus libro tertio digestorum In fundo alieno, quem imprudens emeras, aedificasti aut conseruisti, deinde evincitur: bonus iudex varie

---

[1]) Krüger schiebt ein: dimissis.

[2]) Vgl. auch § 32, Nr. 210—215; § 73, Nr. 426—432; Nr. 282. 473. 607.

ex personis causisque constituet. finge et dominum eadem facturum fuisse: reddat impensam, ut fundum recipiat, usque eo dumtaxat, quo pretiosior factus est, et si plus pretio fundi accessit, solum quod impensum est. finge pauperem, qui, si reddere id cogatur, laribus, sepulchris avitis carendum habeat: sufficit tibi permitti tollere ex his rebus quae possis, dum ita ne deterior sit fundus, quam si initio non foret aedificatum. [constituimus vero, ut, si paratus est dominus tantum dare, quantum habiturus est possessor his rebus ablatis, fiat ei potestas:] neque malitiis indulgendum est, si tectorium puta, quod induxeris, picturasque corradere velis, nihil laturus nisi ut officias. finge eam personam esse domini, quae receptum fundum mox venditura sit: nisi reddit, quantum prima parte reddi oportere diximus, eo deducto tu condemnandus es.

42. l. 28 D. comm. div. 10, 3.[1]

Papinianus libro septimo quaestionum Sabinus ait in re communi neminem dominorum iure facere quicquam invito altero posse. unde manifestum est prohibendi ius esse: in re enim pari potiorem causam esse prohibentis constat.

43. l. 5 Dig. fam. ercisc. 10, 2.

Gaius libro septimo ad edictum provinciale Si quae sunt cautiones hereditariae, eas[2]) iudex curare debet ut apud eum maneant, qui maiore ex parte heres sit, ceteri descriptum et recognitum faciant, cautione interposita[3]), ut, cum res exegerit, ipsae exhibeantur. si omnes isdem ex partibus heredes sint nec inter eos conveniat, apud quem potius esse debeant, sortiri eos oportet: aut ex consensu vel suffragio eligendus est amicus, apud quem deponantur: vel in aede sacra deponi debent.

III. Das Rechtssubjekt.

A. Die natürliche Person.

§ 11. Anfang der Persönlichkeit.

44. c. 3, 1 Cod. de post. hered. 6, 29.

Imp. Iustinianus A. Iuliano pp. (a. 530) Veteres animi turbati sunt, quid de paterno elogio statuendum sit. cumque Sabiniani

---

[1]) Vgl. Nr. 276. [2]) Graecismus. Mommsen verbessert zu Unrecht: eae.
[3]) nach Bestellung von Sicherheit.

existimabant, si vivus natus est, etsi vocem non emisit, ruptum testamentum, [apparet,] quod, etsi mutus fuerat, hoc ipsum faciebat, eorum etiam nos laudamus sententiam et sancimus, si vivus perfecte natus est, licet ilico postquam in terram cecidit vel in manibus obstetricis decessit, nihilo minus testamentum corrumpi, hoc tantummodo requirendo, si vivus ad orbem totus processit ad nullum declinans monstrum vel prodigium.

45. l. 1 § 1 Dig. de inspic. ventre 25, 4.

Ulpianus libro vicesimo quarto ad edictum Partus antequam edatur, mulieris portio est vel viscerum.

46. l. 9, 1 Dig. ad leg. Falc. 35, 2.

Papinianus libro nono decimo quaestionum Circa ventrem ancillae nulla temporis admissa distinctio est nec immerito, quia partus nondum editus homo non recte fuisse dicitur.

47. l. 12 pr. Dig. de lib. et post. 28, 2.

Ulpianus libro nono ad Sabinum Quod dicitur filium natum rumpere testamentum, natum accipe et si exsecto ventre editus sit.

48. l. 12 Dig. de statu hom. 1, 5.

Paulus libro nono decimo responsorum Septimo mense nasci perfectum partum iam receptum est propter auctoritatem doctissimi viri Hippocratis: et ideo credendum est eum, qui ex iustis nuptiis septimo mense natus est, iustum filium esse.

49. l. 14 Dig. de statu hom. 1, 5. (*fere = Paul. sent.* 4, 9, 3; 4.)

Paulus libro quarto sententiarum Non sunt liberi, qui contra formam humani generis converso more procreantur: veluti si mulier monstrosum aliquid aut prodigiosum enixa sit. partus autem, qui membrorum humanorum officia ampliavit, aliquatenus videtur effectus et ideo inter liberos connumerabitur.

50. l. 4 Dig. de extraord. crimin. 47, 11.

Marcianus libro primo regularum Divus Severus et Antoninus rescripserunt eam, quae data opera abegit, a praeside in temporale exilium dandam: indignum enim videri potest impune eam maritum liberis fraudasse. (*cf. l. 39 Dig. de poenis 48, 19.*)

51. l. 7 Dig. de suis et legit. hered. 38, 16.

Celsus libro vicensimo octavo digestorum Conceptus quodammodo in rerum natura esse existimatur.

52. l. 231 Dig. de verb. signif. 50, 16.

Paulus libro singulari ad senatus consultum Tertullianum Quod dicimus eum, qui nasci speratur [1]), pro superstite esse, tunc verum est, cum [2]) de ipsius iure quaeritur: aliis autem non prodest nisi natus.

53. l. 7 Dig. de statu hom. 1, 5.

Paulus libro singulari de portionibus, quae liberis damnatorum conceduntur Qui in utero est, perinde ac si in rebus humanis esset custoditur, quotiens de commodis ipsius partus quaeritur: quamquam alii antequam nascatur nequaquam prosit. (*cf. l. 26 eod.*)

§ 12. Ende der Persönlichkeit.

54. l. 35 (34) Dig. ad sen. cons. Trebell. 36, 1.

Marcianus libro secundo regularum Si eius, qui novissimus ex filiis mortuus est, partem hereditatis propinquo pater voluit restitui et simul fratres diem suum obissent: propinquum, si non ostenderit, quis novissimus obisset, ad partem hereditatis non admitti, sed matrem ex Tertulliano senatus consulto ad utriusque hereditatem admitti constat. (*cf. l. 16–18 Dig. de reb. dub. 34, 5*).

55. l. 9 (10), 4 Dig. de reb. dubiis 34, 5.

Tryphoninus libro vicesimo primo disputationum Si Lucius Titius cum filio pubere, quem solum testamento scriptum heredem habebat, perierit, intellegitur supervixisse filius patri et ex testamento heres fuisse, et filii hereditas successoribus eius defertur, [nisi contrarium approbetur]. quod si [3]) impubes cum patre filius perierit, creditur pater supervixisse, [nisi et hic contrarium approbetur]. (*cf. l. 9 § 1, l. 22. 23 eod.*).

56. l. 10 Dig. de rit. nupt. 23, 2.

Paulus libro trigesimo quinto ad edictum Si ita pater absit, ut ignoretur ubi sit et an sit, [quid faciendum est, merito dubitatur. et

---

[1]) dessen Geburt erwartet wird.

[2]) nur dann, wenn.

[3]) quod si = wenn aber.

si triennium effluxerit, postquam apertissime fuerit pater ignotus, ubi degit et an superstes sit, non prohibentur liberi eius utriusque sexus matrimonium vel nuptias legitimas contrahere].

§ 13. Geschlecht.

57. Gai. 1, 144; 190.

Permissum est itaque parentibus, liberis, quos in potestate sua habent, testamen*to* *tu*tores dare: masculini quidem sexus inpuberibus, *feminini vero inpuberibus puberibus*que, *vel* cum nu*p*tae sint. veteres enim voluerunt feminas, etiamsi perfectae aetatis sint, propter animi levitatem in tutela esse. **190.** Feminas vero perfectae aetatis in tutela esse fere nulla pretiosa ratio suasisse videtur: nam quae vulgo creditur, quia levitate animi plerumque decipiunt*ur* et aequum erat eas tutorum auctoritate regi, magis speciosa uidetur, quam vera; mulieres enim, qu*ae* perfectae aetatis sunt, ipsae sibi negotia tractant, et in quibusdam causis dici*s* gratia tutor interponit auctoritatem suam; s*ae*pe etiam invitus auctor fieri a praetore cogitur.

58. l. 10 Dig. de statu hom. 1, 5.

Ulpianus libro primo ad Sabinum Quaeritur: hermaphroditum cui comparamus? et magis puto eius sexus aestimandum, qui in eo praevalet.

59. l. 15, 1 Dig. de testib. 22, 5.

Paulus libro tertio sententiarum Hermaphroditus an ad testamentum adhiberi possit, qualitas sexus incalescentis ostendit. (*cf. l. 6 § 2 Dig. de lib. et post. 28, 2*).

§ 14. Alter.

60. Ulpianus lib. sing. reg. 11, 28.

Puberem Cassiani quidem eum esse dicunt, qui habitu corporis pubes apparet, id est qui generare possit: Proculeiani autem eum, qui quattuordecim annos explevit. verum Priscus eum puberem esse, in quem utrumque concurrit et habitus corporis et numerus annorum.

61. l. 1, 2 Dig. de admin. et peric. tut. 26, 7.

Ulpianus libro trigesimo quinto ad edictum Sufficit tutoribus ad plenam defensionem, sive ipsi iudicium suscipiant sive pupillus ipsis auctoribus, [nec cogendi sunt tutores cavere, ut defensores solent. licentia igitur erit, utrum malint ipsi suscipere iudicium an pupillum exhibere, ut ipsis auctoribus iudicium suscipiatur: ita tamen, ut pro his, qui fari non possunt vel absint, ipsi tutores iudicium suscipiant, pro his autem, qui supra septimum annum aetatis sunt et praesto fuerint, auctoritatem praestent].

62. l. 9 Dig. de adquir. vel omitt. her. 29, 2.

Paulus libro secundo ad Sabinum Pupillus si fari possit, licet huius aetatis sit, ut causam adquirendae hereditatis non intellegat, quamvis non videatur scire huiusmodi aetatis puer (neque enim scire neque decernere talis aetas potest, non magis quam furiosus), tamen cum tutoris auctoritate hereditatem adquirere potest: hoc enim favorabiliter eis praestatur.

63. l. 14 Dig. de sponsal. 23, 1.

Modestinus libro quarto differentiarum In sponsalibus contrahendis aetas contrahentium definita non est ut in matrimoniis. quapropter et a primordio aetatis sponsalia effici possunt, si modo id fieri ab utraque persona intellegatur [, id est si non sint minores quam septem annis].

64. Gai. 3, 107—109.

Pupillus omne negotium recte gerit, ita tamen, ut sicubi tutoris auctoritas necessaria sit, adhibeatur, velut si ipse obligetur; nam alium sibi obligare etiam sine tutoris auctoritate potest. **108.** Idem iuris est in feminis, quae sub tutela sunt. **109.** Sed quod diximus de pupillo, utique de eo verum est, qui iam aliquem intellectum habet; nam infans et qui infanti proximus est, non multum a furioso differt, quia huius aetatis pupilli nullum intellectum habent. sed in his pupillis propter utilitatem benignior iuris interpretatio facta est.

65. l. 9 pr. Dig. de auct. et consensu tut. 26, 8.

Gaius libro duodecimo ad edictum provinciale Obligari ex omni contractu pupillus sine tutoris auctoritate non potest: adquirere autem sibi stipulando et per traditionem [1]) accipiendo etiam sine tutoris auctoritate potest: sed credendo obligare sibi non potest, quia sine tutoris auctoritate nihil alienare potest [2]).

---

[1]) per traditionem: Tribonian; Gaius hatte geschrieben: mancipio.

[2]) Vgl. auch Nr. 490—493. 672.

66. c. 3. Cod. de in int. rest. min. 2, 21.

Impp. Diocletianus et Maximianus AA. et CC. Attiano (a. 293) Si curatorem habens minor quinque et viginti annis post pupillarem aetatem res venum dedisti, hunc contractum servari non oportet, cum non absimilis ei habeatur minor curatorem habens, cui a praetore curatore dato bonis interdictum est. si vero sine curatore constitutus[1]) contractum fecisti, implorare in integrum restitutionem, si necdum tempora praefinita excesserint, causa cognita non prohiberis.

§ 15. Gesundheit.

67. l. 5, 2 Dig. ad leg. Aquil. 9, 2.

Ulpianus libro octavo decimo ad edictum Et ideo quaerimus, si furiosus damnum dederit, an legis Aquiliae actio sit? et Pegasus negavit: quae enim in eo culpa sit, cum suae mentis non sit? et hoc est verissimum. cessabit igitur Aquiliae actio, quemadmodum, si quadrupes damnum dederit, Aquilia cessat, aut si tegula ceciderit. sed et si infans damnum dederit, idem erit dicendum. quod si inpubes id fecerit, Labeo ait, quia furti tenetur, teneri et Aquilia eum: et hoc puto verum, si sit iam iniuriae capax. [2])

68. l. 1 pr. Dig. de curat. fur. 27, 10.

Ulpianus libro primo ad Sabinum Lege duodecim tabularum prodigo interdicitur bonorum suorum administratio, quod moribus quidem ab initio introductum est. [sed solent hodie praetores vel praesides, si talem hominem invenerint, qui neque tempus neque finem expensarum habet, sed bona sua dilacerando et dissipando profudit, [3])] curatorem ei dare exemplo furiosi: et tamdiu erunt ambo in curatione, quamdiu vel furiosus sanitatem vel ille sanos mores receperit: quod si evenerit, ipso iure desinunt esse in potestate curatorum.

69. Paul. sent. 3, 4^{A}, 7.

Moribus per praetorem bonis interdicitur hoc modo: 'Quando tibi bona paterna avitaque nequitia tua disperdis liberosque tuos ad egestatem perducis, ob eam rem tibi ea re commercioque interdico.'

---

[1]) constitutus = seiend (καθεστώς).

[2]) Vgl. Nr. 672.

[3]) cf. § 3 Inst. de curator. 1 23.

§ 16. Ehre.

70. l. 5, 1 Dig. de var. et extraord. cogn. 50, 13.

Callistratus libro primo de cognitionibus Existimatio est dignitatis inlaesae status, legibus ac moribus comprobatus, qui ex delicto nostro auctoritate legum aut minuitur aut consumitur.

71. XII tab. 8, 22 Schoell (*ex Gellii noctibus Atticis XV 13, 11*).

Qui se sierit testarier libripensve fuerit, ni testimonium fatiatur, inprobus intestabilisque esto.[1])

72. Gai. 4, 182.

Quibusdam iudiciis damnati ignominiosi fiunt, velut furti, vi bonorum raptorum, iniuriarum, item pro socio, fiduciae, tutelae, mandati, depositi. sed furti aut vi *bonorum* raptorum aut iniuriarum non solum damnati notantur ignominia, sed etiam pacti, ut in edicto praetoris scriptum est; et recte. plurimum enim interest, utrum ex delicto aliquis an ex contractu debitor sit. nec tamen ulla parte edicti id ipsum nominatim exprimitur, ut aliquis ignominiosus sit, sed qui prohibetur et pro alio postulare et cognitorem dare procuratoremve habere, item procuratorio aut cognitorio nomine iudicio intervenire, ignominiosus esse dicitur.

73. l. 1 Dig. de his qui notantur infamia 3, 2.

Iulianus libro primo ad edictum [Praetoris verba dicunt: 'Infamia notatur,] qui ab exercitu ignominiae causa ab imperatore eove, cui de ea re statuendi potestas fuerit, dimissus erit: qui artis ludicrae pronuntiandive causa in scaenam prodierit: qui lenocinium fecerit: qui in iudicio publico calumniae praevaricationisve causa quid fecisse iudicatus erit: qui furti, vi bonorum raptorum, iniuriarum, de dolo malo et fraude suo nomine damnatus pactusve erit: qui pro socio, ⟨fiduciae⟩, tutelae, mandati, depositi suo nomine non contrario iudicio damnatus erit: [2]) qui eam, quae in potestate eius esset, genero mortuo, cum eum mortuum esse sciret, intra id tempus, quo elugere virum moris est, antequam virum elugeret, in matrimonium collocaverit: eamve sciens quis uxorem duxerit non iussu eius, in cuius potestate est: et qui eum, quem in potestate haberet, eam, de qua supra comprehensum

[1]) Vgl. Nr. 897.

[2]) Die folgenden beiden Sätze stehen auch, etwas abweichend, in den Fragm. Vat. 320.

est, uxorem ducere passus fuerit: quive suo nomine non iussu eius in cuius potestate esset, eiusve nomine quem quamve in potestate haberet, bina sponsalia binasve nuptias in eodem tempore constitutas habuerit.'

§ 17. Abstammung, Verwandtschaft, Schwägerschaft.

74. l. 4, 3 Dig. de in ius voc. 2, 4.

Ulpianus libro quinto ad edictum Parentes etiam eos accipi Labeo existimat, qui in servitute susceperunt: nec tamen, ut Severus dicebat, ad solos iustos liberos: sed et si vulgo quaesitus sit filius, matrem in ius non vocabit.

75. l. 5 Dig. de in ius voc. 2, 4.

Paulus libro quarto ad edictum quia semper certa est, etiam si vulgo conceperit: pater vero is est, quem nuptiae demonstrant.

76. § 12 Inst. de nuptiis 1, 10.

Si adversus ea quae diximus aliqui coierint, nec vir nec uxor nec nuptiae nec matrimonium nec dos intellegitur. itaque ii, qui ex eo coitu nascuntur, in potestate patris non sunt, sed tales sunt, quantum ad patriam potestatem pertinet, quales sunt ii, quos mater vulgo concepit. nam nec hi patrem habere intelleguntur, cum is etiam incertus est: unde solent filii spurii appellari, vel a Graeca voce quasi σποράδην concepti vel quasi sine patri filii. sequitur ergo, ut et dissoluto tali coitu nec dotis exactioni locus sit. qui autem prohibitas nuptias coeunt, et alias poenas patiuntur, quae sacris constitutionibus continentur.

77. l. 6 Dig. de his qui sui vel al. iur. sunt 1, 6.

Ulpianus libro nono ad Sabinum Filium eum definimus, qui ex viro et uxore eius nascitur. sed si fingamus afuisse maritum verbi gratia per decennium, reversum anniculum invenisse in domo sua, placet nobis Iuliani sententia hunc non esse mariti filium. non tamen ferendum Iulianus ait eum, qui cum uxore sua adsidue moratus nolit filium adgnoscere quasi non suum. sed mihi videtur quod et Scaevola probat, si constet maritum aliquamdiu cum uxore non concubuisse infirmitate interveniente vel alia causa, vel si ea valetudine pater familias fuit, ut generare non possit, hunc, qui in domo natus est, licet vicinis scientibus, filium non esse.

78. l. 3, 11; 12 Dig. de suis et leg. hered. 38, 16.

Ulpianus libro quarto decimo ad Sabinum Post decem menses mortis natus non admittetur ad legitimam hereditatem. De eo autem, qui centensimo octogensimo secundo die natus est, Hippocrates scripsit et divus Pius pontificibus rescripsit iusto tempore videri natum nec videri in servitutem conceptum, cum mater ipsius ante centensimum octogensimum secundum diem esset manumissa.

79. Gai. 1, 156.

Sunt autem agnati per virilis sexus personas cognatione iuncti, quasi a patre cognati, veluti frater eodem patre natus, fratris filius neposve ex eo, item patruus et patrui filius et nepos ex eo. at hi, qui per feminini sexus personas cognatione coniunguntur, non sunt agnati, sed alias naturali iure cognati. itaque inter avunculum et sororis filium non agnatio est, sed cognatio. item amitae, materterae filius non est mihi agnatus, sed cognatus, et invicem scilicet ego illi eodem iure coniungor, quia qui nascuntur, patris, non matris familiam sequuntur.

80. l. 4, 3; 4 Dig. de grad. 38, 10.

Modestinus libro duodecimo pandectarum Sed quoniam quaedam iura inter adfines quoque versantur, non alienum est hoc loco de adfinibus quoque breviter disserere. adfines sunt viri et uxoris cognati, dicti ab eo, quod duae cognationes, quae diversae inter se sunt, per nuptias copulantur et altera ad alterius cognationis finem accedit: namque coniungendae adfinitatis causa fit ex nuptiis. Nomina vero eorum haec sunt: socer socrus, gener nurus, noverca vitricus, privignus privigna.

B. Die juristische Person.

§ 18. Begriff und Einteilung.

81. l. 1, 1 Dig. quod cuiusc. univers. nom. 3, 4.

Gaius libro tertio ad edictum provinciale Quibus autem permissum est corpus habere collegii, societatis sive cuiusque alterius eorum nomine, proprium est ad exemplum rei publicae habere res communes, arcam communem et actorem sive syndicum, per quem tamquam in re publica, quod communiter agi fierique oporteat, agatur fiat.

82. l. 22 Dig. de fideiuss. 46, 1.

Florentinus libro octavo institutionum Mortuo reo promittendi et ante aditam hereditatem fideiussor accipi potest, quia hereditas personae vice fungitur, sicuti municipium et decuria et societas..

83. l. 76 Dig. de iudiciis 5, 1.

Alfenus libro sexto digestorum Proponebatur ex his iudicibus, qui in eandem rem dati essent. nonnullos causa audita excusatos esse inque eorum locum alios esse sumptos, et quaerebatur, singulorum iudicum mutatio eandem rem an aliud iudicium fecisset. respondi, non modo si unus aut alter, sed et si omnes iudices mutati essent, tamen et rem eandem et iudicium idem quod antea fuisset permanere: neque in hoc solum evenire, ut partibus commutatis eadem res esse existimaretur, sed et in multis ceteris rebus: nam et legionem eandem haberi, ex qua multi decessissent, quorum in locum alii subiecti essent: et populum eundem hoc tempore putari qui abhinc centum annis fuissent, cum ex illis nemo nunc viveret: itemque navem, si adeo saepe refecta esset, ut nulla tabula eadem permaneret, quae non nova fuisset, nihilo minus eandem navem esse existimari. quod si quis putaret partibus commutatis aliam rem fieri, fore ut ex eius ratione nos ipsi non idem essemus, qui abhinc anno fuissemus, propterea quod, ut philosophi dicerent, ex quibus particulis minimis consisteremus, hae cottidie ex nostro corpore decederent aliaeque extrinsecus in earum locum accederent. quapropter cuius rei species eadem consisteret, rem quoque eandem esse existimari.

84. l. 7, 2 Dig. quod cuiusc. univers. nom. 3, 4.

Ulpianus libro decimo ad edictum In decurionibus vel aliis universitatibus nihil refert, utrum omnes idem maneant an pars maneat vel omnes immutati sint. sed si universitas ad unum redit, magis admittitur posse eum convenire et conveniri, cum ius omnium in unum recciderit et stet nomen universitatis.

85. l. 6, 1 Dig. de divis. rer. 1, 8.

Marcianus libro tertio institutionum Universitatis sunt, non singulorum veluti quae in civitatibus sunt theatra et stadia et similia et si qua alia sunt communia civitatium. ideoque nec servus communis civitatis singulorum pro parte intellegitur, sed universitatis, et ideo tam contra civem quam pro eo posse servum civitatis torqueri divi fratres rescripserunt. ideo et libertus civitatis non habet necesse veniam edicti petere, si vocet in ius aliquem ex civibus.

86. l. 7, 1 Dig. quod cuiusc. univers. nom. 3, 4.

Ulpianus libro decimo ad edictum Si quid universitati debetur, singulis non debetur: nec quod debet universitas singuli debent.

§ 19. Entstehen und Untergang der juristischen Personen.

87. l. 4 Dig. de coll. et corp. 47, 22.

Gaius libro quarto ad legem duodecim tabularum Sodales sunt, qui eiusdem collegii sunt: quam Graeci ἑταιρείαν vocant. his autem potestatem facit lex pactionem quam velint sibi ferre, dum ne quid ex publica lege corrumpant. sed haec lex videtur ex lege Solonis tralata esse. nam illuc ita est: ἐὰν δὲ δῆμος ἢ φράτορες ἢ ἱερῶν ὀργίων † ἢ ναῦται ἢ σύσσιτοι ἢ ὁμόταφοι ἢ θιασῶται ἢ ἐπὶ λείαν οἰχόμενοι ἢ εἰς ἐμπορίαν, ὅτι ἂν τούτων διαθῶνται πρὸς ἀλλήλους, κύριον εἶναι, ἐὰν μὴ ἀπαγορεύσῃ δημόσια γράμματα.

88. l. 3, 1 Dig. de coll. et corp. 47, 22.

Marcianus libro secundo iudiciorum publicorum In summa autem, nisi ex senatus consulti auctoritate vel Caesaris[1]) collegium vel quodcumque tale corpus coierit, contra senatus consultum et mandata et constitutiones collegium celebratur.

89. l. 20 (21) Dig. de reb. dub. 34, 5.

Paulus libro duodecimo ad Plautium Cum senatus temporibus divi Marci permiserit collegiis legare, nulla dubitatio est, quod, si corpori cui licet coire legatum sit, debeatur: cui autem non licet si legetur, non valebit, nisi singulis legetur: hi enim non quasi collegium, sed quasi certi homines admittentur ad legatum.

90. l. 85 Dig. de verb. signif. 50, 16.

Marcellus libro primo digestorum Neratius Priscus tres facere existimat 'collegium', et hoc magis sequendum est.[2])

---

[1]) ex senatus consulto auctoritateve Caesaris: Mommsen, Juristische Schriften III, 115.

[2]) Vgl. Nr. 84

§ 20. Rechte der juristischen Personen.

91. Ulpianus lib. sing. reg. 24, 28.

Civitatibus omnibus, quae sub imperio populi Romani sunt, legari potest: idque a divo Nerva introductum, postea a senatu auctore Hadriano diligentius constitutum est.

92. c. 8 Cod. de hered. instit. 6, 24.

Impp. Diocletianus et Maximianus AA. Hadriano (a. 290) Collegium si nullo speciali privilegio subnixum sit, hereditatem capere non posse dubium non est.

93. l. 15, 1 Dig. de dolo 4, 3.

Ulpianus libro undecimo ad edictum Sed an in municipes de dolo detur actio, dubitatur. et puto ex suo quidem dolo non posse dari: quid enim municipes dolo facere possunt? sed si quid ad eos pervenit ex dolo eorum, qui res eorum administrant, puto dandam. de dolo autem decurionum in ipsos decuriones dabitur de dolo actio.

94. l. 1, 22 Dig. de adquir. vel amitt. possess. 41, 2.

Paulus libro quinquagensimo quarto ad edictum Municipes per se nihil possidere possunt, quia universi consentire non possunt. forum autem et basilicam hisque similia non possident, sed promiscue his utuntur. sed Nerva filius ait, per servum quae peculiariter adquisierint et possidere et usucapere posse: sed quidam contra putant, quoniam ipsos servos non possideant.

95. l. 2 Dig. de adquir. vel amitt. poss. 41, 2.

Ulpianus libro septuagensimo ad edictum Sed hoc iure utimur, ut et possidere et usucapere municipes possint idque eis et per servum et per liberam personam[1]) adquiratur.

IV. Das Rechtsobjekt.

§ 21. Begriff und Einteilung.

96. l. 30 pr. Dig. de usurp. et usuc. 41, 3.

Pomponius libro trigensimo ad Sabinum Rerum mixtura facta an usucapionem cuiusque praecedentem interrumpit, quaeritur. tria

[1]) Für 'liberam personam' hatte Ulpian nach Alibrandi's Vermutung geschrieben: procuratorem.

autem genera sunt corporum: unum, quod continetur uno spiritu et Graece ἡνωμένον vocatur, ut homo, tignum, lapis et similia: alterum, quod ex contingentibus, hoc est pluribus inter se cohaerentibus constat, quod συνημμένον vocatur, ut aedificium, navis, armarium: tertium, quod ex distantibus constat, ut corpora plura [non] soluta, sed uni nomini subiecta, veluti populus, legio, grex. primum genus usucapione[1]) quaestionem non habet, secundum, tertium habet.

97. l. 40 Dig. de peculio 15, 1.

Marcianus libro quinto regularum Peculium nascitur, crescit, decrescit, moritur, et ideo eleganter Papirius Fronto dicebat peculium
1 simile esse homini. Quomodo autem peculium nascitur, quaesitum est. et ita veteres distinguunt: si id adquisiit servus quod dominus necesse non habet praestare, id esse peculium, si vero tunicas aut aliquid simile quod ei dominus necesse habet praestare, non esse peculium. ita igitur nascitur peculium: crescit, cum auctum fuerit: decrescit, cum servi vicarii moriuntur, res intercidunt: moritur, cum ademptum sit.

98. l. 2, 1 Dig. de reb. cred. 12, 1.

Paulus libro vicensimo octavo ad edictum Mutui datio consistit in his rebus quae pondere, numero, mensura consistunt, quoniam eorum datione possumus in creditum ire[2]), quia in genere suo functionem recipiunt[3]) per solutionem quam specie: nam in ceteris rebus ideo in creditum ire[2]) non possumus, quia aliud pro alio invito creditori solvi non potest.

99. l. 35, 3 Dig. de rei vind. 6, 1.

Paulus libro vicensimo primo ad edictum Eorum quoque, quae sine interitu dividi non possunt, partem petere posse constat.

100. l. 5 Dig. de stipul. serv. 45, 3.

Ulpianus libro quadragensimo octavo ad Sabinum Servus communis sic omnium est non quasi singulorum totus, sed pro partibus utique indivisis, ut intellectu magis partes habeant quam corpore: et ideo si quid stipulatur vel quaqua alia ratione adquirit, omnibus adquirit pro parte, qua dominium in eo habent.

---

[1]) Mommsen verbessert: huiusce modi, schwerlich richtig.

[2]) = creditum inire, einen Darlehnsvertrag begründen.

[3]) ergänze: magis. functionem recipiunt: sie erfüllen ihre Verrichtung.

101. l. 25,1 Dig. de verb. signif. 50,16.

Paulus libro vicensimo primo ad edictum Quintus Mucius ait partis appellatione rem pro indiviso significari: nam quod pro diviso nostrum sit, id non partem, sed totum esse. Servius non ineleganter partis appellatione utrumque significari.

102. l. 19 pr. Dig. comm. div. 10,3.

Paulus libro sexto ad Sabinum Arbor quae in confinio nata est, item lapis qui per utrumque fundum extenditur quamdiu cohaeret fundo, e regione cuiusque finium utriusque sunt nec in communi dividundo iudicium veniunt: sed cum aut lapis exemptus aut arbor eruta vel succisa est, communis pro indiviso fiet et veniet in communi dividundo iudicium: nam quod erat finitis partibus, rursus confunditur.

103. l. 13,31 Dig. de action. empti vend. 19,1.

Ulpianus libro trigesimo secundo ad edictum Aedibus distractis vel legatis ea esse aedium solemus dicere, quae quasi pars aedium vel propter aedes habentur, ut puta putealia, salientes, fistulae.

104. l. 17,7 Dig. de action. empti vend. 19,1.

Ulpianus libro trigesimo secundo ad edictum Labeo generaliter scribit ea, quae perpetui usus causa in aedificiis sunt, aedificii esse, quae vero ad praesens, non esse aedificii: ut puta fistulae temporis quidem causa positae non sunt aedium, verum tamen si perpetuo fuerint positae, aedium sunt.

105. l. 17,10; 11. Dig. de action. empti vend. 19,1.

Ulpianus libro trigesimo secundo ad edictum Ea, quae ex aedi-
ficio detracta sunt ut reponantur, aedificii sunt: at quae parata sunt
ut imponantur, non sunt aedificii. Pali, qui vineae causa parati sunt, 11
antequam collocentur, fundi non sunt, sed qui exempti sunt hac
mente ut collocentur, fundi sunt.

106. l. 27 pr. Dig. de hered. petit. 5,3.

Ulpianus libro quinto decimo ad edictum Ancillarum etiam partus et partuum partus quamquam fructus esse non existimantur, quia non temere ancillae eius rei causa comparantur ut pariant, augent tamen hereditatem.

107. l. 68 pr. Dig. de usu fructu 7, 1.

Ulpianus libro septimo decimo ad Sabinum Vetus fuit quaestio. an partus ad fructuarium pertineret: sed Bruti sententia optinuit[1]) fructuarium in eo locum non habere: neque enim in fructu hominis homo esse postet.

108. l. 28, 1 Dig. de usur. 22, 1.

Gaius libro secundo rerum cottidianarum Partus vero ancillae in fructu non est itaque ad dominum proprietas pertinet: absurdum enim videbatur hominem in fructu esse, cum omnes fructus rerum natura hominum gratia comparaverit.

§ 22. Rechtsverhältnisse an Sachen.

109. § 1 Inst. de rer. divis. 2, 1.

Et quidem naturali iure communia sunt omnium haec: aer et aqua profluens et mare et per hoc litora maris. nemo igitur ad litus maris accedere prohibetur, dum tamen villis et monumentis et aedificiis abstineat, quia non sunt iuris gentium, sicut et mare.

110. § 5 Inst. de rer. divis. 2, 1.

Litorum quoque usus publicus iuris gentium est, sicut ipsius maris: et ob id quibuslibet liberum est casam ibi imponere, in qua se recipiant, sicut retia siccare et ex mare deducere. proprietas autem eorum potest intellegi nullius esse, sed eiusdem iuris esse, cuius et mare et quae subiacent mari, terra vel harena.

111. § 3 Inst. de rer. div. 2, 1.

Est autem litus maris, quatenus hibernus fluctus maximus excurrit. (*cf. l. 96 pr. l. 112 D. de V. S. 50, 16.*)

112. l. 6 pr. Dig. de divis. rer. 1, 8.

Marcianus libro tertio institutionum in tantum, ut et soli domini constituantur qui ibi aedificant, sed quamdiu aedificium manet: alioquin aedificio dilapso quasi iure postliminii revertitur locus in pristinam causam, et si alius in eodem loco aedificaverit, eius fiet. (*cf. l. 10 eod. l. 14. l. 30 § 4 D. 41, 1. l. 3 § 1 D. 43, 8.*)

113. l. 50 Dig. de adquir. rer. dom. 41, 1.

Papinianus libro sexto ex Plautio Quamvis quod in litore publico vel in mari exstruxerimus, nostrum fiat, tamen decretum

[1]) Mommsen schiebt ein: ius.

praetoris adhibendum est, ut id facere liceat: immo etiam manu prohibendus est, si cum incommodo ceterorum id faciat: nam civilem eum actionem de faciendo nullam habere non dubito.

114. l. 3 pr. Dig. ne quid in loco publ. 43, 8.

Celsus libro trigensimo nono digestorum Litora, in quae populus Romanus imperium habet, populi Romani esse arbitror.

115. l. 1, 3 Dig. de flumin. 43, 12.

Ulpianus libro sexagensimo octavo ad edictum Fluminum quaedam publica sunt, quaedam non. publicum flumen esse Cassius definit, quod perenne sit: haec sententia Cassii, quam et Celsus probat, videtur esse probabilis.

116. l. 30, 3 Dig. de adquir. rer. domin. 41, 1.

Pomponius libro trigensimo quarto ad Sabinum Alluvio agrum restituit eum, quem impetus fluminis totum abstulit. itaque si ager, qui inter viam publicam et flumen fuit, inundatione fluminis occupatus esset, sive paulatim occupatus est sive non paulatim, sed eodem impetu recessu fluminis restitutus, ad pristinum dominum pertinet: flumina enim censitorum vice funguntur, ut ex privato in publicum addicant et ex publico in privatum: itaque sicuti hic fundus, cum alveus fluminis factus esset, fuisset publicus, ita nunc privatus eius esse debet, cuius antea fuit.

117. l. 5 pr. Dig. de divis. rer. et qualitate 1, 8.

Gaius libro secundo rerum cottidianarum sive aureorum Riparum usus publicus est iure gentium sicut ipsius fluminis. itaque navem ad eas appellere, funes ex arboribus ibi natis religare, retia siccare et ex mare reducere, onus aliquid in his reponere cuilibet liberum est, sicuti per ipsum flumen navigare. sed proprietas illorum est, quorum praediis haerent: qua de causa arbores quoque in his natae eorum sunt. (*cf. l. 15. l. 30 § 1 Dig. de adquir. rer. dom. 41. 1*).

118. l. 3, 1 Dig. de fluminibus 43, 12.

Paulus libro sexto decimo ad Sabinum Ripa ea putatur esse, quae plenissimum flumen continet.

119. l. 1 pr. Dig. de divis. rer. 1, 8. (*cf. Gai. 2, 2; 3; 8—11.*)

Gaius libro secundo institutionum Summa rerum divisio in duos articulos diducitur: nam aliae sunt divini iuris, aliae humani. divini iuris sunt veluti res sacrae et religiosae. sanctae quoque res, veluti muri et portae, quodammodo divini iuris sunt. quod autem divini iuris est, id nullius in bonis est: id vero, quod humani iuris est, plerumque alicuius in bonis est. potest autem et nullius in bonis esse: nam res hereditariae, antequam aliquis heres existat, nullius in bonis sunt. hae autem res, quae humani iuris sunt, aut publicae sunt aut privatae. quae publicae sunt, nullius in bonis esse creduntur, ipsius enim universitatis esse creduntur[1]): privatae autem sunt, quae singulorum sunt.

120. l. 83, 5 Dig. de verb. obl. 45, 1.

Paulus libro septuagensimo secundo ad edictum Sacram vel religiosam rem vel usibus publicis in perpetuum relictam (ut forum aut basilicam) aut hominem liberum inutiliter stipulor, quamvis sacra profana fieri et usibus publicis relicta in privatos usus reverti et ex libero servus fieri potest.

121. l. 2, 2 Dig. ne quid in loco publ. 43, 8.

Ulpianus libro sexagensimo octavo ad edictum Loca enim publica utique privatorum usibus deserviunt, iure scilicet civitatis, non quasi propria cuiusque, et tantum iuris[2]) habemus ad optinendum, quantum quilibet ex populo ad prohibendum habet. propter quod si quod forte opus in publico fiet, quod ad privati damnum redundet, prohibitorio interdicto potest conveniri, propter quam rem hoc interdictum propositum est.

122. l. 13, 7 Dig. de iniur. et fam. libell. 47, 10.

Ulpianus libro quinquagensimo septimo ad edictum Si quis me prohibeat in mari piscari vel everriculum (quod Graece σαγήνη dicitur) ducere, an iniuriarum iudicio possim eum convenire? sunt qui putent iniuriarum me posse agere: et ita Pomponius et plerique esse huic similem eum, qui in publicum lavare vel in cavea publica sedere vel in quo alio loco agere, sedere, conversari non patiatur, aut si quis re mea uti me non permittat: nam et hic iniuriarum conveniri potest. conductori autem veteres interdictum dederunt, si forte publice hoc[3]) conduxit: nam vis ei prohibenda est, quo minus conductione sua fruatur. si quem tamen ante aedes meas vel ante praetorium meum piscari prohibeam, quid dicendum est? me iniuriarum iudicio teneri

[1]) Vgl. Nr. 85.

[2]) Mommsen schiebt ein: in iis.

[3]) locum: Mommsen.

an non? et quidem mare commune omnium est et litora, sicuti aer, et est saepissime rescriptum non posse quem piscari prohiberi: sed nec aucupari, nisi quod ingredi quis agrum alienum prohiberi potest. usurpatum tamen et hoc est, tametsi nullo iure, ut quis prohiberi possit ante aedes meas vel praetorium meum piscari: quare si quis prohibeatur, adhuc iniuriarum agi potest. in lacu tamen, qui mei dominii est, utique piscari aliquem prohibere possum.

V. Die juristischen Tatsachen.

§ 23. Tatbestand und Rechtsfolge.

123. Fragm. Vat. 263.

Papinianus libro duodecimo responsorum Eam quae bona sua filiis per epistulam citra stipulationem donavit, si neque possessionem rerum singularum tradidit neque per mancipationem praediorum dominium transtulit nec interpositis delegationibus aut inchoatis litibus actiones novavit, nihil egisse placuit.

124. l. 67, 3 Dig. de condict. indeb. 12, 6.

Scaevola libro quinto digestorum Idem quaesiit, an pactum, quod in pariationibus adscribi solet in hunc modum 'ex hoc contractu nullam inter se controversiam amplius esse' impediat repetitionem. respondit nihil proponi, cur impediret.

125. l. 28 pr. Dig. de verb. signif. 50, 16.

Paulus libro vicensimo primo ad edictum 'Alienationis' verbum etiam usucapionem continet: vix est enim, ut non videatur alienare, qui patitur usucapi. eum quoque alienare dicitur, qui non utendo amisit servitutes. qui occasione adquirendi non utitur, non intellegitur alienare: veluti qui hereditatem omittit aut optionem intra certum tempus datam non amplectitur.

126. l. 67 pr. Dig. de verb. signif. 50, 16.

Ulpianus libro septuagensimo sexto ad edictum 'Alienatum' non proprie dicitur, quod adhuc in dominio venditoris mansit: 'venditum' tamen recte dicetur.

127. l. 3, 1 Dig. quae in fraud. cred. 42, 8.

Ulpianus libro sexagensimo sexto ad edictum Gesta fraudationis causa accipere debemus non solum ea, quae contrahens gesserit aliquis, verum etiam si forte data opera ad iudicium non adfuit vel litem mori patiatur vel a debitore non petit, ut tempore liberetur, aut usum fructum vel servitutem amittit.

128. l. 5, 8 Dig. de reb. eorum qui sub tutela 27, 9.

Ulpianus libro trigesimo quinto ad edictum Fundum autem legatum repudiare pupillus sine praetoris auctoritate non potest: esse enim et hanc alienationem, cum res sit pupilli, nemo dubitat.

129. l. 6, 4 Dig. quae in fraudem credit. 42, 8.

Ulpianus libro sexagensimo sexto ad edictum Sed et illud probandum, si legatum repudiavit, cessare edictum, quod Iulianus quoque scribit.

§ 24. Die Zeit.

130. l. 98 Dig. de verb. signif. 50, 16.

Celsus libro trigensimo nono digestorum Cum bisextum kalendis[1])
est, nihil refert, utrum priore an posteriore die quis natus sit, et deinceps
sextum kalendas eius natalis dies est: nam id biduum pro uno die
habetur. sed posterior dies intercalatur, non prior: ideo quo anno
intercalatum non est sexto kalendas natus, cum bisextum kalendis[1]) est,
1 priorem diem natalem habet. Cato putat mensem intercalarem ad-
diticium esse: omnesque eius dies pro momento temporis observat
2 extremoque diei mensis Februarii adtribuit Quintus Mucius. Mensis
autem intercalaris constat ex diebus viginti octo.

131. l. 134 Dig. de verb. signif. 50, 16.

Paulus libro secundo ad legem Iuliam et Papiam 'Anniculus' non statim ut natus est, sed trecentesimo sexagensimo quinto die dicitur, incipiente plane, non exacto die, quia annum civiliter non ad momenta temporum, sed ad dies numeramus.

132. l. 8 Dig. de feriis 2, 12.

Paulus libro tertio decimo ad Sabinum More Romano dies a media nocte incipit et sequentis noctis media parte finitur. itaque quidquid in his viginti quattuor horis, id est duabus dimidiatis noctibus et luce media, actum est, perinde est, quasi quavis hora lucis actum esset.

---

[1]) **kalendas: Haloander.**

133. l. 1 pr. Dig. de manum. 40, 1.

Ulpianus libro sexto ad Sabinum Placuit eum, qui calendis Ianuariis natus est, post sextam noctis pridie kalendas, quasi annum vicensimum compleverit, posse manumittere: non enim maiori viginti annis permitti manumittere, sed minorem manumittere vetari: iam autem minor non est, qui diem supremum agit anni vicensimi.

134. l. 5 Dig. qui test. facere poss. 28, 1.

Ulpianus libro sexto ad Sabinum A qua aetate testamentum vel masculi vel feminae facere possunt, videamus. verius est in masculis quidem quartum decimum annum spectandum, in feminis vero duodecimum completum. utrum autem excessisse debeat quis quartum decimum annum, ut testamentum facere possit, an sufficit complesse? propone aliquem kalendis Ianuariis natum testamentum ipso natali suo fecisse quarto decimo anno: an valeat testamentum? dico valere. plus arbitror, etiamsi pridie kalendarum fecerit post sextam horam noctis, valere testamentum: iam enim complesse videtur annum quartum decimum, ut Marciano[1]) videtur.

135. l. 49 Dig. de cond. et dem. 35, 1.

Celsus libro vicesimo secundo digestorum Si in[2]) annos decem heres dare damnatus aut quis liber esse iussus est, novissimo eius temporis die legatum debebitur et libertas optingit.

136. l. 15 pr. Dig. de div. temp. praescr. 44, 3.

Venuleius libro quinto interdictorum In usucapione ita servatur, ut, etiamsi minimo momento novissimi diei possessa sit res, nihilo minus repleatur usucapio, nec totus dies exigitur ad explendum constitutum tempus[3]).

137. l. 6 Dig. de usurp. et usuc. 41, 3.

Ulpianus libro undecimo ad edictum In usucapionibus non a momento ad momentum, sed totum postremum diem computamus.

138. l. 7 Dig. de usurp. et usuc. 41, 3.

Ulpianus libro vicensimo septimo ad Sabinum Ideoque qui hora

---

[1]) Maeciano: Fitting.

[2]) intra: Haloander.

[3]) constitutum tempus: Tribonian; Venuleius hatte geschrieben: annum aut biennium.

sexta diei kalendarum Ianuariarum possidere coepit, hora sexta noctis pridie kalendas Ianuarias implet usucapionem.

139. l. 6 Dig. de obl. et act. 44, 7.

Paulus libro quarto ad Sabinum In omnibus temporalibus actionibus nisi novissimus totus dies compleatur, non finit obligationem[1]).

140. l. 101 Dig. de reg. iur. 50, 17.

Paulus libro singulari de cognitionibus Ubi lex duorum mensum fecit mentionem, et qui sexagensimo et primo die venerit, audiendus est: ita enim et imperator Antoninus cum divo patre suo rescripsit.

141. l. 2 Dig. de div. temp. praescr. 44, 3.

Marcellus libro sexto digestorum In tempore constituto iudicatis[2]) an intercalaris dies proficere iudicato nec ne debeat, quaeritur. item de tempore, quo lis perit, sic sine dubio existimandum est, ut auctum litis tempus intercalari die exsitimetur, veluti si de usucapione sit quaestio, [quae tempore constituto expleri solet,] aut de actionibus, quae certo tempore finiuntur, ut aediliciae[3]) pleraeque[4]) actiones. et[5]) si quis fundum ea lege vendiderit, ut, nisi in diebus triginta pretium esset solutum, inemptus esset fundus, dies intercalaris proficiet emptori.[6]) mihi contra videtur[7]).

§ 25. Unwissenheit und Irrtum.

142. l. 1 Dig. de iur. et fact. ign. 22, 6.

Paulus libro quadragesimo quarto ad edictum Ignorantia vel
1 facti vel iuris est. Nam si quis nesciat decessisse eum, cuius bonorum
possessio defertur, non cedit ei tempus: sed si sciat quidem defunctum
esse cognatum, nesciat autem proximitatis nomine bonorum pos-
sessionem sibi deferri, aut se sciat scriptum heredem, nesciat autem
quod scriptis heredibus bonorum possessionem praetor promittit, cedit
ei tempus, quia in iure errat. idem est, si frater consanguineus de-

---

[1]) obligatio: Mommsen.
[2]) in triginta diebus iustis: Marcell.
[3]) et praetoriae: schiebt Krüger ein.
[4]) peraeque: Bynkershoek.
[5]) sed: Savigny System 4, 464.
[6]) vermutlich ist einzuschieben: Scaevola notat.
[7]) Vgl. Keller, Litiscontestation und Urteil S. 155 fg.

functi credat matrem potiorem esse. Si quis nesciat se cognatum esse, 2
interdum in iure, interdum in facto errat. nam si et liberum se esse et ex quibus natus sit sciat, iura autem cognationis habere se nesciat, in iure errat: at si quis (forte expositus) quorum parentium esset ignoret, fortasse et serviat alicui putans se servum esse, in facto magis quam in iure errat. Item si quis sciat quidem alii delatam esse bonorum 3
possessionem, nesciat autem ei tempus praeterisse bonorum possessionis, in facto errat. idem est, si putet eum bonorum possessionem accepisse. sed si sciat eum non petisse tempusque ei praeterisse, ignoret autem sibi ex successorio capite competere bonorum possessionem, cedet ei tempus, quia in iure errat. Idem dicemus, si ex asse 4
heres institutus non putet se bonorum possessionem petere posse ante apertas tabulas: quod si nesciat esse tabulas, in facto errat.

143. l. 9 Dig. de iur. et fact. ign. 22, 6.

Paulus libro singulari de iuris et facti ignorantia Regula est iuris quidem ignorantiam cuique nocere, facti vero ignorantiam non nocere. videamus igitur, in quibus speciebus locum habere possit, ante praemisso quod minoribus viginti quïnque annis ius ignorare permissum est. quod et in feminis [in quibusdam causis] propter sexus infirmitatem dicitur: et ideo sicubi non est delictum, [sed] iuris ignorantia non laeduntur. hac ratione si minor viginti quinque annis filio familias crediderit, subvenitur ei, ut non videatnr filio familias credidisse. Si filius familias miles a commilitone heres institutus nesciat 1
sibi etiam sine patre licere adire per constitutiones principales, ius ignorare potest et ideo ei dies aditionis [1]) non cedit. Sed facti 2
ignorantia ita demum cuique non nocet, si non ei summa neglegentia obiciatur: quid enim si omnes in civitate sciant, quod ille solus ignorat? et recte Labeo definit scientiam neque curiosissimi neque neglegentissimi hominis accipiendam, verum eius, qui cum eam rem ut [2]), diligenter inquirendo notam habere possit. Sed iuris ignorantiam non 3
prodesse Labeo ita accipiendum existimat, si iuris consulti copiam haberet vel sua prudentia instructus sit, ut, cui facile sit scire, ei detrimento sit iuris ignorantia: quod raro accipiendum est. Qui ignoravit 4
dominum esse rei venditorem, plus in re est, quam in existimatione mentis [3]): et ideo, tametsi existimet se non a domino emere, tamen,

[1]) aditionis: Tribonian. Paulus hatte wahrscheinlich geschrieben: cretionis.
[2]) schreibe: curet.
[3]) ementis: Heraldus.

5 si a domino ei tradatur, dominus efficitur. Si quis ius ignorans lege Falcidia usus non sit, nocere ei dicit epistula divi Pii. sed et imperatores Severus et Antoninus in haec verba rescripserunt: 'Quod ex causa fideicommissi indebitum datum est, si non per errorem solutum est, repeti non potest. quamobrem Gargiliani heredes, qui, cum ex testamento eius pecuniam ad opus aquae ductus rei publicae Cirtensium relictam solverint, non solum cautiones non exegerunt, quae interponi solent, ut quod amplius cepissent municipes quam per legem Falcidiam licuisset redderent, verum etiam stipulati sunt, ne ea summa in alios usus converteretur, et scientes prudentesque passi sunt eam pecuniam in opus aquae ductus impendi, frustra postulant reddi sibi a re publica Cirtensium, quasi plus debito dederint, cum sit utrumque iniquum pecuniam, quae ad opus aquae ductus data est, repeti et rem publicam ex corpore patrimonii sui impendere in id opus, quod totum alienae liberalitatis gloriam repraesentet. quod si ideo repetitionem eius pecuniae habere credunt, quod imperitia lapsi legis Falcidiae beneficio usi non sunt, sciant ignorantiam facti, non iuris prodesse nec stultis solere suc-
6 curri, sed errantibus'. Et licet municipum mentio in hac epistula fiat, tamen et in qualibet persona idem observabitur. sed nec quod in opere aquae ductus relicta esse pecunia proponitur, in hunc solum casum cessare repetitionem dicendum est. nam initium constitutionis generale est: demonstrat enim, si non per errorem solutum sit fideicommissum, quod indebitum fuit, non posse repeti: item et illa pars aeque generalis est, ut qui iuris ignorantia legis Falcidiae beneficio usi non sunt, non possint repetere: ut secundum hoc possit dici etiam, si pecunia, quae per fideicommissum relicta est quaeque soluta est, non ad aliquid faciendum relicta sit, et licet consumpta non sit, sed exstet apud eum cui soluta est, cessare repetitionem.

144. l. 10 Dig. de bon. poss. 37,1.

Paulus libro secundo ad Sabinum In bonorum possessionibus iuris ignorantia non prodest, quo minus dies cedat, et ideo heredi instituto et ante apertas tabulas dies cedit. satis est enim scire mortuum esse seque proximum cognatum[1]) fuisse copiamque[2]) eorum quos consuleret habuisse: scientiam enim non hanc accipi, quae iuris prudentibus sit, sed eam, quam quis aut

---

[1]) cognatum streicht Mommsen.

[2]) copiamve Krüger.

per se habeat aut consulendo prudentiores adsequi potest.

145. l. 2, 5 Dig. quis ordo 38, 15.

Ulpianus libro quadragensimo nono ad edictum Scientiam eam observandam Pomponius ait, non quae cadit in iuris prudentes, sed quam quis aut per se aut per alios adsequi potuit, scilicet consulendo prudentiores, ut diligentiorem patrem familias consulere dignum sit.

146. l. 4 Dig. quod vi aut clam 43, 24.

Venuleius libro secundo interdictorum Servius etiam eum clam facere, qui existimare debeat sibi controversiam futuram, quia non opinionem cuius[1]) et resupinam existimationem esse[2]) oporteat, ne melioris condicionis sint stulti quam periti.

147. l. 7 Dig. de iur. et fact. ign. 22, 6.

Papinianus libro nono decimo quaestionum Iuris ignorantia non prodest adquirere volentibus, suum vero petentibus non nocet[3]).

148. l. 8 Dig. de iur. et fact. ign. 22, 6.

Papinianus libro primo definitionum Error facti ne maribus quidem in damnis vel compendiis obest, iuris autem error nec feminis in compendiis prodest: [ceterum omnibus iuris error in damnis amittendae rei suae non nocet][3]).

A. Das Rechtsgeschäft.

§ 26. Begriff.

149. l. 58 pr. Dig. de donat. int. vir. et ux. 24, 1.

Scaevola libro primo responsorum Si praedia et mancipia Seiae data effecta sint eius tempore concubinatus ac postea tempore matrimonii aliis acceptis reddita sunt, quid iuris est? respondit secundum ea quae proponerentur negotium potius gestum videri quam donationem intervenisse.

150. l. 9, 2 Dig. loc. cond. 19, 2.

Ulpianus libro trigesimo secundo ad edictum Iulianus libro

---

[1]) cui: Mommsen.

[2]) verbessere: prodesse.

[3]) Vgl. Pernice, Labeo II², 1, 495 n. 5.

quinto decimo digestorum dicit, si quis fundum locaverit, ut etiam si quid vi maiori accidisset, hoc ei praestaretur, pacto standum esse.

151. l. 57 pr. Dig. de pactis 2, 14.

Florentinus libro octavo institutionum Qui in futurum usuras a debitore acceperat, tacite pactus videtur, ne intra id tempus sortem petat.

152. l. 142 Dig. de div. reg. iur. 50, 17.

Paulus libro quinquagensimo sexto ad edictum Qui tacet, non utique fatetur: sed tamen verum est eum non negare.

§ 27. Mängel der Willenserklärung.

153. l. 3 Dig. de reb. dub. 34, 5.

Paulus libro quarto decimo quaestionum In ambiguo sermone non utrumque dicimus, sed id dumtaxat quod volumus: itaque qui aliud dicit quam vult, neque id dicit quod vox significat, quia non vult, neque id quod vult, quia id non loquitur.

154. l. 3, 2 Dig. de obl. et act. 44, 7.

Paulus libro secundo institutionum Verborum quoque obligatio constat, si inter contrahentes id agatur: nec enim si per iocum puta vel demonstrandi intellectus[1]) causa ego tibi dixero 'spondes'? et tu responderis 'spondeo', nascetur obligatio.

155. c. 26 X de sponsal. 4, 1 *(a. 1212).*

Tua nos duxit fraternitas consulendos ..., quum quandam mulierem quidam aliter inducere nequivisset, ut sibi commisceretur carnaliter, nisi desponsasset eandem, nulla solennitate adhibita vel alicuius praesentia, dixit illi: 'te Ioannes desponsat', quum ipse Ioannes non vocaretur, sed finxit se vocari Ioannem, non credens esse coniugium eo, quod ipse non vocaretur hoc nomine nec haberet propositum contrahendi, sed copulam tantum exsequendi carnalem, utrum inter praedictos sit matrimonium celebratum, quum mulier consenserit et consentiat in eundem, et ille dissenserit et dissentiat, nec aliud quicquam egerit quam superius est expressum, nisi quod cognoverit eandem ... Nos autem quid iuris sit rescribentes, dicimus, quod ... non debet

---

[1]) 'intellectus' streicht Mommsen.

ex illo facto coniugium iudicari, quum in eo nec substantia coniugalis contractus nec forma contrahendi coniugium valeat inveniri, quoniam ex altera parte dolus solummodo adfuit et defuit omnino consensus, sine quo cetera nequeunt foedus perficere coniugale.

156. l. 2, 1 Dig. de admin. rer. 50, 8.

Ulpianus libro tertio opinionum Quod quis suo nomine exercere prohibetur, id nec per subiectam personam agere debet. et ideo si decurio subiectis aliorum nominibus praedia publica colat, quae decurionibus conducere non licet secundum legem, usurpata revocentur.

157. l. 9 Dig. de contr. empt. 18, 1.

Ulpianus libro vicensimo octavo ad Sabinum In venditionibus et emptionibus consensum debere intercedere palam est: ceterum sive in ipsa emptione dissentient sive in pretio sive in quo alio, emptio imperfecta est. si igitur ego me fundum emere putarem Cornelianum, tu mihi te vendere Sempronianum putasti, quia in corpore dissensimus, emptio nulla est. idem est, si ego me Stichum, tu Pamphilum absentem vendere putasti: nam cum in corpore dissentiatur, apparet nullam esse emptionem. Plane si in nomine dissentiamus, verum de 1
corpore constet, nulla dubitatio est, quin valeat emptio et venditio: nihil enim facit error nominis, cum de corpore constat. Inde quaeritur, 2
si in ipso corpore non erratur, sed in substantia error sit, ut puta si acetum pro vino veneat, aes pro auro vel plumbum pro argento vel quid aliud argento simile, an emptio et venditio sit. Marcellus scripsit libro sexto digestorum emptionem esse et venditionem, quia in corpus consensum est, etsi in materia sit erratum. ego in vino quidem consentio, quia eadem prope οὐσία est, si modo vinum acuit: ceterum si vinum non acuit, sed ab initio acetum fuit, ut embamma, aliud pro alio venisse videtur. in ceteris autem nullam esse venditionem puto, quotiens in materia erratur.

158. l. 58 Dig. de contr. empt. 18, 1.

Papinianus libro decimo quaestionum Arboribus quoque vento deiectis vel absumptis igne dictum est emptionem fundi non videri esse contractam, si contemplatione illarum arborum, veluti oliveti, fundus comparabatur, sive sciente sive ignorante venditore: [sive autem emptor sciebat vel ignorabat vel uterque eorum, haec optinent, quae in superioribus casibus pro aedibus dicta sunt.]

159. l. 110 pr. Dig. de reg. iur. 50, 17.

Paulus libro sexto ad edictum In eo, quod plus sit, semper inest et minus.

160. l. 6 Dig. quod metus 4, 2.

Gaius libro quarto ad edictum provinciale Metum autem non vani hominis, sed qui merito et in homine constantissimo cadat, ad hoc edictum pertinere dicemus.

161. l. 9 pr. Dig. quod. metus 4, 2

Ulpianus libro undecimo ad edictum Metum autem praesentem accipere debemus, non suspicionem inferendi eius: et ita Pomponius libro vicensimo octavo scribit. ait enim metum illatum accipiendum, [id est si illatus est timor ab aliquo.] denique tractat, si fundum meum dereliquero audito, quod quis cum armis veniret, an huic edicto locus sit? et refert Labeonem existimare edicto locum non esse et unde vi interdictum cessare, quoniam non videor vi deiectus, qui deici non expectavi sed profugi. aliter atque si, posteaquam armati ingressi sunt, tunc discessi: huic enim edicto locum facere. idem ait, et si forte adhibita manu in meo solo per vim aedifices, et interdictum quod vi aut clam et hoc edictum locum habere, scilicet quoniam metu patior id te facere. sed et si per vim tibi possessionem tradidero, dicit Pomponius hoc[1]) edicto locum esse.

162. l. 1, 2 Dig. de dolo 4, 3.

Ulpianus libro undecimo ad edictum Dolum malum Servius quidem ita definiit machinationem quandam alterius decipiendi causa, cum aliud simulatur et aliud agitur. Labeo autem posse et sine simulatione id agi, ut quis circumveniatur: posse et sine dolo malo aliud agi, aliud simulari, sicuti faciunt, qui per eiusmodi dissimulationem deserviant[2]) et tuentur vel sua vel aliena: itaque ipse sic definiit dolum malum esse omnem calliditatem fallaciam machinationem ad circumveniendum fallendum decipiendum alterum adhibitam. Labeonis definitio vera est[3]).

163. l. 37 Dig. de dolo 4, 3.

Ulpianus libro quadragensimo quarto ad Sabinum Quod venditor

---

[1]) huic: die geringeren Handschriften.

[2]) se servant: Scialoja.

[3]) Vgl. Pernice, Labeo II[2], 1, 208 fg.

ut commendet dicit, sic habendum, quasi neque dictum neque promissum est. si vero decipiendi emptoris causa dictum est, aeque sic habendum est, ut non nascatur adversus dictum promissumve actio, sed de dolo actio.

§ 28. Bedingung, Befristung, Auflage.

164. l. 77 Dig. de reg. iur. 50, 17.

Papinianus libro vicesimo octavo quaestionum Actus legitimi, qui non recipiunt diem vel condicionem, veluti emancipatio[1]), acceptilatio, hereditatis aditio, servi optio, datio tutoris, in totum vitiantur per temporis vel condicionis adiectionem. nonnumquam tamen actus supra scripti tacite recipiunt, quae aperte comprehensa vitium adferunt. nam si acceptum feratur ei, qui sub condicione promisit, ita demum egisse aliquid acceptilatio intellegitur, si obligationis condicio exstiterit: quae si verbis nominatim acceptilationis comprehendatur, nullius momenti faciet actum.

165. Fragm. Vat. § 329.

Papinianus libro secundo responsorum Sub condicione cognitor non recte datur, non magis quam mancipatur aut acceptum vel expensum fertur; nec ad rem pertinet, an ea condicio sit inserta, quae non expressa tacite inesse videatur.

166. l. 2 pr. Dig. de in diem addict. 18, 2.

Ulpianus libro vicensimo octavo ad Sabinum Quotiens fundus in diem addicitur, utrum pura emptio est, sed sub condicione resolvitur, an vero condicionalis sit magis emptio, quaestionis est. et mihi videtur verius interesse, quid actum sit: nam si quidem hoc actum est, ut meliore allata condicione ab emptione discedatur, erit pura emptio, quae sub condicione resolvitur: sin autem hoc actum est, ut perficiatur emptio, nisi melior condicio offeratur, erit emptio condicionalis.

167. l. 2, 3 Dig. pro empt. 41, 4.

Paulus libro quinquagensimo quarto ad edictum Sabinus, si sic empta sit, ut, nisi pecunia intra diem certum soluta esset, inempta

[1]) Die Florentiner Handschrift hat: mancipatio, und so hatte auch Papinian, aber natürlich nicht Tribonian geschrieben; vgl. die folgende Stelle.

res fieret, non usucapturum nisi persoluta pecunia. sed videamus, utrum condicio sit hoc an conventio: si conventio est,[1]) magis resolvetur quam implebitur.

168. § 6 Inst. de verborum obligatione 3, 15.

Condiciones, quae ad praeteritum vel ad praesens tempus referuntur, aut statim infirmant obligationem aut omnino non differunt: veluti 'si Titius consul fuit' vel 'si Maevius vivit, dare spondes?' nam si ea ita non sunt, nihil valet stipulatio: sin autem ita se habent, statim valet. quae enim per rerum naturam certa sunt, non morantur obligationem, licet apud nos incerta sint.

169. l. 100 Dig. de verb. obl. 45, 1.

Modestinus libro octavo regularum Condicio in praeteritum, non tantum praesens tempus relata statim aut peremit obligationem aut omnino non differt.

170. l. 9, 1 Dig. de nov. et del. 46, 2.

Ulpianus libro quadragensimo septimo ad Sabinum Qui sub condicione stipulatur, quae omnimodo exstatura[2]) est, pure videtur stipulari.

171. l. 7 Dig. de verb. obl. 45, 1.

Ulpianus libro sexto ad Sabinum Impossibilis condicio cum in faciendum concipitur, stipulationibus obstat: aliter atque si talis condicio inseratur stipulationi 'si in caelum non ascenderit'[3]): nam utilis et praesens est et pecuniam creditam continet.[4])

172. § 11 Inst. de inutil. stipul. 3, 19.

Si impossibilis condicio obligationibus adiciatur, nihil valet stipulatio. impossibilis autem condicio habetur, cui natura impedimento est, quo minus existat, veluti si quis ita dixerit: 'si digito caelum attigero, dare spondes?' at si ita stipuletur, 'si digito caelum non attigero, dare spondes?' pure facta obligatio intellegitur ideoque statim petere potest.

173. Gai. 3, 98.

Item si quis sub ea condicione stipuletur, quae existere non

---

[1]) Mommsen schiebt ein: emptio.

[2]) von exsistere.

[3]) ascenderis: Haloander.

[4]) Vgl. Nr. 517.

potest, velut 'si digito caelum tetigerit', inutilis est stipulatio. sed legatum sub impossibili condicione relictum nostri praeceptores proinde deberi putant, ac si sine condicione relictum esset; diversae scholae auctores nihilo minus legatum inutile existimant quam stipulationem. et sane vix idonea diversitatis ratio reddi potest.

174. § 10 Inst. de heredib. instit. 2, 14.

Impossibilis condicio in institutionibus et legatis nec non in fideicommissis et libertatibus pro non scripto habetur.

175. l. 4, 1 Dig. de statulib. 40, 7.

Paulus libro quinto ad Sabinum Non est statuliber, cui libertas in tam longum tempus collata est, ut eo tempore is qui manumissus est vivere non possit: aut si tam difficilem, immo paene inpossibilem condicionem adiecerit, ut aliunde ea libertas optingere non possit, veluti si heredi milies[1]) dedisset aut cum moreretur, liberum esse iussisset: sic enim libertas inutiliter datur, et ita Iulianus scribit, quia nec animus dandae libertatis est.

176. l. 121, 1 Dig. de verb. obl. 45, 1.

Papinianus libro undecimo responsorum Stipulationis utiliter interponendae gratia mulier ab eo, in cuius matrimonium conveniebat stipulata fuerat ducenta, si concubinae tempore matrimonii consuetudinem repetisset. nihil causae esse respondi, cur ex stipulatione, quae ex bonis moribus concepta fuerat, mulier impleta condicione pecuniam adsequi non possit.

177. l. 7, 3 Dig. de pact. 2, 14.

Ulpianus libro quarto ad edictum Si ob maleficium ne fiat promissum sit, nulla est obligatio ex hac conventione.

178. l. 8, 1 Dig. de usu et habit. 7, 8.

Ulpianus libro septimo decimo ad Sabinum Sed si usus aedium mulieri legatus sit ea condicione 'si a viro divertisset', remittendam ei condicionem et cum viro habitaturam, quod et Pomponius libro quinto probat.

179. l. 71, 2 Dig. de cond. et dem. 35, 1.

Papinianus libro septimo decimo quaestionum Titio centum relicta sunt ita, ut a monumento meo non recedat vel uti in illa civitate

---

[1]) ergänze: centena milia sestertium, also 100 Millionen Sest.

domicilium habeat. potest dici non esse locum cautioni, per quam ius libertatis infringitur.

180. l. 16 Dig. de condic. instit. 28, 7.

Marcianus libro quarto institutionum 'Si Titius heres erit, Seius heres esto: si Seius heres erit, Titius heres esto.' Iulianus inutilem esse institutionem scribit, cum condicio existere non possit.

181. l. 8 Dig. de obl. et act. 44, 7.

Pomponius libro sexto decimo ad Sabinum Sub hac condicione 'si volam' nulla fit obligatio: pro non dicto enim est, quod dare nisi velis cogi non possis: nam nec heres promissoris [eius, qui numquam dare voluerit,] tenetur, quia haec condicio in ipsum promissorem [1]) numquam exstitit.

182. l. 16 Dig. de condict. indeb. 12, 6.

Pomponius libro quinto decimo ad Sabinum Sub condicione debitum [2]) per errorem solutum pendente quidem condicione repetitur, condicione autem exsistente repeti non potest. Quod autem sub incerta die debetur, die exsistente non repetitur.

183. l. 161 Dig. de reg. iur. 50, 17.

Ulpianus libro septuagensimo septimo ad edictum In iure civili receptum est, quotiens per eum, cuius interest condicionem non impleri, fiat quo minus impleatur, perinde haberi, ac si impleta condicio fuisset. quod ad libertatem et legata et ad heredum institutiones perducitur. quibus exemplis stipulationes quoque committuntur, cum per promissorem factum esset, quo minus stipulator condicioni pareret.

184. l. 4 pr. Dig. de leg. comm. 18, 3.

Ulpianus libro trigensimo secundo ad edictum Si fundus lege commissoria venierit, hoc est ut, nisi intra certum diem pretium sit exsolutum, inemptus fieret, videamus, quemadmodum venditor agat tam de fundo quam de his, quae ex fundo percepta sint, itemque si deterior fundus effectus sit facto emptoris. et quidem finita est emptio: sed iam decisa quaestio est ex vendito actionem competere, ut rescriptis imperatoris Antonini et divi Severi declaratur.

---

[1]) in ipso promissore: Mommsen.

[2]) eine bedingte Schuld.

185. l. 5, 5 Dig. quando dies legat. 36, 2.

Ulpianus libro vicesimo ad Sabinum Item si qua condicio sit, quae per legatarium non stat quo minus impleatur[1], sed aut per heredem aut per eius personam, in cuius persona iussus est parere condicioni, dies legati cedit[2], quoniam pro impleta habetur: ut puta si iussus sim heredi decem dare et ille accipere nolit. sed et si ita mihi legatum sit, 'si Seiam uxorem duxero', nec ea velit nubere, dicendum erit diem legati cedere, quod per me non stat, quo minus paream condicioni, sed per alium stat, quo minus impleatur condicio.

186. cap. 66 in VI° de reg. iur. 5, 13.

Quum non stat per eum, ad quem pertinet, quo minus condicio impleatur, haberi debet perinde, ac si impleta fuisset.

187. l. 2 Dig. de cond. et dem. 35, 1.

Ulpianus libro quinto ad Sabinum Condicionum quaedam sunt quae quandoque impleri possunt etiam vivo testatore, ut puta 'si navis ex Asia venerit', [nam quandoque venerit navis, condicioni paritum videtur]: quaedam, quae non nisi post mortem testatoris 'si decem dederit', 'si Capitolium ascenderit': nam ut paruisse quis condicioni videatur, etiam scire debet hanc condicionem insertam: nam si fato fecerit, non videtur obtemperasse voluntati.

188. l. 11, 1 Dig. qui potior. in pign. 20, 4.

Gaius libro singulari de formula hypothecaria Videamus, an idem dicendum sit, si sub condicione stipulatione facta hypotheca data sit, qua pendente alius credidit pure et accepit eandem hypothecam, tunc deinde prioris stipulationis exsistat condicio, ut potior sit qui postea credidisset. sed vereor, num hic aliud sit dicendum: cum enim semel condicio exstitit, perinde habetur, ac si illo tempore, quo stipulatio interposita est, sine condicione facta esset. quod et melius est.

189. l. 1 Dig. de in diem add. 18, 2.

Paulus libro quinto ad Sabinum In diem addictio ita fit: 'ille fundus centum esto tibi emptus, nisi si quis intra kalendas Ianuarias proximas meliorem condicionem fecerit, quo res a domino abeat'.

---

[1] 'deren Erfüllung ohne Schuld des Vermächtnisnehmers vereitelt wird'.

[2] 'so fällt das Vermächtnis an'. Vgl. Nr. 190.

190. l. 213 pr. Dig. de verbor. signif. 50,16.

Ulpianus libro primo regularum 'Cedere diem' significat incipere deberi pecuniam: 'venire diem' significat eum diem venisse, quo pecunia peti possit. ubi pure quis stipulatus fuerit, et cessit et venit dies: ubi in diem, cessit dies, sed nondum venit: ubi sub condicione, neque cessit neque venit dies pendente adhuc condicione.

191. l. 17 Dig. de hered. vel action. vend. 18,4.

Ulpianus libro quadragesimo tertio ad edictum Nomina eorum, qui sub condicione vel in diem debent, et emere et vendere solemus: ea enim res est, quae emi et venire potest.

192. l. 10 Dig. de condict. indeb. 12,6.

Paulus libro septimo ad Sabinum In diem debitor adeo debitor est, ut ante diem solutum repetere non possit.

193. Fragm. Vat. § 283 (= c. 2 Cod. de don. quae sub modo 8,54).

Impp. Diocletianus et Maximianus AA. Zenoni (a. 286) Si praediorum stipendiariorum proprietatem dono dedisti ita, ut post mortem eius qui accepit ad te rediret, donatio inrita est, cum ad tempus [1]) proprietas transferri nequiverit etc. (*cf. l. 42 pr. D. de mortis causa don. 39, 6*).

194. l. 80 Dig. de cond. et dem. 35,1.

Scaevola libro octavo quaestionum Eas causas, quae protinus agentem [2]) repellunt, in fideicommissis non [3]) pro condicionalibus observari oportet: [eas vero, quae habent moram cum sumptu, admittemus cautione oblata:] nec enim parem dicemus eum, cui ita datum sit, si monumentum fecerit, et eum, cui datum est, ut monumentum faciat.

§ 29. Stellvertretung.

195. l. 11,6 Dig. de pign. act. 13,7.

Ulpianus libro vicensimo octavo ad edictum Per liberam autem personam pignoris obligatio nobis non adquiritur, adeo ut ne per

[1]) so die Lesart des Codex; die Handschrift der Fragm. Vat. hat: te.

[2]) hier schiebt Lenel 'non' ein.

[3]) dieses 'non' tilgt Savigny, System III 232; in einigen geringeren Handschriften fehlt es.

procuratorem [plerumque] vel tutorem adquiratur: et ideo ipsi actione pigneraticia convenientur. sed nec mutat, quod constitutum est ab imperatore nostro posse per liberam personam possessionem adquiri: nam hoc eo pertinebit, ut possimus pignoris nobis obligati possessionem per procuratorem vel tutorem adprehendere, ipsam autem obligationem libera persona nobis non [semper] adquiret.

196. Paul. sent. 5, 2, 2.

Per liberas personas, quae in potestate nostra non sunt, adquiri nobis nihil potest. sed per procuratorem adquiri nobis possessionem posse utilitatis causa receptum est.

197. l. 34, 3 Dig. de solut. 46, 3.

Iulianus libro quinquagensimo quarto digestorum Si Titium omnibus negotiis meis praeposuero, deinde vetuero eum ignorantibus debitoribus administrare negotia mea, debitores ei solvendo liberabuntur: nam is, qui omnibus negotiis suis aliquem praeponit, intellegitur etiam debitoribus mandare, ut procuratori solvant.

198. l. 51 Dig. de solut. 46, 3.

Paulus libro nono ad edictum Dispensatori, qui ignorante debitore remotus est ab actu, recte solvitur: ex voluntate enim domini ei solvitur, quam si nescit mutatam qui solvit, liberatur.

199. Gai. 3, 160.

Plerisque placuit, si debitor meus manumisso dispensatori meo per ignorantiam solverit, liberari eum, cum alioquin stricta iuris ratione non posset liberari eo, quod alii solvisset, quam cui solvere deberet.

200. l. 23 (24) Dig. de neg. gest. 3, 5.

Paulus libro vicensimo quarto ad edictum Si ego hac mente pecuniam procuratori dem, ut ea ipsa creditoris fieret, proprietas quidem per procuratorem non adquiritur, potest tamen creditor etiam invito me ratum habendo pecuniam suam facere, quia procurator in accipiendo creditoris dumtaxat negotium gessit; et ideo creditoris ratihabitione liberor.

§ 30. Ungültigkeit und Heilbarkeit der Rechtsgeschäfte.

201. l. 3 Dig. de test. 29, 1.

Ulpianus libro secundo ad Sabinum Si miles, qui destinaverat communi iure testari, ante defecerit quam testaretur? Pomponius dubitat. sed cur non in milite diversum probet? neque enim qui voluit iure communi testari, statim beneficio militari renuntiavit, nec credendus est quisquam genus testandi eligere ad impugnanda sua iudicia, sed magis utroque genere voluisse propter fortuitos casus: quemadmodum plerique pagani solent, cum testamenti faciunt per scripturam, adicere velle hoc etiam vice codicillorum valere. nec quisquam dixerit, si imperfectum sit testamentum, codicillos non esse, nam secundum nostram sententiam etiam divus Marcus rescripsit.[1])

202. l. 29 Dig. de reg. iur. 50, 17.

Paulus libro octavo ad Sabinum Quod initio vitiosum est, non potest tractu temporis convalescere[2]).

§ 31. Auslegung der Willenserklärung.

203. l. 34 Dig. de reg. iur. 50, 17.

Ulpianus libro quadragensimo quinto ad Sabinum Semper in stipulationibus et in ceteris contractibus id sequimur, quod actum est: aut, si non pareat quid actum est, erit consequens, ut id sequamur, quod in regione in qua actum est frequentatur. quid ergo, si neque regionis mos appareat, quia varius fuit? ad id, quod minimum est, redigenda summa est.

204. l. 219 Dig. de verb. signif. 50, 16.

Papinianus libro secundo responsorum In conventionibus contrahentium voluntatem potius quam verba spectari placuit. cum igitur ea lege fundum vectigalem municipes locaverint, ut ad heredem eius qui suscepit pertineret, ius heredum ad legatarium quoque transferri potuit.

205. l. 7, 1 Dig. de resc. vend. 18, 5.

Paulus libro quinto quaestionum Potest quaeri, si sine tutoris auctoritate pactus fuerit (pupillus), ut discedatur ab emptione, an proinde sit, atque si ab initio sine tutoris auctoritate emisset, ut scilicet ipse non teneatur, sed agente eo retentiones competant. sed nec illud sine ratione dicetur, quoniam initio recte emptio sit contracta, vix

---

[1]) Ein anderes Beispiel der Konversion s. l. 45 D 24, 3.

[2]) Vgl. Nr. 1058.

bonae fidei convenire eo pacto stari, quod alteri captiosum sit, et maxime, si iusto errore sit deceptus.

206. l. 39 Dig. de pact. 2,14.

Papinianus libro quinto quaestionum Veteribus placet pactionem obscuram vel ambiguam venditori et qui locavit nocere, in quorum fuit potestate legem apertius conscribere.

207. l. 26 (27) Dig. de reb. dub. 34,5.

Celsus libro vicesimo sexto digestorum Cum quaeritur in stipulatione, quid acti sit, ambiguitas contra stipulatorem est.

208. l. 80 Dig. de verb. obl. 45,1.

Ulpianus libro septuagensimo quarto ad edictum Quotiens in stipulationibus ambigua oratio est, commodissimum est id accipi, quo res, qua de agitur, in tuto sit. *(cf. l. 12 (13) Dig. 34, 5).*

209. l. 67 Dig. de reg. iur. 50,17.

Iulianus libro octagensimo septimo digestorum Quotiens idem sermo duas sententias exprimit, ea potissimum excipiatur[1]), quae rei gerendae aptior est.

B. Unerlaubte Handlungen.

§ 32. Begriff des Zivilunrechts.

210. l. 4 pr. Dig. ad leg. Aquil. 9,2.

Gaius libro septimo ad edictum provinciale Itaque si servum tuum latronem insidiantem mihi occidero, securus ero: nam adversus periculum naturalis ratio permittit se defendere.[2])

211. l. 45, 4 Dig. ad leg. Aquil. 9,2.

Paulus libro decimo ad Sabinum Qui cum aliter se tueri non possent, damni culpam[3]) dederint, innoxii sunt: vim enim vi defendere omnes leges omniaque iura permittunt.[2]) sed si defendendi mei causa lapidem in adversarium misero, sed non eum, sed praetereuntem percussero, tenebor lege Aquilia: illum enim solum qui vim infert ferire conceditur, et hoc si tuendi dumtaxat, non etiam ulciscendi causa factum sit.

---

[1]) accipietur: Haloander.
[2]) Vgl. auch Nr. 221.
[3]) quiddam: Mommsen. damnum culpam: Vasis.

212. l. 29, 3 Dig. ad leg. Aquil. 9, 2.

Ulpianus libro octavo decimo ad edictum Item Labeo scribit, cum vi ventorum navis impulsa esset in funes anchorarum alterius et nautae funes praecidissent, si nullo alio modo nisi praecisis funibus explicare se potuit, nullam actionem dandam. idemque Labeo et Proculus et circa retia piscatorum, in quae navis inciderat, aestimarunt.

213. l. 49, 1 Dig. ad leg. Aquil. 9, 2.

Ulpianus libro nono disputationum Quod dicitur damnum iniuria datum Aquilia persequi, sic erit accipiendum, ut videatur damnum iniuria datum, quod cum damno iniuriam attulerit: nisi magna vi cogente fuerit factum, ut Celsus scribit circa eum, qui incendii arcendi gratia vicinas aedes intercidit: nam hic scribit cessare legis Aquiliae actionem: iusto enim metu ductus, ne ad se ignis perveniret, vicinas aedes intercidit: et sive pervenit ignis sive ante extinctus est, existimat legis Aquiliae actionem cessare.

214. l. 167, 1 Dig. de reg. iur. 50, 17.

Paulus libro quadragensimo nono ad edictum Qui iussu iudicis aliquid facit, non videtur dolo malo facere, quia parere necesse habet.

215. l. 7, 4 Dig. ad leg. Aquil. 9, 2.

Ulpianus libro octavo decimo ad edictum Si quis in colluctatione vel in pancratio, vel pugiles dum inter se exercentur, alius alium occiderit, si quidem in publico certamine alius alium occiderit, cessat Aquilia, quia gloriae causa et virtutis, non iniuriae gratia videtur damnum datum. hoc autem in servo non procedit, quoniam ingenui solent certare: in filio familias vulnerato procedit. plane si cedentem vulneraverit, erit Aquiliae locus, [aut si non in certamine servum occidit, nisi si domino committente[1]) hoc factum sit: tunc enim Aquilia cessat.]

§ 33. Grade des Verschuldens.[2])

216. l. 31 Dig. ad leg. Aquil. 9, 2.

Paulus libro decimo ad Sabinum Si putator[3]) ex arbore ramum cum deiceret vel machinarius[4]) hominem praetereuntem occidit, ita

[1]) Mit Erlaubnis des Herrn.

[2]) Vgl. zum folgenden auch § 77 Nr. 463 fg., sowie Nr. 667

[3]) Beschneider, Ausputzer

[4]) Gerüstarbeiter.

tenetur, si [1]) is in publicum decidat nec ille proclamavit, ut casus eius evitari possit. sed Mucius dixit etiam, si in privato idem accidisset, posse de culpa agi: culpam autem esse, cum quod a diligente provideri potuerit, non esset provisum aut tum denuntiatum esset, cum periculum evitari non possit. secundum quam rationem non multum refert, per publicum an per privatum iter fieret, cum plerumque per privata loca vulgo iter fiat. quod si nullum iter erit, dolum dumtaxat praestare debet, ne immittat in eum, quem viderit transeuntem: nam culpa ab eo exigenda non est, cum divinare [2]) non potuerit, an per eum locum aliquis transiturus sit.

217. l. 213, 2 Dig. de verb. signif. 50, 16.

Ulpianus libro primo regularum 'Lata culpa' est nimia neglegentia, id est non intellegere quod omnes intellegunt.

218. l. 32 Dig. dep. 16, 3.

Celsus libro undecimo digestorum Quod Nerva diceret latiorem culpam dolum esse, Proculo displicebat, mihi verissimum videtur. nam et si quis non ad eum modum quem hominum natura desiderat diligens est, [nisi tamen ad suum modum curam in deposito praestat,] fraude non caret: [nec enim salva fide minorem is quam suis rebus diligentiam praestabit.]

219. l. 1, 1 Dig. si mens. fals. mod. 11, 6.

Ulpianus libro vicensimo quarto ad edictum Haec actio dolum malum dumtaxat exigit: visum est enim satis abundeque coerceri mensorem, si dolus malus solus conveniatur eius hominis, qui civiliter obligatus non est. proinde si imperite versatus est, sibi imputare debet qui eum adhibuit: sed et si neglegenter, aeque mensor securus erit: [lata culpa plane dolo comparabitur.] sed et si mercedem accepit, non [omnem] culpam eum praestare propter verba edicti: utique enim scit praetor et mercede eos intervenire.

220. l. 72 Dig. pro socio 17, 2.

Gaius libro secundo cottidianarum rerum Socius socio etiam culpae nomine tenetur, id est desidiae atque neglegentiae. [culpa autem non ad exactissimam diligentiam dirigenda est: sufficit etenim talem diligentiam communibus rebus adhibere, qualem suis rebus adhibere solet, quia qui parum diligentem sibi socium adquirit, de se queri debet.]

---

[1]) ita-si: nur dann, wenn

[2]) ahnen

VI. Der Rechtsschutz.

A. Selbsthülfe.

§ 34. Selbstverteidigung[1]).

221. l. 1 Cod. unde vi 8, 4.

Impp. Diocletianus et Maximianus AA. Theodoro (a. 290) Recte possidenti ad defendendam possessionem, quam sine vitio tenebat, inculpatae tutelae moderatione illatam vim propulsare licet.

§ 35. Selbstbefriedigung.

222. l. 3 Cod. de pignoribus 8, 13 (14).

Impp. Severus et Antoninus AA. Maximo (a. 205) Creditores, qui non reddita sibi pecunia conventionis legem ingressi possessionem exercent,[2]) vim quidem facere non videntur, attamen auctoritate praesidis possessionenem adipisci debent.

223. l. 7 Dig. ad leg. Iul. de vi priv. 48, 7. *(cf. l. 13 D. 4, 2.)*

Callistratus libro quinto de cognitionibus Creditores si adversus debitores suos agant, per iudicem id, quod deberi sibi putant, reposcere debent: alioquin si in rem debitoris sui intraverint id nullo concedente, divus Marcus decrevit ius crediti eos non habere. verba decreti haec sunt. 'Optimum est, ut, si quas putas te habere petitiones, actionibus experiaris: interim ille in possessione debet morari, tu petitor es.' et cum Marcianus diceret: 'vim nullam feci', Caesar dixit: 'tu vim putas esse solum, si homines vulnerentur? vis est et tunc, quotiens quis id, quod deberi sibi putat, non per iudicem reposcit. non puto autem nec verecundiae nec dignitati nec pietati tuae convenire quicquam non iure facere. quisquis igitur probatus mihi fuerit rem ullam debitoris non ab ipso sibi traditam sine ullo iudice temere possidere eumque[3]) sibi ius in eam rem dixisse, ius crediti non habebit.'

224. l. 10, 16 Dig. quae in fraudem credit. 42, 8.

Ulpianus libro septuagensimo tertio ad edictum Si debitorem meum et complurium creditorum consecutus essem fugientem secum ferentem pecuniam et abstulissem ei id quod mihi debebatur, placet Iuliani sententia dicentis multum interesse, antequam in possessionem

---

[1]) Siehe auch Nr. 210—211.

[2]) verbinde: conventionis legem exercent possessionem ingressi.

[3]) ipseque: Mommsen.

bonorum eius creditores mittantur, hoc factum sit an postea: si ante, cessare in factum actionem [1]), si postea, huic locum fore.

225. l. 29, 1 Dig. ad leg. Aquil. 9, 2.

Ulpianus libro octavo decimo ad edictum Si protectum meum, quod supra domum tuam nullo iure habebam, reccidisses, posse me tecum damni iniuria agere Proculus scribit: debuisti enim mecum ius mihi non esse protectum habere agere: nec esse aequum damnum me pati reccisis a te meis tignis. aliud est dicendum ex rescripto imperatoris Severi, qui ei, per cuius domum traiectus erat aquae ductus citra servitutem, rescripsit iure suo posse eum intercidere, et merito: interest enim, quod hic in suo protexit, ille in alieno fecit.

226. c. 7 Cod. unde vi 8, 4.

Imppp. Valentinianus, Theodosius, et Arcadius AAA. ad Messianum comitem rerum privatarum (a. 389) Si quis in tantam furoris pervenit audaciam, ut possessionem rerum apud fiscum vel apud homines quoslibet constitutarum ante eventum iudicialis arbitrii violenter invaserit, dominus quidem constitutus possessionem quam abstulit restituat possessori et dominium eiusdem rei amittat: sin vero alienarum rerum possessionem invasit, non solum eam possidentibus reddat, verum etiam aestimationem earundem rerum restituere compellatur.

B. Staatshülfe.

§ 36. Die Klage.

227. l. 25, 2 Dig. de oblig. et action. 44, 7.

Ulpianus libro singulari regularum Omnes autem actiones aut civiles dicuntur aut honorariae.

228. § 28 Inst. de action. 4, 6.

Actionum autem quaedam bonae fidei sunt, quaedam stricti iuris. bonae fidei sunt hae: ex empto vendito, locato conducto, negotiorum gestorum, mandati, depositi, pro socio, tutelae, commodati, pigneraticia, familiae erciscundae, communi dividundo, praescriptis verbis, quae de aestimato proponitur, et ea, quae ex permutatione competit, et hereditatis petitio. quamvis enim usque adhuc incertum

---

[1]) statt 'in factum actionem' hatte Ulpian wahrscheinlich geschrieben: interdictum.

erat, sive inter bonae fidei iudicia connumeranda sit sive non, nostra tamen constitutio [1]) aperte eam esse bonae fidei disposuit. Fuerat antea et rei uxoriae actio ex bonae fidei iudiciis etc.

229. Gai. 4, 62.

Sunt autem bonae fidei iudicia haec: ex empto vendito, locato conducto, negotiorum gestorum, mandati, depositi, fiduciae, pro socio, tutelae, rei uxoriae.

230. l. 25 pr. Dig. de oblig. et act. 44, 7.

Ulpianus libro singulari regularum Actionum genera sunt duo, in rem, quae dicitur vindicatio, et in personam, quae condictio appellatur. in rem actio est, per quam rem nostram, quae ab alio possidetur, petimus: et semper adversus eum est qui rem possidet. in personam actio est, qua cum eo agimus, qui obligatus est nobis ad faciendum aliquid vel dandum: et semper adversus eundem locum habet.

§ 37. Die Einrede.

231. §§ 8—11 Inst. de exceptionibus 4, 13.

8 Appellantur autem exceptiones aliae perpetuae et peremptoriae,
9 aliae temporales et dilatoriae. Perpetuae et peremptoriae sunt, quae
semper agentibus obstant et semper rem de qua agitur peremunt:
qualis est exceptio doli mali et quod metus causa factum est et pacti
10 conventi, cum ita convenerit, ne omnino pecunia peteretur. Temporales
atque dilatoriae sunt, quae ad tempus nocent et temporis dilationem tribuunt: qualis est pacti conventi, cum convenerit, ne intra certum tempus ageretur, veluti intra quinquennium. nam finito eo tempore non impeditur actor rem exsequi. ergo hi, quibus intra tempus agere volentibus obicitur exceptio aut pacti conventi aut alia similis, differre debent actionem et post tempus agere: ideo enim et dilatoriae istae exceptiones appellantur. alioquin, si intra tempus egerint obiectaque sit exceptio, neque eo iudicio quidquam consequerentur propter exceptionem nec post tempus olim agere poterant, cum temere rem in iudicium deducebant et consumebant, qua ratione rem amittebant. hodie autem non ita stricte haec procedere volumus, sed eum, qui ante tempus pactionis vel obligationis litem inferre ausus est, Zeno-

[1]) c. 12, 3 Cod. de petit. hered. 3, 31.

nianae constitutioni[1]) subiacere censemus, quam sacratissimus legis-
lator de his qui tempore plus petierunt protulit, ut et indutias, quas,
si[2]) ipse actor sponte indulserit vel natura actionis continet, con-
tempserat, in duplum habeant hi, qui talem iniuriam passi sunt, et
post eas finitas non aliter litem suscipiant, nisi omnes expensas litis
antea acceperint, ut actores tali poena perterriti tempora litium doce-
antur observare. Praeterea etiam ex persona dilatoriae sunt ex- 12
ceptiones: quales sunt procuratoriae, veluti si per militem aut mu-
lierem agere quis velit.

232. l. 7 pr. Dig. de exceptionibus 44, 1.

Paulus libro tertio ad Plautium Exceptiones, quae personae cuiusque cohaerent, non transeunt ad alios, veluti ea quam socius habet exceptionem 'quod facere possit'[3]), vel parens patronusve, non competit fideiussori: sic mariti fideiussor post solutum matrimonium datus in solidum dotis nomine condemnatur.

233. l. 2, 2 Dig. de doli mali exc. 44, 4.

Ulpianus libro septuagensimo sexto ad edictum Plane ex persona eius, qui exceptionem obicit, in rem opponitur exceptio: neque enim quaeritur, adversus quem commissus sit dolus, sed an in ea re dolo malo factum sit a parte actoris.

234. l. 4, 33 Dig. de doli mali exc. 44, 4.

Ulpianus libro septuagensimo sexto ad edictum Metus causa txceptionem Cassius non proposuerat contentus doli exceptione, quae est generalis: sed utilius visum est etiam de metu opponere exceptionem. etenim distat aliquid doli exceptione, quod exceptio doli personam complectitur eius, qui dolo fecit: enimvero metus causa exceptio *in rem scripta est* 'si in ea re nihil metus causa factum est', ut non inspiciamus, an is qui agit metus causa fecit aliquid, sed an omnino metus causa factum est in hac re a *quocumque*, non tantum ab eo qui agit. et quamvis de dolo auctoris exceptio non obiciatur, verumtamen hoc iure utimur, ut de metu non tantum ab auctore, verum a quocumque adhibito exceptio obici possit.

235. l. 2, 5 Dig. de d. m. exc. 44, 4.

Ulpianus libro septuagensimo sexto ad edictum Et generaliter

---

[1]) c. 1 Cod. de plus petit. 3, 10.
[2]) ergänzt von Mommsen.
[3]) Vgl. Nr. 606. 607.

sciendum est ex omnibus in factum exceptionibus doli oriri exceptionem, quia dolo facit, quicumque id, quod quaqua exceptione elidi potest, petit; nam et si inter initia nihil dolo malo facit, attamen nunc petendo facit dolose, nisi si talis sit ignorantia in eo, ut dolo careat.

236. l. 84, 5 Dig. de leg. I, 30.

Iulianus libro trigesimo tertio digestorum Qui servum testamento sibi legatum, ignorans eum sibi legatum, ab herede emit, si cognito legato ex testamento egerit et servum acceperit, actione ex vendito absolvi debet, quia hoc iudicium fidei bonae est et continet in se doli mali exceptionem [1]).

237. l. 12 Dig. de d. m. exc. 44, 4.

Papinianus libro tertio quaestionum Qui aequitate defensionis infringere actionem potest, doli exceptione tutus est.

238. l. 2, 1 Dig. de exc. 44, 1.

Ulpianus libro quarto ad edictum Replicationes nihil aliud sunt quam exceptiones, et a parte actoris veniunt: quae quidem ideo necessariae sunt, ut exceptiones excludant: semper enim replicatio idcirco obicitur, ut exceptionem oppugnet.

§ 38. Litiskontestation und Rechtshängigkeit.

239. Gai. 4, 114.

Superest, ut dispiciamus, si ante rem iudicatam is, cum quo agitur, post acceptum iudicium satisfaciat actori, quid officio iudicis conveniat, utrum absolvere an ideo potius damnare, quia iudicii accipiendi tempore in ea causa fuerit, ut damnari debeat. nostri praeceptores absolvere eum debere existimant; nec interesse, cuius generis sit iudicium. et hoc est, quod volgo dicitur Sabino et Cassio placere omnia iudicia absolutoria esse. *diversae scholae auctoribus de strictis iudiciis contra placuit.* [2]) de bonae fidei iudiciis idem sentiunt, quia in eius modi iudiciis liberum est officium iudicis.

240. l. 17 Dig. mand. 17, 1.

Paulus libro septimo ad Sabinum Si mandavero tibi, ut a Titio

---

[1]) Den letzten Satz hält Gino Segré, Studi in onore di Fadda, Neapel 1906, p. 37, für interpoliert.

[2]) Ergänzung von Huschke.

decem exigeres, et ante exacta ea mandati tecum egero, si ante rem iudicatam exegeris, condemnandum te esse constat.

241. l. 25, 7 Dig. de hered. petit. 5, 3.

Ulpianus libro quinto decimo ad edictum 'Si ante litem contestatam', inquit, 'fecerit': hoc ideo adiectum, quoniam post litem contestatam omnes incipiunt malae fidei possessores esse, quin immo post controversiam motam. quamquam enim litis contestatae mentio fiat in senatus consulto, tamen et post motam controversiam omnes possessores pares fiunt et quasi praedones tenentur. et hoc iure hodie utimur: coepit enim scire rem ad se non pertinentem possidere se is qui interpellatur. qui vero praedo est, et ante litem contestatam doli nomine tenebitur: hic est enim dolus praeteritus.

242. l. 82, 2 Dig. de verb. obl. 45, 1.

Ulpianus libro septuagensimo octavo ad edictum Et hic moram videtur fecisse, qui litigare maluit quam restituere.

243. c. 10 Cod. de adquir. et retin. poss. 7, 32.

Imp. Constantinus A. ad Maternum (a. 314) Nemo ambigit possessionis duplicem esse rationem, aliam quae iure consistit, aliam quae corpore, utramque autem ita demum esse legitimam, cum omnium adversariorum silentio ac taciturnitate firmetur: interpellatione vero et controversia progressa non posse eum intellegi possessorem, qui, licet corpore teneat, tamen ex interposita contestatione et causa in iudicium deducta super iure possessionis vacillet ac dubitet.

244. Fragm. de iure fisci § 8.

Qui contra edictum divi Augusti rem litigiosam a non possidente comparavit, praeterquam *quod* emptio nullius momenti est, poenam quinquaginta sestertiorum fisco repraesentare compellitur. res autem litigiosa videtur, de qua lis apud suum iudicem delata est.

§ 39. Beweis.

245. l. 2 Dig. de prob. et praes. 22, 3.

Paulus libro sexagesimo nono ad edictum Ei incumbit probatio qui dicit, non qui negat.

246. l. 21 Dig. de prob. et praes. 22,3 *(= § 4 Inst. 2, 20).*

Marcianus libro sexto institutionum Verius esse existimo ipsum qui agit, id est legatarium, probare oportere scisse alienam rem vel obligatam legare defunctum, non heredem probare oportere ignorasse alienam vel obligatam, quia semper necessitas probandi incumbit illi qui agit[1]).

247. l. 19 pr. Dig. de prob. et praes. 22,3.

Ulpianus libro septimo disputationum In exceptionibus dicendum est reum partibus actoris fungi oportere ipsumque exceptionem velut intentionem implere: ut puta si pacti conventi exceptione utatur, docere debet pactum conventum factum esse.

248. l. 25,2 Dig. de prob. et praes. 22,3.

Paulus libro tertio quaestionum Sed haec ita, si totam summam indebitam fuisse solutam is qui dedit contendat. sin autem pro parte queritur, quod pars pecuniae solutae debita non est, vel quod ab initio quidem debitum fuit, sed vel dissoluto debito postea ignarus iterum solvit vel exceptione tutus errore eius pecunias dependit: ipsum omnimodo hoc ostendere, quod vel plus debito persolvit vel iam solutam pecuniam per errorem repetita solutione dependit vel tutus exceptione suam nesciens proiecit pecuniam, secundum generalem regulam, quae eos, qui opponendas esse exceptiones adfirmant vel solvisse debita contendunt, haec ostendere exigit.[2])

§ 40. Urteil.

249. l. 207 Dig. de divers. reg. iur. 50,17.

Ulpianus libro primo ad legem Iuliam et Papiam Res iudicata pro veritate accipitur.

250. l. 3 Dig. de exc. rei iud. 44,2.

Ulpianus libro quinto decimo ad edictum Iulianus libro tertio digestorum respondit exceptionem rei iudicatae obstare, quotiens eadem quaestio inter easdem personas revocatur: et ideo et si singulis rebus petitis hereditatem petat vel contra, exceptione summovebitur.

---

[1]) Vgl. Nr. 1037.

[2]) Vgl. Nr. 632.

251. c. 2 Cod. quib. res iud. non noc. 7,56.

Imp. Gordianus A. Athenio (a. 239) Res inter alios iudicatae neque emolumentum adferre his, qui iudicio non interfuerunt, neque praeiudicium solent inrogare. ideoque nepti tuae praeiudicare non potest, quod adversus coheredem eius iudicatum est, si nihil adversus ipsam statutum est.

252. l. 1 Dig. de exc. rei iud. 44,2.

Ulpianus libro secundo ad edictum Cum res inter alios iudicatae nullum aliis praeiudicium faciant, ex eo testamento, ubi libertas data est *vel legatum, de libertate* [1]) vel legato agi potest, licet ruptum vel irritum aut non iustum dicatur testamentum: nec si superatus fuerit legatarius, praeiudicium libertati fit.

253. l. 11,10 Dig. de exc. rei iud. 44,2.

Ulpianus libro septuagensimo quinto ad edictum Item si rem, quam a te petierat, Titius pignori Seio dederit, deinde Seius pigneraticia adversus te utatur, distinguendum erit, quando pignori dedit Titius: et si quidem antequam peteret, non oportet ei nocere exceptionem: nam et ille petere debuit et ego salvam habere debeo pigneraticiam actionem. sed si posteaquam petit, pignori dedit, magis est, ut noceat exceptio rei iudicatae.

254. l. 63 Dig. de re iud. 42,1.

Macer libro secundo de appellationibus Saepe constitutum est r e s i n t e r a l i o s i u d i c a t a s a l i i s n o n p r a e i u d i c a r e. quod tamen quandam distinctionem habet: nam sententia inter alios dicta aliis quibusdam etiam scientibus nihil obest, quibusdam vero, etiamsi contra ipsos iudicatum sit, nihil nocet. [2]) nam scientibus nihil praeiudicat, veluti si ex duobus heredibus debitoris alter condemnatur: nam alteri integra defensio est, etiamsi cum coherede suo agi scierit. item si ex duobus petitoribus alter victus adquieverit, alterius petitioni [3]) non praeiudicatur: idque ita rescriptum est. scientibus sententia, quae inter alios data est, obest, cum quis de ea re, cuius actio vel defensio primum sibi

---

[1]) Ergänzung Mommsens.

[2]) nam sententia inter alios dicta scientibus, etiamsi contra ipsos iudicatum sit nihil, quibusdam obest, quibusdam vero nihil nocet: Mommsen im Anschluß an Heraldus.

[3]) appellationi: Mommsen.

competit, sequentem agere patiatur, veluti si creditor experiri passus sit debitorem de proprietate pignoris, aut maritus socerum vel uxorem de proprietate rei in dote acceptae, aut possessor venditorem de proprietate rei emptae: et haec ita ex multis constitutionibus intellegenda sunt. cur autem his quidem scientia nocet, superioribus vero non nocet, illa ratio est, quod qui scit coheredem suum agere, prohibere eum, quo minus uti velit propria actione vel defensione utatur, non potest: is vero, qui priorem dominum defendere causam patitur, ideo propter scientiam praescriptione rei quamvis inter alios iudicatae summovetur, quia ex voluntate eius de iure, quod ex persona agentis habuit, iudicatum est. nam et si libertus meus me interveniente servus vel libertus alterius iudicetur, mihi praeiudicatur. diversa causa est, si fundum a te Titius petierit, quem ego quoque, sed non ex persona Titii ad me pertinere dico: nam quamvis contra Titium me sciente iudicatum sit, nullum tamen praeiudicium patior, quia neque ex eo iure, quo Titius victus est, vindico, neque potui Titio intercedere, quo minus iure suo utatur, sicuti et de coherede supra diximus.

§ 41. Verjährung der Klage.

255. c. 3 pr. Cod. de praescr. XXX vel XL annorum 7, 39 *(= c. 1 cod. Theod. 4, 14).*

Impp. Honorius et Theodosius AA. Asclepiodoto pp. (a. 424) Sicut in rem speciales, ita de universitate ac personales actiones ultra triginta annorum spatium minime protendantur. sed si qua res vel ius aliquod postuletur vel persona qualicumque actione vel persecutione pulsetur, nihilo minus erit agenti triginta annorum praescriptio metuenda: eodem etiam in eius valente persona, qui pignus vel hypothecam non a suo debitore, sed ab alio per longum tempus possidente nititur vindicare.

256. c. 1, 1 d Cod. de annali exceptione Italici contractus tollenda 7, 40.

Imp. Iustinianus A. Iuliano pp. (a. 530) Nemo itaque audeat neque actionis familiae erciscundae neque communi dividundo neque finium regundorum neque pro socio neque furti neque vi bonorum raptorum neque alterius cuiuscumque personalis actionis vitam longiorem esse triginta annis interpretari: sed ex quo ab initio competit et semel nata est et non iteratis fabulis saepe recreata, quemadmodum in furti dicebatur, post memoratum tempus finiri.

257. cap. 20 X de praescriptionibus 2, 26 *(a. 1215).*

Quoniam omne, quod non est ex fide, peccatum est, synodali iudicio diffinimus, ut nulla valeat absque bona fide praescriptio tam canonica quam civilis, quum generaliter sit omni constitutioni atque consuetudini derogandum, quae absque mortali peccato non potest observari. Unde oportet, ut qui praescribit in nulla temporis parte rei habeat conscientiam alienae.

258. l. 5, 6 Dig. de exc. dol. mal. 44, 4.

Paulus libro septuagensimo primo ad edictum Non sicut de dolo actio certo tempore finitur, ita etiam exceptio eodem tempore danda est: nam haec perpetuo competit, cum actor quidem in sua potestate habeat, quando utatur suo iure, is autem cum quo agitur non habeat potestatem, quando conveniatur.

259. l. 3, 4 Dig. de aqua cott. et aest. 43, 20.[1]

Pomponius libro trigensimo quarto ad Sabinum Ductus aquae, cuius origo memoriam excessit, iure constituti loco habetur[2].

260. l. 28 Dig. de prob. et praes. 22, 3.[1]

Labeo libro septimo pithanon a Paulo epitomatorum Si arbiter animadvertere debeat, an operis facti memoria exstet, hoc ei quaerendum est, an aliquis meminerit id opus factum esse. *Paulus:* immo cum in arbitrio quaeritur, memoria facti operis exstet nec ne, non hoc quaeritur, num aliquis meminerit, quo die aut quo consule factum sit, sed num hoc aliquo modo probari possit, quando id opus factum sit: et hoc ita, quod Graece dici solet ἐν πλάτει. enim potest hoc memoria non teneri: intra annum puta factum, cum interim nemo sit eorum, qui meminerit, quibus consulibus id viderit, sed cum omnium haec est opinio nec audisse nec vidisse, cum id opus fieret, neque ex eis audisse, qui vidissent aut audissent: et hoc infinite similiter susum versum accidet, cum memoria operis facti non exstaret.

§ 42. Wiedereinsetzung in den vorigen Stand.

261. l. 1 Dig. de in integr. rest. 4, 1.

Ulpianus libro undecimo ad edictum Utilitas huius tituli non eget commendatione, ipse enim se ostendit. nam sub hoc titulo pluri-

---

[1]) Vgl. Nr. 353.

[2]) 'gilt als von Rechts wegen begründet.'

fariam praetor hominibus vel lapsis vel circumscriptis subvenit, sive metu sive calliditate sive aetate sive absentia inciderunt in captionem.

262. l. 2 Dig. de in integr. rest. 4, 1 *(= Paul. sent. 1, 7, 2).*

Paulus libro primo sententiarum sive per status mutationem aut iustum errorem.

263. l. 16 pr. Dig. de minor. 4, 4.

Ulpianus libro undecimo ad edictum In causae cognitione etiam hoc versabitur, num forte alia actio possit competere citra in integrum restitutionem. nam si communi auxilio et mero iure munitus sit, non debet ei tribui extraordinarium auxilium: ut puta cum pupillo contractum est sine tutoris auctoritate nec locupletior factus est.

264. l. 4 Dig. de in integr. rest. 4, 1.

Callistratus libro primo edicti monitorii Scio illud a quibusdam observatum, ne propter satis minimam rem vel summam, si maiori rei vel summae praeiudicetur, audiatur is qui in integrum restitui postulat.

265. l. 24, 1 Dig. de minor. 4, 4.

Paulus libro primo sententiarum Non semper autem ea, quae cum minoribus geruntur, rescindenda sunt, sed ad bonum et aequum redigenda sunt, ne magno incommodo huius aetatis homines adficiantur nemine cum his contrahente et quodammodo commercio eis interdicatur. itaque nisi aut manifesta circumscriptio sit aut tam[1]) neglegenter in ea causa versati sunt, praetor interponere se non debet.

266. l. 11, 4 Dig. de minor. 4, 4.

Ulpianus libro undecimo ad edictum Item non restituetur, qui sobrie rem suam administrans occasione damni non inconsulte accidentis, sed fato velit restitui: nec enim eventus damni restitutionem indulget, sed inconsulta facilitas. et ita et Pomponius libro vicensimo octavo scripsit. unde Marcellus apud Iulianum notat, si minor sibi servum necessarium comparaverit, mox decesserit, non debere eum restitui: neque enim captus est emendo sibi rem pernecessariam, licet mortalem.

§ 43. Sicherung von Ansprüchen.

267. l. 1 pr. Dig. de stipul. praet. 46, 5.

Ulpianus libro septuagensimo ⟨septimo⟩ ad edictum Praetoriarum

[1]) admodum: Mommsen.

stipulationum tres videntur esse species, iudiciales cautionales communes.

268. l. 5 Dig. de verb. obl. 45, 1.

Pomponius libro vicensimo sexto ad Sabinum Stipulationum aliae iudiciales sunt, aliae praetoriae, aliae conventionales, aliae communes praetoriae et iudiciales. iudiciales sunt dumtaxat, quae a mero iudicis officio proficiscuntur, veluti de dolo cautio: praetoriae, quae a mero praetoris officio proficiscuntur, veluti damni infecti. praetorias autem stipulationes sic audiri oportet, ut in his contineantur etiam aediliciae: nam et hae ab iurisdictione veniunt. conventionales sunt, quae ex conventione reorum fiunt, quarum totidem genera sunt, quot paene dixerim rerum contrahendarum: nam et ob ipsam verborum obligationem fiunt et pendent ex negotio contracto. communes sunt stipulationes veluti rem salvam fore pupilli: nam et praetor iubet rem salvam fore pupillo caveri et interdum iudex, si aliter expediri haec res non postet: item duplae stipulatio venit ab iudice aut ab
aedilis edicto. Stipulatio autem est verborum conceptio, quibus is 1
qui interrogatur daturum facturumve se quod interrogatus est re-
sponderit. Satis acceptio est stipulatio, quae ita obligat promissorem, 2
ut adpromissores quoque ab eo accipiantur, [id est qui idem promittunt.]
Satis autem accipere dictum est eodem modo, quo satis facere: nam 3
quia id, quo quis contentus erat, ei praestabatur, satis fieri dictum est: et similiter quia tales, quibus contentus quis futurus esset, ita dabantur, ut verbis obligarentur, satis accipi dictum est.

269. l. 1 Dig. quib. ex caus. in poss. 42, 4.

Ulpianus libro duodecimo ad edictum Tres fere causae sunt, ex quibus in possessionem mitti solet: rei servandae causa, item legatorum servandorum gratia et ventris nomine. damni enim infecti nomine si non caveatur, non [in] universorum nomine fit missio, sed rei tantum, de qua damnum timetur.

270. l. 12 Dig. quib. ex caus. in poss. 42, 4.

Pomponius libro vicensimo tertio ad Quintum Mucium Cum legatorum vel fideicommissi servandi causa, vel quia damni infecti[1]) nobis non caveatur, bona possidere praetor permittit, vel ventris nomine in possessionem nos mittit, non possidemus, sed magis custodiam rerum et observationem nobis concedit.

---

[1]) Vgl. Nr. 348—352.

Zweiter Teil.

Das Sachenrecht.

I. Das Eigentum.

§ 44. Begriff.

271. l. 38, 9 Dig. de verb. oblig. 45, 1.

Ulpianus libro quadragensimo nono ad Sabinum 'Habere' dupliciter accipitur: nam et eum habere dicimus, qui rei dominus est et eum, qui dominus quidem non est, sed tenet: denique habere rem apud nos depositam solemus dicere.

272. Gai. 2, 40. 41.

Sequitur, ut admoneamus apud peregrinos quidem unum esse dominium; nam aut dominus quisque est, aut dominus non intellegitur. quo iure etiam populus Romanus olim utebatur: aut enim ex iure Quiritium unusquisque dominus erat aut non intellegebatur dominus. sed postea divisionem accepit dominium, ut alius possit esse ex iure Quiritium dominus, alius in bonis habere. **41.** Nam si tibi rem mancipii neque mancipavero neque in iure cessero, sed tantum tradidero, in bonis quidem tuis ea res efficitur, ex iure Quiritium vero mea permanebit, donec tu eam possidendo usucapias: semel enim impleta usucapione proinde pleno iure incipit, id est et in bonis et ex iure Quiritium tua res esse, ac si ea mancipata vel in iure cessa esset.

273. c. un. C. de nudo ex iure Quiritium tollendo 7, 25.

Imp. Iustinianus A. Iuliano pp. (a. 530=531) Antiquae subtilitatis ludibrium per hanc decisionem expellentes nullam esse differentiam patimur inter dominos, apud quos vel nudum ex iure Quiritium vel tantummodo in bonis reperitur, quia nec huius modi esse volumus distinctionem nec ex iure Quiritium nomen, quod nihil aenigmate discrepat nec umquam videtur neque in rebus apparet, sed est vacuum et superfluum verbum, per quod animi iuvenum, qui ad primam veniunt legum audientiam, perterriti ex primis eorum cunabulis inutiles legis antiquae dispositiones accipiunt. sed sit plenissimus et legitimus quisque dominus sive servi sui sive aliarum rerum ad se pertinentium.

274. l. 1, 7 Dig. de arbor. caed. 43, 27.

Ulpianus libro septuagensimo primo ad edictum Deinde ait praetor: 'Quae arbor ex agro tuo in agrum illius impendet, si per 'te stat, quo minus pedes quindecim a terra eam altius coerceas, tunc 'quo minus illi ita coercere lignaque sibi habere liceat, vim fieri veto.'

§ 45. Das Miteigentum.

275. l. 5, 15 Dig. commod. 13, 6.

Ulpianus libro vicensimo octavo ad edictum Si duobus vehiculum commodatum sit vel locatum simul, Celsus filius scribit libro sexto digestorum quaeri posse, utrum unusquisque eorum in solidum an pro parte teneatur. et ait duorum quidem in solidum dominium vel possessionem esse non posse: nec quemquam partis corporis dominum esse, sed totius corporis pro indiviso pro parte dominium habere.

276. l. 26 Dig. de servit. praed. urb. 8, 2[1]).

Paulus libro quinto decimo ad Sabinum In re communi nemo dominorum iure servitutis neque facere quicquam invito altero potest neque prohibere, quo minus alter faciat: nulli enim res sua servit.[2]) itaque propter immensas contentiones plerumque res ad divisionem pervenit. [sed per communi dividundo actionem consequitur socius, quo minus opus fiat aut ut id opus quod fecit tollat, si modo toti societati prodest opus tolli.]

277. c. 3 Cod. de comm. rer. alienatione 4, 52.

Impp. Diocletianus et Maximianus AA. et CC. Aurelio Eusebio Falso tibi persuasum est communis praedii portionem pro indiviso, antequam communi dividundo iudicium dictetur, tantum socio, non etiam extraneo posse distrahi.

278. l. 14, 1 Dig. comm. div. 10, 3.

Paulus libro tertio ad Plautium Impendia autem, quae dum proprium meum fundum existimo feci, quae scilicet, si vindicaretur fundi pars, per exceptionem doli retinere possem, an etiam, si communi dividundo iudicio mecum agetur, aequitate ipsius iudicii retinere possim, considerandum est. quod quidem magis puto, quia bonae fidei iudicium est communi dividundo: sed hoc ita, si mecum agatur.

---

[1]) Vgl. Nr. 42.

[2]) Vgl. Nr. 382.

ceterum si alienavero partem meam, non erit unde retinere possim. sed is, qui a me emerit, an retinere possit, videndum est: nam et si vindicaretur ab eo pars, impendiorum nomine, quae ego fecissem, ita ut ego poterat retentionem facere: et verius est, ut et in hac specie expensae retineantur. quae cum ita sint, rectissime dicitur etiam impendiorum nomine utile iudicium dari debere mihi in socium etiam manente rei communione.[1])

279. l. 14, 2 Dig. comm. div. 10, 3.

Paulus libro tertio ad Plautium [Si conveniat, ne omnino divisio fiat, huiusmodi pactum nullas vires habere manifestissimum est: sin autem intra certum tempus, quod etiam ipsius rei qualitati prodest valet.]

§ 46. Eigentumserwerb infolge von Übertragung durch den Berechtigten.

280. c. 20 Cod. de pactis 2, 3.

Impp. Diocletianus et Maximianus AA. et CC. Martiali (a. 293) Traditionibus et usucapionibus dominia rerum, non nudis pactis transferuntur.

281. l. 50 pr. Dig. de rei vind. 6, 1.

Callistratus libro secundo edicti monitorii Si ager ex emptionis causa ad aliquem pertineat, non recte hac actione agi poterit, antequam traditus sit ager tuncque possessio amissa sit.

282. c. 15 pr. Cod. de rei vind. 3, 32.

Impp. Diocletianus et Maximianus AA. Aurelio Proculino (a. 293) Quotiens duobus in solidum praedium iure distrahitur, manifesti iuris est eum, cui priori traditum est, in detinendo dominio esse potiorem.

283. l. 10 Dig. de donat. 39, 5.

Paulus libro quinto decimo ad Sabinum Absenti, sive mittas qui ferat, sive quod ipse habeat sibi habere eum iubeas, donari recte potest. sed si nescit rem quae apud se est sibi esse donatam vel missam sibi non acceperit, donatae rei dominus non fit, etiamsi per servum eius cui donabatur missa fuerit, [nisi ea mente servo eius data fuerit, ut statim eius fiat.]

---

[1]) Vgl. zu dieser Stelle: Berger, Teilungsklagen (1912) S. 210 fg.

284. l. 55 Dig. de obl. et act. 44, 7.

Iavolenus libro duodecimo epistularum In omnibus rebus, quae dominium transferunt, concurrat oportet affectus ex utraque parte contrahentium: nam sive ea venditio sive donatio sive conductio sive quaelibet alia causa contrahendi fuit, nisi animus utriusque consentit, perduci ad effectum id quod inchoatur non potest.

285. Ulpianus lib. sing. reg. 19, 7.

Traditio propria est alienatio rerum nec manicipii. harum rerum dominium ipsa traditione adprehendimus, scilicet si ex iusta causa traditae sunt nobis.

286. Gai. 2, 20.

Itaque si tibi vestem vel aurum vel argentum tradidero sive ex venditionis causa sive ex donationis sive quavis alia ex causa, statim tua fit ea res, si modo ego eius dominus sim.

287. l. 31 pr. Dig. de adq. rer. dom. 41, 1.

Paulus libro trigensimo primo ad edictum Numquam nuda traditio transfert dominium, sed ita, si venditio aut aliqua iusta causa praecesserit, propter quam traditio sequeretur.

288. l. 9, 3 Dig. de adq. rer. dom. 41, 1.

Gaius libro secundo rerum cottidianarum sive aureorum Hae quoque res, quae traditione nostrae fiunt, iure gentium nobis adquiruntur: nihil enim tam conveniens est naturali aequitati quam voluntatem domini volentis rem suam in alium transferre ratam haberi.

289. l. 36 Dig. de adq. rer. dom. 41, 1.

Iulianus libro tertio decimo digestorum Cum in corpus quidem quod traditur[1]) consentiamus, in causis vero dissentiamus, non animadverto, cur inefficax sit traditio[2]), veluti si ego credam me ex testamento tibi obligatum esse, ut fundum tradam[3]), tu existimes ex stipulatu tibi eum deberi. nam et si pecuniam numeratam tibi tradam donandi gratia, tu eam quasi creditam accipias, constat proprietatem ad te transire nec impedimento esse, quod circa causam dandi atque accipiendi dissenserimus.

---

[1]) mancipatur: Iulian.

[2]) mancipatio: Iul.

[3]) mancipio dem: Iul.

290. l. 18 pr. Dig. de reb. cred. 12, 1.

Ulpianus libro septimo disputationem Si ego pecuniam tibi quasi donaturus dedero, tu quasi mutuam accipias, Iulianus scribit donationem non esse: sed an mutua sit, videndum. et puto nec mutuam esse magisque nummos accipientis non fieri, cum alia opinione acceperit.

291. § 41 Inst. de rer. divis. 2, 1.

Sed si quidem ex causa donationis aut dotis aut qualibet alia ex causa tradantur, sine dubio transferuntur: venditae vero et traditae non aliter emptori adquiruntur, quam si is venditori pretium solverit vel alio modo ei satisfecerit, veluti expromissore aut pignore dato. quod cavetur quidem etiam lege duodecim tabularum: tamen recte dicitur et iure gentium, id est iure naturali, id effici. sed si is qui vendidit fidem emptoris secutus fuerit, dicendum est statim rem emptoris fieri.

292. l. 61 Dig. de pact. 2, 14.

Pomponius libro nono ad Sabinum Nemo paciscendo efficere potest, ne sibi locum suum dedicare liceat aut ne sibi in suo sepelire mortuum liceat aut ne vicino invito praedium alienet.

§ 47. Ersitzung.

293. Ulpianus lib. sing. reg. 19, 8.

Usucapio est dominii adeptio per continuationem possessionis anni vel biennii: rerum mobilium anni, immobilium biennii. *cf. l.* 3 *D. de usurp. et usuc.* 41, 3.

294. XII tab. 6, 3 *(Cic. top. 4, 23).*

Usus auctoritas fundi biennium est, ceterarum rerum omnium annuus est usus.

295. l. 5 Dig. pro suo 41, 10.

Neratius libro quinto membranarum Usucapio rerum, etiam ex aliis causis concessa interim[1]), propter ea, quae nostra existimantes
1 possideremus, constituta est, ut aliquis litium finis esset. Sed id, quod quis, cum suum esse existimaret, possederit, usucapiet, etiamsi falsa fuerit eius existimatio. quod tamen ita interpretandum est, ut probabilis error possidentis usucapioni non obstet, veluti si ob id

[1]) interdum: Mommsen.

aliquid possideam, quod servum meum aut eius, cuius in locum hereditario iure successi, emisse id falso existimem, quia in alieni facti ignorantia tolerabilis error est.

296. l. 1 Dig. de usurp. et usuc. 41, 3.

Gaius libro vicensimo primo ad edictum provinciale Bono publico usucapio introducta est, ne scilicet quarundam rerum diu et fere semper incerta dominia essent, cum sufficeret dominis ad inquirendas res suas statuti temporis spatium.

297. l. 48 § 1 Dig. de adquir. rer. dom. 41, 1.

Paulus libro septimo ad Plautium In contrarium quaeritur, si eo tempore, quo mihi res traditur, putem vendentis esse, deinde cognovero alienam esse, quia perseverat per longum tempus[1]) capio, an fructus meos faciam. Pomponius verendum, ne non sit bonae fidei possessor, quamvis capiat: hoc enim ad ius, id est capionem, illud ad factum pertinere, ut quis bona aut mala fide possideat: nec contrarium est, quod longum tempus[1]) currit, nam e contrario is, qui non potest capere propter rei vitium, fructus suos facit.

§ 48. Okkupation (Aneignung).

298. § 12 Inst. de rer. divis. 2, 1.

Ferae igitur bestiae et volucres et pisces, id est omnia animalia, quae in terra, mari, caelo nascuntur, simulatque ab aliquo capta fuerint, iure gentium statim illius esse incipiunt: quod enim ante nullius est, id naturali ratione occupanti conceditur. nec interest, feras bestias et volucres utrum in suo fundo quisque capiat, an in alieno: plane qui in alienum fundum ingreditur venandi aut aucupandi gratia, potest a domino, si is providerit, prohiberi ne ingrediatur. quidquid autem eorum ceperis, eo usque tuum esse intellegitur, donec tua custodia coercetur: cum vero evaserit custodiam tuam et in naturalem libertatem se receperit, tuum esse desinit et rursus occupantis fit. naturalem autem libertatem recipere intellegitur, cum vel oculos tuos effugerit vel ita sit in conspectu tuo, ut difficilis sit eius persecutio.

§ 49. Spezifikation (Verarbeitung).

299. l. 7, 7 Dig. de adquir. rer. dom. 41, 1 (= *§ 25 Inst. de rer. div. 2, 1*).

[1]) longum tempus: Tribonian.

Gaius libro secundo rerum cotidianarum sive aureorum Cum quis ex aliena materia speciem aliquam suo nomine facerit, Nerva et Proculus putant hunc dominum esse qui fecerit, quia quod factum est, antea nullius fuerat. Sabinus et Cassius magis naturalem rationem efficere putant, ut qui materiae dominus fuerit, idem eius quoque, quod ex eadem materia factum sit, dominus esset, quia sine materia nulla species effici possit: veluti si ex auro vel argento vel aere tuo vas aliquod fecero, vel ex tabulis tuis navem aut armarium aut subsellia fecero, vel ex lana tua vestimentum, vel ex vino et melle tuo mulsum, vel ex medicamentis tuis emplastrum aut collyrium, vel ex uvis aut olivis aut spicis tuis vinum vel oleum vel frumentum. [est tamen etiam media sententia recte existimantium, si species ad materiam reverti possit, verius esse, quod et Sabinus et Cassius senserunt, si non possit reverti, verius esse, quod Nervae et Proculo placuit. ut ecce vas conflatum ad rudem massam auri vel argenti vel aeris reverti potest, vinum vero vel oleum vel frumentum ad uvas et olivas et spicas reverti non potest: ac ne mulsum quidem ad mel et vinum vel emplastrum aut collyria ad medicamenta reverti possunt.] videntur tamen mihi recte quidam dixisse non debere dubitari, quin alienis spicis excussum frumentum eius sit, cuius et spicae fuerunt: cum enim grana, quae spicis continentur, perfectam habeant suam speciem, qui excussit spicas, non novam speciem facit, sed eam quae est detegit.

§ 50. Eigentumserwerb durch Verbindung oder Vermischung (Akzession).

300. l. 7, 8; 9 Dig. de adq. rer. dom. 41, 1.

Gaius libro secundo rerum cottidianarum sive aureorum Voluntas duorum dominorum miscentium materias commune totum corpus efficit, sive eiusdem generis sint materiae, velut vina miscuerunt vel argentum conflaverunt, sive diversae, veluti si alius vinum contulerit alius mel, vel alius aurum alius argentum: quamvis et mulsi et electri
9 novi corporis sit species. Sed et si sine voluntate dominorum casu confusae sint duorum materiae vel eiusdem generis vel diversae, idem iuris est.

301. l. 7, 10 Dig. de adquir. rer. dom. 41, 1 *(= § 29 Inst. de rer. div. 2, 1).*

Gaius libro secundo rerum cottidianarum sive aureorum Cum in suo loco aliquis aliena materia aedificaverit, ipse dominus intellegitur aedificii, quia omne quod inaedificatur solo cedit. nec tamen ideo is qui materiae dominus fuit desiit eius dominus esse: sed tantisper neque vindicare eam potest neque ad exhibendum de ea agere propter legem duodecim tabularum, qua cavetur, ne quis tignum alienum aedibus suis iunctum eximere cogatur, sed duplum pro eo praestet. appellatione autem tigni omnes materiae significantur, ex quibus aedificia fiunt. ergo si aliqua ex causa dirutum sit aedificium, poterit materiae dominus nunc eam vindicare et ad exhibendum agere.

302. XII tab. 6, 7 *(Festus s. v. tignum pag. 364).*

Tignum iunctum aedibus vineave et concapit[1]) ne solvito.

303. l. 26, 1 Dig. de adquir. rer. dom. 41, 1.

Paulus libro quarto decimo ad Sabinum Arbor radicitus eruta et in alio posita priusquam coaluerit, prioris domini est; ubi coaluit, agro cedit, et si rursus eruta sit, non ad priorem dominum revertitur: nam credibile est alio terrae alimento aliam factam.

304. l. 29, 1 Dig. de auro arg. 34, 2.

Florentinus libro undecimo institutionum Utra autem utrius materiae sit accessio, visu atque usu rei, consuetudinis patris familias aestimandum est.

305. l. 7, 3 Dig. de adquir. rer. dom. 41, 1 *(= § 20 Inst. 2, 1).*

Gaius libro secundo rerum cottidianarum sive aureorum Insula quae in mari nascitur (quod raro accidit) occupantis fit: nullius enim esse creditur. in flumine nata (quod frequenter accidit), si quidem mediam partem fluminis tenet, communis est eorum, qui ab utraque parte fluminis prope ripam praedia possident, pro modo latitudinis cuiusque praedii, quae latitudo prope ripam sit: quod si alteri parti proximior sit, eorum est tantum, qui ab ea parte prope ripam praedia possident.

§ 51. Schatzerwerb.

306. l. 31, 1 Dig. de adquir. rer. dom. 41,1.

Paulus libro trigensimo primo ad edictum Thensaurus est vetus quaedam depositio pecuniae, cuius non exstat memoria, ut iam domi-

---

[1]) e compage: Bosius, Mommsen. e concape: O. Müller. sei concapit: Huschke.

num non habeat: sic enim fit eius qui invenerit[1]), quod non alterius sit. alioquin si quis aliquid vel lucri causa vel metus vel custodiae condiderit sub terra, non est thensaurus: cuius etiam furtum fit.

§ 52. Fruchterwerb.

307. l. 12,5 Dig. de usufr. 7,1.

Ulpianus libro septimo decimo ad Sabinum Iulianus libro trigensimo quinto digestorum tractat, si fur decerpserit vel desecuerit fructus maturos pendentes, cui condictione teneatur, domino fundi an fructuario? et putat, quoniam fructus non fiunt fructuarii, nisi ab eo percipiantur, licet ab alio terra separentur, magis proprietario condictionem competere, fructuario autem furti actionem, quoniam interfuit eius fructus non esse ablatos. Marcellus autem movetur eo, quod, si postea fructus istos nactus fuerit fructuarius, fortassis fiant eius: nam si fiunt, qua ratione hoc evenit? nisi ea, ut interim fierent proprietarii, mox adprehensi fructuarii efficientur[2]) exemplo rei sub condicione legatae, quae interim heredis est, existente autem condicione ad legatarium transit[3]). verum est enim condictionem competere proprietario: cum autem in pendenti est dominium (ut ipse Iulianus ait in fetu qui summittitur et in eo quod servus fructuarius per traditionem[4]) accepit nondum quidem pretio soluto, sed tamen ab eo satisfacto), dicendum est condictionem pendere magisque in pendenti esse dominium.

308. l. 28 pr. Dig. de usur. 22,1 *(= § 37 I. 2, 1).*

Gaius libro secundo rerum cottidianarum In pecudum fructu etiam fetus est sicut lac et pilus et lana: itaque equi et haedi et vituli statim pleno iure sunt bonae fidei possessoris et fructuarii.

309. § 35 Inst. de rerum divisione 2,1.

Si quis a non domino, quem dominum esse crederet, bona fide fundum emerit vel ex donatione aliave qua iusta causa aeque bona fide acceperit: naturali ratione placuit fructus quos percepit eius esse pro cultura et cura. et ideo si postea dominus supervenerit et fundum

---

[1]) d. h. zur Hälfte. vgl. l. 63 Dig. 41, 1.
[2]) efficiantur: Haloander.
[3]) Vgl. Nr. 1051.
[4]) mancipio: Ulpian.

vindicet, de fructibus ab eo consumptis agere non potest. ei vero, qui sciens alienum fundum possederit, non idem concessum est. itaque cum fundo etiam fructus, licet consumpti sint, cogitur restituere.

310. l. 4,1 Dig. de reb. cred. 12,1.

Ulpianus libro trigensimo quarto ad Sabinum Res pignori data pecunia soluta condici potest. et fructus ex iniusta causa percepti condicendi sunt: nam et si colonus post lustrum completum fructus perceperit, condici eos constat ita demum, si non ex voluntate domini percepti sunt: nam si ex voluntate, procul dubio cessat condictio.

§ 53. Endigung des Eigentums.

311. l. 1 Dig. pro derelicto 41, 7.

Ulpianus libro duodecimo ad edictum Si res pro derelicto habita sit, statim nostra esse desinit et occupantis statim fit, quia isdem modis res desinunt esse nostrae, quibus adquiruntur.

312. l. 2,1 Dig. pro derelicto 41,7.

Paulus libro quinquagesimo quarto ad edictum Sed Proculus non desinere eam rem domini esse, nisi ab alio possessa fuerit: Iulianus desinere quidem omittentis esse, non fieri autem alterius, nisi possessa fuerit, et recte.

II. Der Besitz.

§ 54. Begriff und Arten.

313. Gai. 4, 148.

Retinendae possessionis causa solet interdictum reddi, cum ab utraque parte de proprietate alicuius rei controversia est, et ante quaeritur, uter ex litigatoribus possidere et uter petere debeat; cuius rei gratia comparata sunt 'uti possidetis' et 'utrubi'.

314. Festus s. v. possessio. *(pag. 233 der Ausgabe von Ottfr. Müller; Bruns Fontes II⁷, 24).*

Possessio est, ut definit Gallus Aelius, usus quidam agri aut aedificii, non ipse fundus aut ager; non enim possessio est *e* rebus, quae tangi possint *neque*, qui dicit se possidere, is *suam rem* vere potest dicere. Itaque in legitimis actionibus nemo ex iure Quiritium[1])

[1]) so Huschke; his qui: die Handschrift.

possessionem suam vocare audet, sed ad interdictum venit, ut praetor his verbis utatur: 'uti nunc possidetis eum fundum, quo de agitur, quod nec vi nec clam nec precario alter ab altero possidetis, *quo minus* ita possideatis, adversus ea vim fieri veto' [1]).

315. l. 12,1 Dig. de adquir. vel amitt. poss. 41,2.

Ulpianus libro septuagensimo ad edictum Nihil commune habet proprietas cum possessione: et ideo non denegatur ei interdictum uti possidetis, qui coepit rem vindicare: non enim videtur possessioni renuntiasse, qui rem vindicavit.

316. l. 1,2 Dig. uti poss. 43,17.

Ulpianus libro sexagesimo nono ad edictum Huius autem interdicti proponendi causa haec fuit, quod separata esse debet possessio a proprietate: fieri etenim potest, ut alter possessor sit, dominus non sit, alter dominus quidem sit, possessor vero non sit: fieri potest, ut et possessor idem et dominus sit.

317. Gai. 4, 153.

Possidere autem videmur non solum, si ipsi possideamus, sed etiam si nostro nomine aliquis in possessione sit, licet is nostro iuri subiectus non sit, qualis est colonus et inquilinus: per eos quoque, apud quos deposuerimus aut quibus commodaverimus aut quibus gratuitam habitationem praestiterimus, ipsi possidere videmur; et hoc est, quod vulgo dicitur retineri possessionem posse per quemlibet, qui nostro nomine sit in possessione. quin etiam plerique putant animo quoque retineri possessio*nem, id est, ut quamvis neque ipsi simus in possessione* neque nostro nomine alius, tamen si non relinquendae possessionis animo, sed postea reversuri inde discesserimus, retinere possessionem videamur. adipisci vero possessionem per quos possimus, secundo commentario rettulimus; nec ulla dubitatio est, quin animo possessionem adipisci non possimus.

318. l. 18 pr. Dig. de adquir. vel amitt. poss. 41,2.

Celsus libro vicensimo tertio digestorum Quod meo nomine possideo, possum alieno nomine possidere: nec enim mihi muto causam possessionis, sed desino possidere et alium possessorem ministerio meo facio. nec idem est possidere et alieno nomine possidere: nam

---

[1]) Vgl. Nr. 363.

possidet, cuius nomine possidetur, procurator alienae possessioni praestat ministerium.

319. l. 6, 2 Dig. de prec. 43, 26.[1])

Ulpianus libro septuagensimo primo ad edictum Is qui rogavit, ut precario in fundo m o r e t u r, non possidet, sed possessio apud eum qui concessit remanet: nam et fructuarius, inquit, et colonus et inquilinus sunt in praedio et tamen non possident.

320. l. 15, 4 Dig. de prec. 43, 26.

Pomponius libro vicensimo nono ad Sabinum Eum, qui precario rogaverit, ut sibi p o s s i d e r e liceat, nancisci possessionem non est dubium: an is quoque possideat, qui rogatus sit, dubitatum est. placet autem apud utrumque esse eum hominem, qui precario datus esset, penes eum, qui rogasset, quia possideat corpore, penes dominum, quia non discesserit animo possessione.

321. l. 3, 5 Dig. de adquir. vel amitt. poss. 41, 2.

Paulus libro quinquagesimo quarto ad edictum Ex contrario plures eandem rem in solidum possidere non possunt: contra naturam quippe est, ut, cum ego aliquid teneam, tu quoque id tenere videaris. Sabinus tamen scribit eum qui precario dederit et ipsum possidere et eum qui precario acceperit. idem Trebatius putabat existimans posse alium iuste, alium iniuste possidere, duos iniuste vel duos iuste non posse. quem Labeo reprehendit, quoniam in summa possessionis non multum interest, iuste quis an iniuste possideat: quod est verius. non magis enim eadem possessio apud duos esse potest, quam ut tu stare videaris in eo loco, in quo ego sto, vel in quo ego sedeo, tu sedere videaris.

322. l. 32, 2 Dig. de usurp. et usucap. 41, 3.

Pomponius libro trigensimo secundo ad Sabinum Incertam partem possidere nemo potest: ideo si plures sint in fundo, qui ignorent, quotam quisque partem possideat, neminem eorum [mera suptilitate] possidere Labeo scribit.

§ 55. B e s i t z e r w e r b.

323. l. 3, 1 Dig. de adquir. vel amitt. poss. 41, 2.

Paulus libro quinquagensimo quarto ad edictum Et apiscimur possessionem corpore et animo, neque per se animo aut per se corpore.

[1]) Vgl. Nr. 534.

quod autem diximus et corpore et animo adquirere nos debere possessionem, non utique ita accipiendum est, ut qui fundum possidere velit, omnes glebas circumambulet: sed sufficit quamlibet partem eius fundi introire, dum mente et cogitatione hac sit, uti totum fundum usque ad terminum velit possidere.

324. l. 1, 21 Dig. de adquir. vel amitt. poss. 41, 2.

Paulus libro quinquagensimo quarto ad edictum Si iusserim venditorem procuratori rem tradere, cum ea in praesentia sit, videri mihi traditam Priscus ait, idemque esse, si nummos debitorem iusserim alii dare. non esse [1]) enim corpore et tactu [2]) necesse adprehendere possessionem, sed etiam oculis et affectu argumento esse eas res, quae propter magnitudinem ponderis moveri non possunt, ut columnas. nam pro traditis eas haberi, si in re praesenti consenserint: et vina tradita videri, cum claves cellae vinariae emptori traditae fuerint.

325. l. 79 Dig. de solut. et liberat. 46, 3.

Iavolenus libro decimo epistularum Pecuniam, quam mihi debes, aut aliam rem si in conspectu meo ponere te iubeam, efficitur, ut et tu statim libereris et mea esse incipiat: nam tum, quod a nullo corporaliter eius rei possessio detinetur, adquisita mihi et quodammodo manu longa tradita existimanda est.

326. l. 18, 2 Dig. de adquir. vel amitt. poss. 41, 2.

Celsus libro vicensimo tertio digestorum Si venditorem quod emerim deponere in mea domo iusserim, possidere me certum est, quamquam id nemo dum attigerit: aut si vicinum mihi fundum mercato venditor in mea turre demonstret vacuamque se possessionem tradere dicat, non minus possidere coepi, quam si pedem finibus intulissem.

327. l. 55 Dig. de adquir. rer. dom. 41, 1.

Proculus libro secundo epistularum In laqueum, quem venandi causa posueras, aper incidit: cum eo haereret, exemptum eum abstuli: num tibi videor tuum aprum abstulisse? et si tuum putas fuisse, si solutum eum in silvam dimisissem, eo casu tuus esse desisset an maneret? et quam actionem mecum haberes, si desisset tuus esse, num in factum dari oporteret, quaero. respondit: laqueum videamus ne intersit in publico an in privato posuerim et, si in privato posui,

---

[1]) so Mommsen; est: die Handschriften.

[2]) so Grotius; actu: die Florentina

utrum in meo an in alieno, et, si in alieno, utrum permissu eius cuius fundus erat an non permissu eius posuerim: praeterea utrum in eo ita haeserit aper, ut expedire se non possit ipse, an diutius luctando expediturus se fuerit. summam tamen hanc puto esse, ut, si in meam potestatem pervenit, meus factus sit. sin autem aprum meum ferum[1]) in suam naturalem laxitatem dimisisses et eo facto meus esse desisset, actionem mihi in factum dari oportere, veluti responsum est, cum quidam poculum alterius ex nave eiecisset.

328. l. 3, 12 Dig. de adquir. vel amitt. poss. 41, 2.

Paulus libro quinquagensimo quarto ad edictum Ceterum animo nostro, corpore etiam alieno possidemus, sicut diximus per colonum et servum, nec movere nos debet, quod quasdam *res* etiam ignorantes possidemus, id est quas servi peculiariter paraverunt: nam videmur eas eorundem et animo et corpore possidere.[2])

329. l. 13 pr. Dig. de adquir. rer. dom. 41, 1.

Veratius libro sexto regularum Si procurator rem mihi emerit ex mandato meo eique sit tradita meo nomine, dominium mihi, [id est proprietas], adquiritur etiam ignoranti.

330. l. 42, 1 Dig. de adquir. vel amitt. poss. 41, 2.

Ulpianus libro quarto regularum Procurator si quidem mandante domino rem emerit, protinus illi adquirit possessionem: quod si sua sponte emerit, non nisi ratam habuerit dominus emptionem.

331. l. 13 Dig. de donat. 39, 5.

Ulpianus libro septimo disputationum Qui mihi donatum volebat, servo communi meo et Titii rem tradidit: servus vel sic accepit quasi socio adquisiturus vel sic quasi mihi et socio: quaerebatur, quid ageret. et placet, quamvis servus hac mente acceperit, ut socio meo vel mihi et socio adquirat, mihi tamen adquiri: nam et si procuratori meo hoc animo rem tradiderit, ut mihi adquirat, ille quasi sibi adquisiturus acceperit, nihil agit in sua persona, sed mihi adquirit.

332. l. 37, 6 Dig. de adquir. rer. dom. 41, 1.

Iulianus libro quadragensimo quarto digestorum Si, cum mihi donare velles, iusserim te servo communi meo et Titii rem tradere isque

---

[1]) factum: die Ausgaben.

[2]) Vgl. Nr. 94.

hac mente acciperet, ut rem Titii faceret, nihil agetur: nam et si procuratori meo rem tradideris, ut meam faceres, is hac mente acceperit, ut suam faceret, nihil agetur. quod si servus communis hac mente acceperit, ut duorum dominorum faceret, in parte alterius domini nihil agetur.

§ 56. Verlust des Besitzes.

333. l. 44, 2 Dig. de adquir. vel amitt. poss. 41, 2.

Papinianus libro vicensimo tertio quaestionum Quibus explicitis, cum de amittenda possessione quaeratur, multum interesse dicam, per nosmet ipsos an per alios possideremus: nam eius quidem, quod corpore nostro teneremus, possessionem amitti vel animo vel etiam corpore, si modo eo animo inde digressi fuissemus, ne possideremus: eius vero, quod servi vel etiam coloni corpore possidetur, non aliter amitti possessionem, quam si eam alius ingressus fuisset, eamque amitti nobis quoque ignorantibus.

334. l. 3, 6 Dig. de adquir. vel amitt. poss 41, 2.

Paulus libro quinquagensimo quarto ad edictum. In amittenda quoque possessione affectio eius qui possidet intuenda est: itaque si in fundo sis et tamen nolis eum possidere, protinus amittes possessionem. igitur amitti et animo solo potest, quamvis adquiri non potest.

335. l. 153 Dig. de reg. iur. 50, 17.

Paulus libro sexagensimo quinto ad edictum Fere quibuscumque modis obligamur, isdem in contrarium actis liberamur, cum quibus modis adquirimus, isdem in contrarium actis amittimus. ut igitur nulla possessio adquiri nisi animo et corpore potest, ita nulla amittitur, nisi in qua utrumque in contrarium actum est.

336. l. 3, 8 Dig. de adquir. vel amitt. poss. 41, 2.

Paulus libro quinquagensimo quarto ad edictum Si quis nuntiet domum a latronibus occupatam et dominus timore conterritus noluerit accedere, amisisse eum possessionem placet. quod si servus vel colonus, per quos corpore possidebam, decesserint discesserintve, animo retinebo possessionem.

337. l. 6, 1 Dig. de adquir. vel amitt. poss. 41, 2.

Ulpianus libro septuagensimo ad edictum Qui[1]) ad nundinas pro-

[1]) si quis: Mommsen.

fectus neminem reliquerit et, dum ille a nundinis redit, aliquis occupaverit possessionem, videri eum clam possidere Labeo scribit: retinet ergo possessionem is, qui ad nundinas abiit: verum si revertentem dominum non admiserit, vi magis intellegi possidere, non clam.

338. l. 18, 3 Dig. de adquir. vel amitt. poss. 41, 2.

Celsus libro vicensimo tertio digestorum Si, dum in alia parte fundi sum, alius quis clam animo possessoris intraverit, non desisse ilico possidere existimandus sum, facile expulsurus finibus, simul sciero.

339. l. 23 pr. Dig. de adquir. vel amitt. poss. 41, 2.

Iavolenus libro primo epistularum Cum heredes instituti sumus, adita hereditate omnia quidem iura ad nos transeunt, possessio tamen nisi naturaliter comprehensa ad nos non pertinet.

340. l. 47 Dig. de adquir. vel amitt. poss. 41, 2.

Papinianus libro vicensimo sexto quaestionum Si rem mobilem, apud te depositam aut ex commodato tibi *permissam*[1]), possidere neque reddere constitueris, confestim amisisse me possessionem vel ignorantem responsum est: cuius rei forsitan illa ratio est, quod rerum mobilium neglecta atque omissa custodia, quamvis eas nemo alius invaserit, veteris possessionis damnum adferre consuevit: idque Nerva filius libris de usucapionibus rettulit. idem scribit aliam causam esse hominis commodati omissa custodia: nam possessionem tamdiu veterem *retin*eri[2]), quamdiu nemo alius eum possidere coeperit, videlicet ideo, quia potest homo proposito redeundi domino possessionem sui conservare, cuius corpore ceteras quoque res possumus possidere. igitur earum quidem rerum, quae ratione vel anima carent, confestim amittitur possessio, homines autem retinentur, si revertendi animum haberent.

III. Schutz des Eigentums und Besitzes.

§ 57. Die Eigentumsklage und die Publicianische Klage.

341. l. 9 Dig. de rei vind. 6, 1.

Ulpianus libro sexto decimo ad edictum Officium autem iudicis[3]) in hac actione in hoc erit, ut [iudex] inspiciat, an reus possideat: nec

[1]) Einschub von Mommsen.

[2]) Verbesserung Mommsen's. fieri die Handschr.

[3]) praetoris: Ulpian?

ad rem pertinebit, ex qua causa possideat: ubi enim probavi rem meam esse, necesse habebit possessor restituere, qui non obiecit aliquam exceptionem. quidam tamen, ut Pegasus, eam solam possessionem putaverunt hanc actionem complecti, quae locum habet in interdicto uti possidetis vel utrubi. denique ait ab eo, [apud quem deposita est vel commodata vel qui conduxerit aut] qui legatorum servandorum causa vel dotis ventrisve nomine in possessione esset vel cui damni infecti nomine non cavebatur [1]), [quia hi omnes non possident,] vindicari non posse. puto autem ab omnibus, qui tenent et habent restituendi facultatem, peti posse.

342. § 2 Inst. de actionibus 4, 6.

Aeque si agat ius sibi esse fundo forte vel aedibus utendi fruendi vel per fundum vicini eundi agendi vel ex fundo vicini aquam ducendi, in rem actio est. eiusdem generis est actio de iure praediorum urbanorum, veluti si agat ius sibi esse altius aedes suas tollendi prospiciendive vel proiciendi aliquid vel immittendi in vicini aedes. contra quoque de usu fructu et de servitutibus praediorum rusticorum, item praediorum urbanorum invicem quoque proditae sunt actiones, ut quis intendat ius non esse adversario utendi fruendi, eundi agendi aquamve ducendi, item altius tollendi, prospiciendi, proiciendi, immittendi: istae quoque actiones in rem sunt, sed negativae. quod genus actionis in controversiis rerum corporalium proditum non est: nam in his is agit qui non possidet: ei vero qui possidet non est actio prodita, per quam neget rem actoris esse. sane uno casu qui possidet nihilo minus actoris partes optinet, sicut in latioribus digestorum libris opportunius apparebit.

343. l. 1, 3 Dig. de rei vind. 6, 1.

Ulpianus libro sexto decimo ad edictum Per hanc autem actionem non solum singulae res vindicabuntur, sed posse etiam gregem vindicari Pomponius libro lectionum vicensimo quinto scribit. idem et de armento et de equitio ceterisque, quae gregatim habentur, dicendum est. sed enim gregem sufficiet ipsum nostrum esse, licet singula capita nostra non sint: grex enim, non singula corpora vindicabuntur.

344. l. 79 Dig. de verb. signif. 50, 16.

Paulus libro sexto ad Plautium 'Impensae necessariae' sunt,
1 quae si factae non sint, res aut peritura aut deterior futura sit. 'Utiles

[1]) Vgl. Nr. 269. 270.

impensas' esse Fulcinius ait, quae meliorem dotem faciant, non de-
teriorem esse non sinant, ex quibus reditus mulieri adquiratur: sicuti
arbusti pastinationem ultra quam necesse fuerat, item doctrinam
puerorum. quorum nomine onerari mulierem ignorantem vel invitam
non oportet, ne cogatur fundo aut mancipiis carere. in his impensis 2
et pistrinum et horreum insulae dotali adiectum plerumque dicemus.
'Voluptariae' sunt, quae speciem dumtaxat ornant, non etiam fructum
augent: ut sunt viridia et aquae salientes, incrustationes, loricationes,
picturae [1]).

345. l. 1 pr. Dig. de Publiciana 6, 2.

Ulpianus libro sexto decimo ad edictum Ait praetor: 'Si quis id quod traditur [2]) ex iusta causa non a domino [3]) et nondum usucaptum petet, iudicium dabo'.

§ 58. Persönliche Klagen zum Schutz des Eigentümers.

346 l. 1 Dig. fin. reg. 10, 1.

Paulus libro vicensimo tertio ad edictum Finium regundorum actio in personam est, licet pro vindicatione rei est.

347. l. 4, 10 Dig. fin. reg. 10, 1.

Paulus libro vicensimo tertio ad edictum Hoc iudicium locum habet in confinio praediorum rusticorum: nam in confinio praediorum urbanorum displicuit, neque enim confines hi, sed magis vicini dicuntur et ea communibus parietibus plerumque disterminantur. et ideo et si in agris aedificia iuncta sint, locus huic actioni non erit: et in urbe hortorum latitudo contingere potest, ut etiam finium regundorum agi possit.

348. l. 2 Dig. de damno infecto 39, 2.

Gaius libro vicensimo octavo ad edictum provinciale Damnum infectum est damnum nondum factum, quod futurum veremur.

349. l. 24, 2; 4; 9 Dig. de damno infecto 39, 2.

Ulpianus libro octogensimo primo ad edictum Sed ut ne quid aedium, loci operisve vitio damnum factum sit, stipulatio interponitur de eo sine satisdatione: quae non solum ad totas aedes, sed etiam ad

---

[1]) Vgl. auch Nr. 483.

[2]) mancipatur traditum: Edict und Ulpian?

[3]) non a domino: Tribonian?

partem aedium pertinet. vitium autem aedium et loci esse Labeo ait, quod accidens extrinsecus infirmiores eas facit: denique nemo dixit palustris loci vel harenosi nomine quasi vitiosi committi stipulationem, quia naturale vitium est: et ideo nec[1]) ea stipulatio interponitur neque interposita committetur. 4. Servius quoque putat, si ex aedibus promissoris vento tegulae deiectae damnum vicino dederint, ita eum teneri, si aedificii vitio id acciderit, non si violentia ventorum vel qua alia ratione, quae vim habet divinam. Labeo et rationem adicit, quod, si hoc non admittatur, iniquum erit: quod enim tam firmum aedificium est, ut fluminis aut maris aut tempestatis aut ruinae aut incendii aut terrae motus vim sustinere possit? 9. Item apud Vivianum relatum est, si ex agro vicini arbores vi tempestatis confractae in meum agrum deciderint eoque facto vitibus meis vel segetibus nocent vel aedificia demoliunt, stipulationem istam, in qua haec comprehenduntur 'si quid arborum locive vitio acciderit', non esse utilem, quia non arborum vitio, sed vi ventorum damnum mihi datum est. plane si vetustate arborum hoc fiebat, possumus dicere vitio arborum damnum mihi dari.

350. l. 18 pr. Dig. de damno infecto 39, 2.

Paulus libro quadragensimo octavo ad edictum Damni infecti stipulatio competit non tantum ei, cuius in bonis res est, sed etiam cuius periculo res est.

351. l. 7 pr. Dig. de damno infecto 39, 2.

Ulpianus libro quinquagensimo tertio ad edictum Praetor ait: 'Damni infecti suo nomine promitti, alieno satisdari iubebo ei, qui iuraverit non calumniae causa id se postulare eumve cuius nomine aget postulaturum fuisse, in eam diem, quam causa cognita statuero. si controversia erit, dominus sit nec ne qui cavebit, sub exceptione satisdari iubebo. de eo opere, quod in flumine publico ripave eius fiet, in annos decem satisdari iubebo. eum, cui ita non cavebitur, in possessionem eius rei, cuius nomine ut caveatur postulabitur, ire et, cum iusta causa esse videbitur, etiam possidere iubebo. in eum, qui neque caverit neque in possessione esse neque possidere passus erit, iudicium dabo, ut tantum praestet, quantum praestare eum oporteret, si de ea re ex decreto meo eiusve, cuius de ea re iurisdictio fuit quae mea est, cautum fuisset. eius rei nomine, in cuius possessio-

---

[1]) Mommsen schiebt eim ob.

nem misero, si ab eo, qui in possessione erit, damni infecti non[1]) satisdabitur, eum, cui non satisdabitur, simul in possessione esse iubebo'.

352. l. 9 pr. Dig. de damno infecto 39, 2.

Ulpianus libro quinquagensimo tertio ad edictum Hoc amplius Iulianus posse dici compellendum eum, ut etiam de praeterito damno caveret: quod enim re integra custoditur, hoc non inique etiam post ruinam aedium praestabitur. integra autem re unusquisque cogitur aut de damno infecto cavere aut aedibus carere, quas non defendit. denique, inquit, si quis propter angustias temporis aut quia rei publicae causa aberat non potuerit damni infecti stipulari, non inique praetorem curaturum, ut dominus vitiosarum aedium aut damnum sarciat aut aedibus careat. sententiam Iuliani utilitas comprobat.

353. l. 2 pr. Dig. de aquae pluv. arc. 39, 3.

Paulus libro quadragensimo nono ad edictum In summa tria sunt, per quae inferior locus superiori servit, lex, natura loci, vetustas: quae semper pro lege habetur[2]), minuendarum scilicet litium causa.

354. l. 1, 1 Dig. de aquae pluv. arc. 39, 3.

Ulpianus libro quinquagensimo tertio ad edictum Haec autem actio locum habet in damno nondum facto, opere tamen iam facto [hoc est de eo opere, ex quo damnum timetur]: totiensque locum habet, quotiens manu facto opere agro aqua nocitura est, id est cum quis manu fecerit, quo aliter flueret, quam natura soleret, si forte immittendo eam aut maiorem fecerit aut citatiorem aut vehementiorem aut si comprimendo redundare effecit. quod si natura aqua noceret, ea actione non continentur.

355. l. 6, 7 Dig. de aqu. pluv. arc. 39, 3.

Ulpianus libro quinquagesimo tertio ad edictum Celsus scribit, si quid ipse fecit, quo tibi aqua pluvia noceat, mea impensa tollere me cogendum, si quid[3]) alius qui ad me non pertinet, sufficere, ut patiar te tollere. sed si servus meus fecerit aut is cui heres sum hoc fecit, servum quidem noxae dedere debeo: quod autem is cui heres sum fecit, perinde est, atque si ipse fecissem.

---

[1]) non: Brencmann; nomine: die Handschriften.

[2]) Vgl. Nr. 4.

[3]) Krüger: quis.

356. l. 1, 16 Dig. de oper. nov. nunt. 39, 1.

Ulpianus libro quinquagesimo secundo ad edictum Nuntiatio fit aut iuris nostri conservandi causa aut damni depellendi aut publici iuris tuendi gratia.

357. l. 1, 2 Dig. de oper. nov. nunt. 39, 1.

Ulpianus libro quinquagesimo secundo ad edictum Nuntiatio ex hoc edicto non habet necessariam praetoris aditionem; potest enim nuntiare quis et si eum non adierit.

358. l. 8, 4 Dig. de oper. nov. nunt. 39, 1.

Paulus libro quadragensimo octavo ad edictum Sciendum est facta operis novi nuntiatione cui nuntiatum est abstinere oportere, donec caveat vel donec remissio nuntiationis fiat: tunc enim, si ius aedificandi habet, recte aedificabit.

359. l. 20, 9; 10 Dig. de oper. nov. nunt. 39, 1.

Ulpianus libro septuagensimo primo ad edictum Deinde ait praetor: 'Quem in locum nuntiatum est, ne quid operis novi fieret, qua de re agitur, si de ea re satisdatum est, quod eius cautum sit aut per te stat, quo minus satisdetur: quo minus illi in eo loco opus facere liceat, vim fieri veto'. Hoc interdictum prohibitorium est, ne quis prohibeat facere volentem eum qui satisdedit: etenim pertinet ad decus urbium aedificia non derelinqui.

360. l. 1, 6 Dig. de oper. nov. nunt. 39, 1.

Ulpianus libro quinquagesimo secundo ad edictum In[1]) operis autem novi nuntiatione possessorem adversarium facimus.

361. l. 1 pr. § 1 Dig. quod vi aut clam 43, 24.

Ulpianus libro septuagensimo primo ad edictum Praetor ait: 'Quod vi aut clam factum est, qua de re agitur, id, *si non plus quam annus est* cum experiendi potestas est, restituas'. Hoc interdictum restitutorium est et per hoc occursum est calliditati eorum, qui vi aut clam quaedam moliuntur: iubentur enim ea restituere.

362. l. 20, 5 Dig. quod vi aut clam 43, 24.

Paulus libro tertio decimo ad Salinum Sive in privato sive in publico opus fiat sive in loco sacro sive in religioso, interdictum competit.

---

[1]) Mommsen tilgt das Wort.

363. l. 1, 6 Dig. quod vi aut clam 43, 24.

Ulpianus libro septuagensimo primo ad edictum Sed et si quis iactu vel minimi lapilli prohibitus facere perseveraverit facere, hunc quoque vi fecisse videri Pedius et Pomponius scribunt, eoque iure utimur.

364. l. 11, 14 Dig. quod vi aut clam 43, 24.

Ulpianus libro septuagensimo primo ad edictum Idem Iulianus scribit interdictum hoc non solum domino praedii, sed etiam his, quorum interest opus factum non esse, competere.

365. l. 16 pr. § 2 Dig. quod vi aut clam 43, 24.

Paulus libro sexagensimo septimo ad edictum Competit hoc interdictum etiam his, qui non possident, si modo eorum interest. **2.** In summa qui vi aut clam fecit, si possidet, patientiam et impensam tollendi operis: qui fecit nec possidet, impensam: qui possidet nec fecit, patientiam tantum debet.

§ 59. Besitzschutz.

366. l. 1 pr. Dig. uti possidetis 43, 17.

Ulpianus libro sexagensimo nono ad edictum Ait praetor: 'Uti eas aedes, quibus de agitur, nec vi nec clam nec precario alter ab altero possidetis, quo minus ita possideatis, vim fieri veto[1]). de cloacis hoc interdictum non dabo. neque pluris, quam quanti res erit, intra annum, quo primum experiundi potestas fuerit, agere [2]) permittam'.

367. l. 24 Dig. de rei vind. 6, 1.

Gaius libro septimo ad edictum provinciale Is qui destinavit rem petere animadvertere debet, an aliquo interdicto possit nancisci possessionem, quia longe commodius est ipsum possidere et adversarium ad onera petitoris compellere quam alio possidente petere.

368. l. un. Dig. utrubi 43, 31.

Ulpianus libro septuagensimo secundo ad edictum Praetor ait: 'Utrubi hic homo, quo de agitur, maiore parte huiusce anni fuit, quo minus is eum ducat, vim fieri veto'. Hoc interdictum de possessione rerum mobilium locum habet: [sed optinuit vim eius exaequatam fuisse uti possidetis interdicto, quod de rebus soli competit, ut is et in hoc

---

1) Vgl. Nr. 314.

2) sponsionem facere: das Edict nach Lenel.

interdicto vincat, qui nec vi nec clam nec precario, dum super hoc ab adversario inquietatur, possessionem habet] [1]).

369. Gai. 4, 152.

Annus autem retrorsus numeratur: itaque si tu verbi gratia octo mensibus possederis prioribus et ego septem posterioribus, ego potior ero, quod trium priorum mensium possessio nihil tibi in hoc interdicto prodest, quod alterius anni possessio est.

370. l. 156 Dig. de verb. signif. 50, 16.

Licinnius Rufinus libro decimo regularum 'Maiore parte anni' possedisse quis intellegitur, etiamsi duobus mensibus possederit, si modo adversarius eius aut paucioribus diebus aut nullis possederit.

371. § 4 a. Inst. de interd. 4, 15.

Sed interdicto quidem uti possidetis de fundi vel aedium possessione contenditur, utrubi vero interdicto de rerum mobilium possessione. quorum vis et potestas plurimam inter se differentiam apud veteres habebat: nam uti possidetis interdicto is vincebat, qui interdicti tempore possidebat, si modo nec vi nec clam nec precario nanctus fuerat ab adversario possessionem, etiamsi alium vi expulerit aut clam abripuerit alienam possessionem aut precario rogaverat aliquem, ut sibi possidere liceret: utrubi vero interdicto is vincebat, qui maiore parte eius anni nec vi nec clam nec precario ab adversario possidebat. hodie tamen aliter observatur: nam utriusque interdicti potestas quantum ad possessionem pertinet exaequata est, ut ille vincat et in re soli et in re mobili, qui possessionem nec vi nec clam nec precario ab adversario litis contestationis tempore detinet.

372. l. 13, 3 Dig. de usufr. 7, 1.

Ulpianus libro octavo decimo ad Sabinum Sed si inter duos fructuarios sit controversia, Iulianus libro trigensimo octavo digestorum scribit aequissimum esse quasi communi dividundo iudicium dari vel stipulatione inter se eos cavere, qualiter fruantur: cur enim, inquit Iulianus, ad arma et rixam procedere patiatur praetor, quos potest iurisdictione sua componere? quam sententiam Celsus quoque libro vicensimo digestorum probat, et ego puto veram.

---

[1]) Vgl. Nr. 371.

373. Cic. pro Caecina c. 19 § 55 sq.

Unde tu aut familia aut procurator tuus illum vi hominibus coactis armatisve deiecisti, eo restituas.

374. l. 1 pr. Dig. de vi et de vi armata 43, 16.

Ulpianus libro sexagensimo nono ad edictum Praetor ait: 'Unde tu illum vi deiecisti aut familia tua deiecit, de eo quaeque ille tunc ibi habuit tantummodo intra annum, post annum de eo, quod ad eum qui vi deiecit pervenerit, iudicium dabo'[1]).

375. Interdictum unde vi *(Lenel, Edict² p. 449).*

Unde in hoc anno tu illum vi deiecisti aut familia tua deiecit. cum ille possideret, quod nec vi nec clam nec precario a te possideret, eo illum quaeque ille tunc ibi habuit restituas.

376. c(anon) 3 C(ausa) 3 qu(aestio) 1.

Redintegranda sunt omnia expoliatis vel eiectis episcopis presentialiter ordinatione pontificum et in eo loco, unde abscesserant, funditus revocanda, quacumque conditione temporis aut captivitate aut dolo aut violentia malorum et per quascumque iniustas causas res ecclesiae vel proprias id est suas substantias perdidisse noscuntur, ante accusationem aut regularem ad synodum vocationem eorum.

377. cap. 18 X de rest. spol. 2, 13 *(a. 1215).*

Saepe contingit, quod spoliatus iniuste, per spoliatorem in alium re translata, dum adversus possessorem non subvenitur per restitutionis beneficium spoliato, commodo possessionis amisso propter difficultatem probationum iuris proprietatis amittit effectum. Unde, non obstante iuris civilis rigore, sancimus, ut si quis de cetero scienter rem talem receperit, cum spoliatori quasi succedat in vitium, eo quod non multum intersit, praesertim quoad periculum animae, iniuste detinere ac invadere alienum, contra possessorem huiusmodi spoliato per restitutionis beneficium succurratur.

IV. Servituten.

§ 60. Allgemeine Regeln.

378. l. 1 Dig. de servitut. 8, 1.

Marcianus libro tertio regularum Servitutes aut personarum

[1]) Das Interdikt ist von den Kompilatoren stark umgeändert. Vgl. Nr. 375.

sunt, ut usus et usus fructus, aut rerum, ut servitutes rusticorum praediorum et urbanorum.

379. l. 15, 1 Dig. de servitut. 8, 1.

Pomponius libro trigensimo tertio ad Sabinum Servitutium non ea natura est, ut aliquid faciat quis, veluti viridia tollat aut[1]) amoeniorem prospectum praestet, aut in hoc ut in suo pingat, sed ut aliquid patiatur aut non faciat.

380. l. 33 Dig. de servitut. praed. urban. 8, 2.

Paulus libro quinto epitomarum Alfeni digestorum Eum debere columnam restituere, quae onus vicinarum aedium ferebat, cuius essent aedes, quae servirent, non eum qui imponere vellet. nam cum in lege aedium ita scriptum esset: 'paries oneri ferundo uti nunc est, ita sit', satis aperte significari in perpetuum parietem esse debere: non enim hoc his verbis dici, ut in perpetuum idem paries aeternus esset, quod ne fieri quidem posset, sed uti eiusdem modi paries in perpetuum esset qui onus sustineret: quemadmodum si quis alicui cavisset, ut servitutem praeberet, qui onus suum sustineret, si ea res quae servit et tuum onus ferret, perisset, alia in locum eius dari debeat.

381. l. 6,2 Dig. si servitut. vindicetur 8,5.

Ulpianus libro septimo decimo ad edictum Etiam de servitute, quae oneris ferendi causa imposita erit, actio nobis competit, ut et onera ferat et aedificia reficiat ad eum modum, qui servitute imposita comprehensus est. et Gallus putat n o n p o s s e i t a s e r v i t u t e m i m p o n i , u t q u i s f a c e r e a l i q u i d c o g e r e t u r , sed ne me facere prohiberet: nam in omnibus servitutibus refectio ad eum pertinet, qui sibi servitutem adserit, non ad eum, cuius res servit. sed evaluit Servi sententia, in proposita specie ut possit quis defendere ius sibi esse cogere adversarium reficere parietem ad onera sua sustinenda. Labeo autem hanc servitutem non hominem debere, sed rem; denique licere domino rem derelinquere scribit.

382. l. 5 pr. Dig. si usus fructus petetur 7, 6.

Ulpianus libro septimo decimo ad edictum Uti frui ius sibi esse solus potest intendere, qui habet usum fructum, dominus autem fundi non potest, quia qui habet proprietatem, utendi fruendi ius separatum non habet: n e c e n i m p o t e s t e i s u u s f u n d u s

---

[1]) Mommsen schlägt vor: viridia attollat, ut.

servire[1]): de suo enim, non de alieno iure quemque agere oportet. quamquam enim actio negativa domino competat adversus fructuarium, magis tamen de suo iure agere videtur, quam alieno, cum invito se negat ius esse utendi fructuario vel sibi ius esse prohibendi. quod si forte qui agit dominus proprietatis non sit, quamvis fructuarius ius utendi non habet, vincet tamen iure, quo possessores sunt potiores, licet nullum ius habeant.

§ 61. Personalservituten.

383. pr. Inst. de usu fructu 2, 4.

Usus fructus est ius alienis rebus utendi fruendi salva rerum substantia. est enim ius in corpore: quo sublato et ipsum tolli necesse est.

384. l. 14, 3 Dig. de usu et habit. 7, 8.

Ulpianus libro septimo decimo ad Sabinum Poterit autem apud alium esse usus, apud alium fructus sine usu, apud alium proprietas: veluti si qui habet fundum, legaverit Titio usum, mox heres eius tibi fructum legaverit vel alio modo constituerit.

385. l. 15, 1 Dig. de usu fructu 7, 1.

Ulpianus libro octavo decimo ad Sabinum Mancipiorum quoque usu fructu legato non debet abuti, sed secundum condicionem eorum uti: nam si librarium rus mittat et qualum et calcem portare cogat, histrionem balniatorem faciat, vel de symphonia atriensem, vel de palaestra stercorandis[2]) latrinis praeponat, abuti videbitur proprietate.

386. l. 1 pr. Dig. usufructuar. quemadmod. cav. 7, 9.

Ulpianus libro septuagensimo nono ad edictum Si cuius rei usus fructus legatus sit, aequissimum praetori visum est de utroque legatarium cavere: et usurum se boni viri arbitratu et, cum usus fructus ad eum pertinere desinet, restituturum quod inde exstabit.

387. § 2 Inst. de usu fructu 2, 4.

Constituitur autem usus fructus non tantum in fundo et aedibus, verum etiam in servis et iumentis ceterisque rebus exceptis his quae ipso usu consumuntur: nam eae neque naturali ratione neque civili recipiunt usum fructum. quo numero sunt vinum oleum frumentum

[1]) Vgl. Nr. 276.

[2]) destercorandis: Brencmann.

vestimenta. quibus proxima est pecunia numerata: namque in ipso usu adsidua permutatione quodammodo extinguitur. sed utilitatis causa senatus censuit posse etiam earum rerum usum fructum constitui, ut tamen eo nomine heredi utiliter caveatur. itaque si pecuniae usus fructus legatus sit, ita datur legatario, ut eius fiat, et legatarius satisdat heredi de tanta pecunia restituenda, si morietur aut capite minuetur. ceterae quoque res ita traduntur legatario, ut eius fiant: sed aestimatis his satisdatur, ut, si morietur aut capite minuetur, tanta pecunia restituatur, quanti eae fuerint aestimatae. ergo senatus non fecit quidem earum rerum usum fructum (nec enim poterat). sed per cautionem quasi usum fructum constituit.

388. l. 4, 1 Dig. de usu et habit. 7, 8.

Ulpianus libro septimo decimo ad Sabinum Mulieri autem si usus relictus sit, posse eam et cum marito habitare Quintus Mucius primus admisit, ne ei matrimonio carendum foret, cum uti vult domo. nam per contrarium quin uxor cum marito possit habitare, nec fuit dubitatum. quid ergo si viduae legatus sit, an nuptiis contractis post constitutum usum mulier habitare cum marito possit? et est verum, ut et Pomponius libro quinto et Papinianus libro nono decimo quaestionum probat, posse eam cum viro et postea nubentem habitare. hoc amplius Pomponius ait et cum socero habitaturam.

389. l. 19 Dig. de usu et habit. 7, 8.

Paulus libro tertio ad Vitellium Usus pars legari non potest: nam frui quidem pro parte possumus, uti pro parte non possumus.

§ 62. Praedialservituten.

390. l. 86 Dig. de verb. signif. 50, 16.

Celsus libro quinto digestorum Quid aliud sunt 'iura praediorum' quam praedia qualiterqualiter[1]) se habentia: ut bonitas, salubritas, amplitudo?

391. l. 8 pr. Dig. de servitut. 8, 1.

Paulus libro quinto decimo ad Plautium Ut pomum decerpere liceat et ut spatiari et ut cenare in alieno possimus, servitus imponi non potest.

---

[1]) so Mommsen; qualiter: die Handschriften.

392. l. 28 Dig. de servitut. praed. urban. 8, 2.

Paulus libro quinto decimo ad Sabinum Foramen in imo pariete conclavis vel triclinii, quod esset proluendi pavimenti causa, id neque flumen esse neque tempore adquiri placuit. hoc ita verum est, si in eum locum nihil ex caelo aquae veniat (neque enim perpetuam causam habet quod manu fit): at quod ex caelo cadit, etsi non adsidue fit, ex naturali tamen causa fit et ideo perpetuo fieri existimatur. omnes autem servitutes praediorum perpetuas causas habere debent, et ideo neque ex lacu neque ex stagno concedi aquae ductus potest. stillicidii quoque immittendi naturalis et perpetua causa esse debet.

393. l. 9 Dig. de servitut. 8, 1.

Celsus libro quinto digestorum Si cui simplici usu[1]) via per fundum cuiuspiam cedatur vel relinquatur, in infinito, videlicet per quamlibet eius partem, ire agere licebit, civiliter modo: nam quaedam in sermone tacite excipiuntur. non enim per villam ipsam nec per medias vineas ire agere sinendus est, cum id aeque commode per alteram partem facere possit minore servientis fundi detrimento. verum constitit, ut, qua primum viam direxisset, ea demum ire agere deberet nec amplius mutandae eius potestatem haberet: sicuti Sabino quoque videbatur, qui argumento rivi utebatur, quem primo qualibet ducere licuisset, posteaquam ductus esset, transferre non liceret: quod et in via servandum esse verum est.

394. Pomponii Fragmentum *(ab Arnoldo Ferrando publici iuris factum a. 1536; Iurisprud. Anteiustiniana p. 96).*

Et servitutes dividi non possunt: nam earum usus ita conexus est, ut qui eum partiatur, naturam eius corrumpat[2]).

395. l. 8, 1 Dig. de servitut. 8, 1.

Paulus libro quinto decimo ad Plautium Si praedium tuum mihi serviat, sive ego partis praedii tui dominus esse coepero sive tu mei, per partes servitus retinetur, licet ab initio per partes adquiri non poterat.

396. l. 242, 1 Dig. de verb. signif. 50, 16.

Iavolenus libro secundo ex posterioribus Labeonis Inter 'proiectum' et 'immissum' hoc interesse ait Labeo, quod proiectum esset

---

[1]) simplici usu: die Bologneser Handschriften. simplicius: die Florentina.

[2]) Vgl. Nr. 446.

id quod ita proveheretur ut nusquam requiesceret, qualia maeniana et suggrundae essent: immissum autem, quod ita fieret, ut aliquo loco requiesceret, veluti tigna, trabes quae inmitteretur[1]).

§ 63. Begründung der Servituten.

397. Gai. 2, 29—33.

Sed iura praediorum urbanorum in iure cedi *tantum* possunt; rusticorum vero etiam mancipari possunt. **30.** Ususfructus in iure cessionem tantum recipit: nam dominus proprietatis alii usumfructum in iure cedere potest, ut ille usumfructum habeat et ipse nudam proprietatem *retineat.* ipse usufructuarius in iure cedendo domino proprietatis usumfructum efficit, ut a se discedat et convertatur in proprietatem; alii vero in iure cedendo nihilo minus ius suum retinet: creditur enim ea cessione nihil agi. **31.** Sed haec scilicet in Italicis praediis ita sunt, quia et ipsa praedia mancipationem et in iure cessionem recipiunt. alioquin in provincialibus praediis sive quis usumfructum sive ius eundi agendi aquamve ducendi vel altius tollendi aedes aut non tollendi, ne luminibus vicini officiatur, ceteraque similia iura constituere velit, pactionibus et stipulationibus id efficere potest; quia ne ipsa quidem praedia mancipationem aut *in* iure cessionem recipiunt. **32** *S*et cum ususfructus et hominum et ceterorum animalium constitui possit, intellegere debemus *horum* usumfructum etiam in provinciis per in iure cessionem constitui posse. **33.** Quod autem diximus usumfructum in iure cessionem tantum recipere, non est temere dictum, quamvis etiam per mancipationem constitui possit eo, quod in mancipanda proprietate detrahi potest; non enim ipse ususfructus mancipatur, sed cum in mancipanda proprietate deducatur, eo fit, ut apud alium ususfructus, apud alium proprietas sit.

398. l. 3, 14 Dig. de vi 43, 16.

Ulpianus libro sexagensimo nono ad edictum Uti frui autem prohibuisse is videtur, qui vi deiecit utentem et fruentem aut non admisit, cum ex fundo exisset non usus fructus deserendi causa. ceterum si quis ab initio volentem incipere uti frui prohibuit, hoc interdictum locum non habet. quid ergo est? debet fructuarius usum fructum vindicare.

---

[1]) trabesque quae inmitterentur: Cramer.

399. l. 10,1 Dig. de usurp. et usuc. 41,3.

Ulpianus libro sexto decimo ad edictum Hoc iure utimur, ut servitutes per se nusquam longo tempore[1]) capi possint, cum aedificiis possint.

§ 64. Endigung der Servituten.

400. § 3 Inst. de usu fructu 2,4.

Finitur autem usus fructus morte fructuarii et duabus capitis deminutionibus, maxima et media, et non utendo per modum et tempus. quae omnia nostra statuit constitutio[2]). item finitur usus fructus, si domino proprietatis ab usufructuario cedatur (nam extraneo cedendo nihil agitur): vel ex contrario si fructuarius proprietatem rei adquisierit, quae res consolidatio appellatur. eo amplius constat, si aedes incendio consumptae fuerint vel etiam terrae motu aut vitio suo corruerint, extingui usum fructum et ne areae quidem usum fructum deberi.

401. l. 1 Dig. quemadm. servitut. amittuntur 8,6.

Gaius libro septimo ad edictum provinciale Servitutes praediorum confunduntur, si idem utriusque praedii dominus esse coeperit.

402. l. 6 Dig. de servitut. praed. urban. 8,2.

Gaius libro septimo ad edictum provinciale Haec autem iura similiter ut rusticorum quoque praediorum certo tempore[3]) non utendo pereunt: nisi quod haec dissimilitudo est, quod non omnimodo pereunt non utendo, sed ita, si vicinus simul libertatem usucapiat. veluti si aedes tuae aedibus meis serviant, ne altius tollantur, ne luminibus mearum aedium officiatur, et ego per statutum tempus[4]) fenestras meas praefixas habuero vel obstruxero, ita demum ius meum amitto, si tu per hoc tempus aedes tuas altius sublatas habueris: alioquin si nihil novi feceris, retineo servitutem. item si tigni immissi aedes tuae servitutem debent et ego exemero tignum, ita demum amitto ius meum, si tu foramen, unde exemptum est tignum, obturaveris et per constitutum tempus[4]) ita habueris: alioquin si nihil novi feceris, integrum ius suum[5]) permanet.

---

[1]) longo tempore: Tribonian. Ulpian: usu.
[2]) c. 16 Cod. de usu fructu 3, 33.
[3]) certo tempore: Tribonian. Gaius: biennio.
[4]) biennium: Gaius.
[5]) 'ius suum' tilgt Mommsen.

§ 65. Rechtsschutz der Servituten.

403. l. 2 pr. Dig. si serv. vind. 8, 5.

Ulpianus libro septimo decimo ad edictum De servitutibus in rem actiones competunt nobis ad exemplum earum quae ad usum fructum pertinent, tam confessoria quam negatoria, confessoria ei qui servitutes sibi competere contendit, negatoria domino qui negat[1]).

404. Interdictum 'uti possidetis' utile *(Lenel Edict.² pag. 457).*

Uti eo fundo quo de agitur nec vi nec clam nec precario alter ab altero utimini fruimini, quo minus ita utamini fruamini, vim fieri veto.

405. Interdictum 'unde vi' utile. *(Lenel Edict.² p. 452).*

Quo fundo in hoc anno tu illum uti frui prohibuisti aut familia tua prohibuit, cum ille nec vi nec clam nec precario a te uteretur frueretur, eo . . restituas.

406. l. 1 pr. Dig. de itinere actuque privato 43, 19.

Ulpianus libro septuagensimo ad edictum Praetor ait: 'Quo itinere actuque [privato], quo de agitur, [vel via] hoc anno nec vi nec clam nec precario ab illo usus es, quo minus ita utaris, vim fieri veto.'

V. Emphyteuse und Superficies.

§ 66. Emphyteuse.

407. c. 1 Cod. de emphyteutico iure 4, 66.

Imp. Zeno A. Sebastiano pp. (a. 476—484) Ius emphyteuticarium neque conductionis neque alienationis esse titulis addicendum, sed hoc ius tertium sit constitutum ab utriusque memoratorum contractuum societate seu similitudine separatum, conceptionem definitionemque habere propriam et iustum esse validumque contractum, in quo cuncta, quae inter utrasque contrahentium partes super omnibus vel etiam fortuitis casibus pactionibus scriptura interveniente habitis placuerint, firma illibataque perpetua stabilitate modis omnibus debeant custodiri etc.

---

[1]) Vgl. Nr. 382. 441

§ 67. Superficies.

408. l. 1 pr. Dig. de superficiebus 43, 18.

Ulpianus libro septuagensimo ad edictum Ait praetor: 'Uti ex lege locationis sive conductionis superficie, qua de agitur, nec vi nec clam nec precario alter ab altero fruimini, quo minus *ita* fruamini, vim fieri veto. si qua alia actio de superficie postulabitur, causa cognita dabo.'

VI. Pfandrecht.

§ 68. Begriff.

409. l. 238, 2 Dig. de verb. signif. 50, 16.

Gaius libro sexto ad legem duodecim tabularum Pignus appellatum a pugno, quia res, quae pignori dantur, manu traduntur. unde etiam videri potest verum esse, quod quidam putant, pignus proprie rei mobilis constitui.

410. l. 25 Dig. de regul. iur. 50, 17.

Pomponius libro undecimo ad Sabinum Plus cautionis in re est quam in persona.

411. l. 43 Dig. de solut. 46, 3.

Ulpianus libro secundo regularum In omnibus speciebus liberationum etiam accessiones liberantur, puta adpromissores, hypothecae, pignora.

412. l. 5, 1 Dig. de pignor. 20, 1.

Marcianus libro singulari ad formulam hypothecariam Inter pignus autem et hypothecam tantum nominis sonus differt.

413. c. 11, 1 Cod. qui potiores in pignore 8, 17 (18).

Imp. Leo A. Erythrio pp. (a. 472) Sin autem ius pignoris vel hypothecae ex huiusmodi instrumentis vindicare quis sibi contenderit, eum qui instrumentis publice confectis nititur praeponi, etiamsi posterior dies his contineatur, nisi forte probatae atque integrae opinionis trium vel amplius virorum subscriptiones isdem idiochiris contineantur; tunc enim quasi publice confecta accipiuntur.

§ 69. Entstehung des Pfandrechts.

414. l. 1 pr. Dig. de pignerat. act. 13, 7.

Ulpianus libro quadragensimo ad Sabinum Pignus contrahitur non sola traditione, sed etiam nuda conventione, etsi non traditum est.

415. l. 4 Dig. de pignor. 20, 1 fere = l. 4 Dig. de fide instr. 22, 4.

Gaius libro singulari de formula hypothecaria Contrahitur hypotheca per pactum conventum, cum quis paciscatur, ut res eius propter aliquam obligationem sint hypothecae nomine obligatae: nec ad rem pertinet, quibus fit verbis, sicuti est et in his obligationibus quae consensu contrahuntur. et ideo et sine scriptura si convenit, ut hypotheca sit, et probari poterit, res obligata erit de qua conveniunt. fiunt enim de his scripturae, ut quod actum est per eas facilius probari poterit: et sine his autem valet quod actum est, si habeat probationem: sicut et nuptiae sunt, licet testationes in scriptis habitae non sunt.

416. l. 18 Dig. de pignor. 20, 1.

Paulus libro nono decimo ad edictum Si ab eo, qui Publiciana uti potuit quia dominium non habuit, pignori accepi, sic tuetur me per Servianam praetor, quemadmodum debitorem per Publicianam.

§ 70. Gegenstand und Wirkungen des Pfandrechts.

417. l. 9, 1 Dig. de pignor. 20, 1.

Gaius libro nono ad edictum provinciale Quod emptionem venditionemque recipit, etiam pignerationem recipere potest. [1])

418. l. 8 Dig. in quib. caus. pign. 20, 2.

Paulus libro secundo sententiarum Cum debitor gratuita pecunia utatur, potest creditor de fructibus rei sibi pigneratae ad modum legitimum [2]) usuras retinere.

419. l. 13 Dig. de distract. pign. 20, 5.

Paulus libro primo decretorum Creditor, qui iure suo pignus distrahit, ius suum cedere debet et, si pignus possidet, tradere utique debet possessionem.

---

[1]) Vgl. auch § 74 (Nr. 437—442).

[2]) legitimum: Tribonian?

420. l. 16, 9 Dig. de pignor. 20, 1.

Marcianus libro singulari ad formulam hypothecariam Potest ita fieri pignoris datio hypothecaeve, ut, si intra certum tempus non sit soluta pecunia, iure emptoris possideat rem, [iusto pretio tunc aestimandam]: hoc enim casu videtur quodammodo condicionalis esse venditio. et ita divus Severus et Antoninus rescripserunt.

421. c. 3 Cod. de pactis pignor. 8, 34 (35) = c. 1 Cod. Theod. 3, 2.

Imp. Constantinus A. ad populum (a. 326) Quoniam inter alias captiones praecipue commissoriae pignorum legis crescit asperitas, placet infirmari eam et in posterum omnem eius memoriam aboleri.
Si quis igitur tali contractu laborat, hac sanctione respiret, quae 1
cum praeteritis praesentia quoque depellit et futura prohibet. creditores enim re amissa iubemus recuperare quod dederunt.

§ 71. Klagen aus dem Pfandrecht.

422. l. 14 pr. Dig. de pignor. 20, 1.

Ulpianus libro septuagesimo tertio ad edictum Quaesitum est, si nondum dies pensionis venit, an et medio tempore persequi pignora permittendum sit. et puto dandam pignoris persecutionem, quia interest mea: et ita Celsus scribit.

423. l. 29, 2 Dig. de pignor. 20, 1.

Paulus libro quinto responsorum Domus pignori data exusta est eamque aream emit Lucius Titius et exstruxit: quaesitum est de iure pignoris. Paulus respondit pignoris persecutionem perseverare et ideo ius soli superficiem secutam videri, [id est cum iure pignoris:] sed bona fide possessores non aliter cogendos creditoribus aedificium restituere, quam ⟨si⟩ sumptus in exstructione erogatos[, quatenus pretiosior res facta est,] reciperent.

424. l. 12, 1 Dig. quib. mod. pign. vel hypoth. solvitur, 20, 6.

Paulus libro quinto responsorum Qui pignoris iure rem persequuntur, a vindicatione rei eos removeri solere, si qualiscumque possessor offerre vellet: neque enim debet quaeri de iure possessionis, cum ius petitoris removeatur soluto pignore.

425. c. 2 Cod. de pignor. 8, 13 (14).

Impp. Severus et Antoninus AA. Lucio (a. 204) Quamvis constet specialiter quaedam et universa bona generaliter adversarium tuum

pignori accepisse et aequale ius in omnibus habere, iurisdictio tamen
1 temperanda est. Ideoque si certum est posse eum ex his, quae nominatim ei pignori obligata sunt, universum redigere debitum, ea, quae postea ex isdem bonis pignori accepisti, interim non auferri praeses iubebit.

§ 72. Mehrheit der Pfandrechte.

426. l. 12, 2 Dig. qui potior. in pign. 20, 4.

Marcianus libro singulari ad formulam hypothecariam Si primus, qui sine hypotheca credidit, post secundum, qui utrumque fecit, ipse hypothecam accepit, sine dubio posterior in hypotheca est: unde[1]) si in diem de hypotheca convenit, dubium non est, quin potior sit, licet ante diem cum alio creditore pure de eadem re convenit.

427. l. 9 pr. Dig. qui potior. in pign. 20, 4.

Africanus libro octavo quaestionum Qui balneum ex calendis ⟨Iuliis⟩ proximis conduxerat, pactus erat, ut homo Eros pignori locatori esset, donec mercedes solverentur: idem ante calendas Iulias eundem Erotem alii ob pecuniam creditam pignori dedit. consultus, an adversus hunc creditorem petentem Erotem locatorem praetor tueri deberet, respondit debere: licet enim eo tempore homo pignori datus esset, quo nondum quicquam pro conductione deberetur, quoniam tamen iam tunc in ea causa Eros esse coepisset, ut invito locatore ius pignoris in eo solvi non posset, potiorem eius causam habendam.[2])

428. l. 5 Dig. qui potior. in pign. 20, 4.

Ulpianus libro tertio disputationum Interdum posterior potior est priori, ut puta si in rem istam conservandam impensum est quod sequens credidit: veluti si navis fuit obligata et ad armandam eam vel reficiendam ego credidero.

429. c. 7 Cod. qui potiores in pign. 8, 17 (18).

Impp. Diocletianus et Maximianus AA. et CC. Iuliano (a. 293) Licet isdem pignoribus multis creditoribus diversis temporibus datis priores habeantur potiores, tamen eum, cuius pecunia praedium comparatum probatur, quod ei pignori esse specialiter statim convenit, omnibus anteferri iuris auctoritate declaratur.

---

[1]) 'unde' tilgt Krüger.

[2]) Vgl. Nr. 188.

430. l. 11, 1 Dig. de pignerat. act. 13, 7.

Ulpianus libro vicensimo octavo ad edictum Novata autem debiti obligatio pignus peremit, nisi convenit, ut pignus repetatur.

431. l. 3 Dig. quae res pignori 20, 3.

Paulus libro tertio quaestionum Aristo Neratio Prisco scripsit: etiamsi ita contractum sit, ut antecedens dimitteretur, non aliter[1]) in ius pignoris succedet, nisi convenerit, ut sibi eadem res esset obligata: neque enim in ius primi succedere debet, qui ipse nihil convenit de pignore: quo casu emptoris causa melior efficietur. denique si antiquior creditor de pignore vendendo cum debitore pactum interposuit, posterior autem creditor de distrahendo omisit non per oblivionem, sed cum hoc ageretur, ne posset vendere, videamus, an dici possit huc usque transire ad eum ius prioris, ut distrahere pignus huic liceat. quod admittendum existimo;: saepe enim quod quis ex sua persona non habet, hoc per extraneum habere[2]) potest.

432. l. 17 Dig. qui potior. in pign. 20, 4.

Paulus libro sexto responsorum Eum qui a debitore suo praedium obligatum comparavit, eatenus tuendum, quatenus ad priorem creditorem ex pretio pecunia pervenit.

§ 73. Endigung des Pfandrechts.

433. l. 45 pr. Dig. de reg. iur. 50, 17.

Ulpianus libro trigensimo ad edictum Neque pignus neque depositum neque precarium neque emptio neque locatio rei suae consistere potest.

434. l. 30, 1 Dig. de exc. rei iud. 44, 2.

Paulus libro quarto decimo quaestionum Latinus Largus: cum de hereditate inter Maevium, ad quem pertinebat, et Titium, qui controversiam moverat, transigeretur, traditio rerum hereditariarum Maevio heredi a Titio facta est, in qua traditione etiam fundum ei suum proprium, quem ante multos annos avo eiusdem Maevii heredis obligaverat quemque alii postea in obligationem deduxerat, ex causa pacti tradidit. his gestis posterior Titii creditor ius suum persecutus est et optinuit. post hoc iudicium Maevius heres repperit in rebus

---

[1]) Mommsen schiebt ein: alter.

[2]) competere: Mommsen.

avitis chirographum eiusdem Titii ante multos annos conscriptum, per quod apparuit eum fundum, qui in causam transactionis venerat, etiam avo suo ab eodem Titio fuisse obligatum. cum ergo constet prius avo Maevii heredis in obligationem eundem fundum datum, de quo Maevius superatus est, quaero, an ius avi sui, quod tunc, cum de eodem fundo ageretur, ignorabat, nulla exceptione opposita exsequi possit. respondi: si de proprietate fundi litigatur et secundum actorem pronuntiatum fuisset, diceremus petenti ei, qui in priore iudicio victus est, obstaturam rei iudicatae exceptionem, quoniam de eius quoque iure quaesitum videtur, cum actor petitionem implet. quod si possessor absolutus amissa possessione eundem ab eodem, qui prius non optinuit, peteret, non obesset ei exceptio: nihil enim in suo iudicio de iure eius statutum videretur. cum autem pigneraticia actum est adversus priorem creditorem, potest fieri, ut de iure possessoris non sit quaesitum, quia non, ut in proprietatis quaestione quod meum est alterius non est, ita in obligatione utique consequens est, ut non sit alii obligatum, quod hic probabit sibi teneri. et probabilius dicitur non obstare exceptionem, quoniam de iure possessoris quaesitum non est, sed de sola obligatione. in proposita autem quaestione magis me illud movet, numquid pignoris ius extinctum sit dominio adquisito: neque enim potest pignus perseverare domino constituto creditore. actio tamen pigneraticia competit: verum est enim et pigneri datum et satisfactum non esse, quare puto non obstare rei iudicatae exceptionem.

435. l. 14, 1 Dig. de pignor. 20, 1

Ulpianus libro septuagesimo tertio ad edictum Ex quibus casibus naturalis obligatio consistit, pignus perseverare constitit.

436. l. 61 (59) pr. Dig. ad S. C. Trebell. 36, 1.

Paulus libro quarto quaestionum Debitor sub pignore creditorem heredem instituit eumque rogavit restituere hereditatem filiae suae, [id est testatoris]: cum nollet adire ut suspectam, coactus iussu praetoris adiit et restituit: cum emptorem pignoris non inveniret, desiderabat permitti sibi iure dominii id possidere. respondi: aditione quidem hereditatis confusa obligatio est: videamus autem, ne et pignus liberatum sit sublata naturali obligatione. atquin sive possidet creditor actor idemque heres rem sive non possidet, videamus de effectu rei. et si possidet, nulla actione a fideicommissario conveniri potest, neque pigneraticia, quoniam hereditaria est actio, neque fideicommissum, quasi minus restituerit, recte petetur: quod eveniret, si nullum pignus intercessisset: possidet enim eam rem quasi creditor. sed et si fideicommissarius rem teneat, et hic Serviana actio tenebit: verum est enim non esse solutam pecuniam, quemadmodum dicimus, cum amissa est actio propter exceptionem. igitur non tantum retentio, sed etiam petitio pignoris nomine competit et solutum non repetetur. r e m a n e t e r g o p r o p t e r p i g n u s n a t u r a l i s o b l i g a t i o. in re autem integra non putarem compellendum adire, nisi prius de indemnitate esset ei cautum vel soluta pecunia esset: nam et cum de lucro heres scriptus *sollicitus*[1]) sit, quod forte legatum accepit, si heres non extitisset, responsum est non esse cogendum adire nisi legato praestito. ubi quidem potuit dici nec cogendum esse heredem adire quodammodo contra voluntatem defuncti, qui legando heredi, si non adisset, in ipsius voluntate posuit aditionem: [sed cum testator alterutrum dederit, nos utrumque ei praestamus.]

§ 74. Pfandrecht an Rechten.

437. l. 18 pr. Dig. de pignerat. act. 13, 7.

Paulus libro vicensimo nono ad edictum Si convenerit, ut nomen debitoris mei pignori tibi sit, tuenda est a praetore haec conventio, ut et te in exigenda pecunia et debitorem adversus me, si cum eo experiar, tueatur. ergo si id nomen pecuniarium fuerit, exactam pecuniam tecum pensabis, si vero corporis alicuius, id quod acceperis erit tibi pignoris loco.

438. l. 20 Dig. de pignor. 20, 1.

Ulpianus libro sexagesimo tertio ad edictum Cum convenit, ut is, qui ad refectionem aedificii credidit, de pensionibus iure pignoris ipse creditum recipiat, etiam actiones utiles adversus inquilinos accipiet cautionis exemplo, quam debitor creditori pignori dedit.

439. l. 13, 2 Dig. de pignor. 20, 1.

Marcianus libro singulari ad formulam hypothecariam Cum pignori rem pigneratam accipi posse placuerit, quatenus utraque pecunia debetur, pignus secundo creditori tenetur et tam exceptio quam actio utilis ei danda est: quod si dominus solverit pecuniam, pignus quoque peremitur. sed potest dubitari, numquid creditori nummorum

---

[1]) so Mommsen; die Handschriften: a.

solutorum nomine utilis actio danda sit an non: quid enim, si res soluta fuerit? et verum est, quod Pomponius libro septimo ad edictum scribit, si quidem pecuniam debet is, cuius nomen pignori datum est, exacta ea creditorem secum pensaturum: si vero corpus is debuerit et solverit, pignoris loco futurum apud secundum creditorem.

440. l. 40, 2 Dig. de pignerat act. 13, 7.

Papinianus libro tertio responsorum Soluta pecunia creditor possessionem pignoris, quae corporaliter apud eum fuit, restituere debet nec quicquam amplius praestare cogitur ⟨debitor⟩ [1]. itaque si medio tempore pignus creditor pignori dederit, domino solvente pecuniam quam debuit secundi pignoris neque persecutio dabitur neque retentio relinquetur.

441. l. 11, 2 Dig. de pignor. 20, 1.

Marcianus libro singulari ad formulam hypothecariam Usus fructus an possit pignori hypothecaeve dari, quaesitum est[, sive dominus proprietatis convenerit sive ille qui solum usum fructum habet]. et scribit Papinianus libro undecimo responsorum tuendum creditorem et si velit cum creditore proprietarius agere 'non esse ei ius uti frui invito se' [2]), tali exceptione eum praetor tuebitur: 'si non inter creditorem et eum ad quem usus fructus pertinet convenerit, ut usus fructus pignori sit': nam et [3]) cum emptorem usus fructus tuetur praetor, cur non et creditorem tuebitur? [eadem ratione et debitori obicietur exceptio].

442. l. 12 Dig. de pignor. 20, 1.

Paulus libro sexagensimo octavo ad edictum Sed an viae, itineris, actus, aquaeductus pignoris conventio locum habeat videndum esse Pomponius ait, ut talis pactio fiat, ut, quamdiu pecunia soluta non sit, eis servitutibus creditor utatur (scilicet si vicinum fundum habeat) et, si intra diem certum pecunia soluta non sit, vendere eas vicino liceat: quae sententia propter utilitatem contrahentium admittenda est.

---

[1]) Einschub von A. Faber.

[2]) Vgl. Nr. 403.

[3]) Tilge: et.

Dritter Teil.

Das Obligationenrecht.

I. Allgemeine Lehren.

§ 75. Begriff, Inhalt und Arten der Obligationen.

443. pr. Inst. de oblig. 3, 13.

Nunc transeamus ad obligationes. obligatio est iuris vinculum, quo necessitate adstringimur alicuius solvendae rei secundum nostrae civitatis iura.

444. l. 3 pr. Dig. de obl. et act. 44, 7.

Paulus libro secundo institutionum Obligationum substantia non in eo consistit, ut aliquod corpus nostrum aut servitutem nostram faciat, sed ut alium nobis obstringat ad dandum aliquid vel faciendum vel praestandum.

445. l. 9, 2 Dig. de statuliberis 40, 7.

Ulpianus libro vicensimo octavo ad Sabinum Illud tractatum est, an liberatio contingat ei qui noxae dedit statuliberum. et Octavenus putabat liberari: et idem dicebat et si ex stipulatu Stichum deberet eumque statuliberum solvisset: nam et si ante solutionem ad libertatem pervenisset, extingueretur obligatio tota: ea enim in obligatione consistere, quae pecunia lui praestarique possunt[1]), libertas autem pecunia lui non potest nec reparari potest. quae sententia mihi videtur vera.

446. l. 72 pr. Dig. de verb. oblig. 45, 1.

Ulpianus libro vicensimo ad edictum Stipulationes non dividuntur earum rerum, quae divisionem non recipiunt, veluti viae, itineris, actus, aquae ductus ceterarumque servitutium.[2]) idem puto et si quis faciendum aliquid stipulatus sit, ut puta fundum tradi vel fossam fodiri vel insulam fabricari vel operas vel quid his simile: horum enim divisio corrumpit stipulationem. Celsus tamen libro trigensimo octavo digestorum refert Tuberonem existimasse, ubi quid fieri stipulemur, si non fuerit factum, pecuniam dari oportere ideoque etiam in hoc genere dividi stipulationem: secundum quem Celsus ait posse dici iusta aestimatione[3]) facti dandam esse petitionem.

---

[1]) Vgl. Nr. 677.

[2]) Vgl. Nr. 394. [3]) iuxta aestimationem: die geringeren Handschriften.

447. l. 80, 1 Dig. ad leg. Falcid. 35, 2.

Gaius libro tertio de legatis ad edictum praetoris Quaedam legata divisionem non recipiunt, ut ecce legatum viae, itineris actusve: ad nullum enim ea res pro parte potest pertinere. sed et si opus municipibus heres facere iussus est, individuum videtur legatum: neque enim ullum balineum aut ullum theatrum aut stadium fecisse intellegitur, qui ei propriam formam, quae ex consummatione contingit, non dederit: quorum omnium legatorum nomine, etsi plures heredes sint, singuli in solidum tenentur. haec itaque legata, quae dividuitatem non recipiunt, tota ad legatarium pertinent. [sed potest heredi hoc remedio succurri, ut aestimatione facta legati denuntiet legatario, ut partem aestimationis inferat, si non inferat, utatur adversus eum exceptione doli mali.]

448. l. 74 Dig. de verb. obl. 45, 1.

Gaius libro octavo ad edictum provinciale Stipulationum quaedam certae sunt, quaedam incertae. certum est, quod ex ipsa pronuntiatione apparet quid quale quantumque sit, ut ecce aurei decem, fundus Tusculanus, homo Stichus, tritici Africi optimi modii centum, vini Campani optimi amphorae centum.

449. § 33 d Inst. de action. 4, 6.

Huic autem, qui loco plus petere intellegitur, proximus est is qui causa plus petit: ut ecce si quis ita a te stipulatus sit 'hominem Stichum aut decem aureos dare spondes?', deinde alterutrum petat, veluti hominem tantum aut decem tantum. ideo autem plus petere, intellegitur, quia in eo genere stipulationis promissoris est electio, utrum pecuniam an hominem solvere malit etc. *cf. Gai. IV, 53 b.*

450. l. 138, 1 Dig. de verb. oblig. 45, 1.

Venuleius libro quarto stipulationum Cum pure stipulatus sum illud aut illud dari, licebit tibi, quotiens voles, mutare voluntatem in eo quod praestaturus sis, quia diversa causa est voluntatis expressae et eius quae inest.

§ 76. Besondere Leistungen (Geld, Zinsen).

451. l. 1 pr. Dig. de contrah. empt. 18, 1.

Paulus libro trigensimo tertio ad edictum Origo emendi vendendique a permutationibus coepit. olim enim non ita erat nummus neque aliud merx, aliud pretium vocabatur, sed unusquisque secundum necessitatem temporum ac rerum utilibus inutilia permutabat, quando plerumque evenit, ut quod alteri superest alteri desit. sed quia non semper nec facile concurrebat, ut, cum tu haberes quod ego desiderarem, invicem haberem quod tu accipere velles, electa materia est, cuius publica ac perpetua aestimatio difficultatibus permutationum aequalitate quantitatis subveniret. eaque materia forma publica percussa usum dominiumque non tam ex substantia praebet quam ex quantitate, nec ultra merx utrumque, sed alterum pretium vocatur.

452. l. 24 Dig. depos. 16, 3.

Papinianus libro nono quaestionum 'Lucius Titius Sempronio salutem. Centum nummos, quos hac die commendasti mihi adnumerante servo Sticho actore, esse apud me ut notum haberes, hac epistula manu mea scripta tibi notum facio: quae quando voles et ubi voles confestim tibi numerabo.' quaeritur propter usurarum incrementum. respondi depositi actionem locum habere: quid est enim aliud commendare quam deponere? [1]) quod ita verum est, si id actum est, ut corpora nummorum eadem redderentur: nam si ut tantundem solveretur convenit, egreditur ea res depositi notissimos terminos. in qua quaestione si depositi actio non teneat, cum convenit tantundem, non idem reddi, rationem usurarum haberi non facile dicendum est. et est quidem constitutum in bonae fidei iudiciis, quod ad usuras attinet, ut tantundem possit officium arbitri quantum stipulatio: sed contra bonam fidem et depositi naturam est usuras ab eo desiderare temporis ante moram, qui beneficium in suscipienda pecunia dedit. [si tamen ab initio de usuris praestandis convenit, lex contractus servabitur.] [2])

453. l. 54 pr. Dig. locati conducti 19, 2.

Paulus libro quinto responsorum Quaero, an fideiussor conductionis etiam in usuras non illatarum pensionum nomine teneatur nec prosint ei constitutiones, quibus cavetur eos, qui pro aliis pecuniam exsolvunt, sortis solummodo damnum agnoscere oportere. Paulus respondit, si in omnem causam conductionis etiam fideiussor se obligavit, eum quoque exemplo coloni tardius illatarum per moram

[1]) Schiebe ein: Paulus notat.

[2]) vgl. Nr. 536.

coloni pensionum praestare debere usuras: usurae enim in bonae fidei iudiciis etsi non tam ex obligatione proficiscantur quam ex officio iudicis applicentur, tamen, cum fideiussor in omnem causam se applicuit, aequum videtur ipsum quoque agnoscere onus usurarum, ac si ita fideiussisset: 'in quantum illum condemnari ex bona fide oportebit, tantum fide tua esse iubes?' vel ita: 'indemnem me praestabis?'

454. l. 49, 1 Dig. de action. empt. vend. 19, 1.

Hermogenianus libro secundo iuris epitomarum Pretii, sorte licet post moram soluta, usurae peti non possunt, cum hae non sint in obligatione, sed officio iudicis praestentur.

455. c(anon) 10 C(ausa) 14 qu(aestio) 4.

Si quis usuram accipit, rapinam facit, vita non vivit.

456. cap. 7 X de usuris 5, 19.

Praeterea parochianis tuis usuras recipere omnibus modis interdicas, quia usurarum crimen utriusque testamenti pagina detestatur. Qui si monitis vestris parere contempserint, si clerici sint, eos ab officio beneficioque suspendas; si vero laici fuerint, usque ad dignam satisfactionem ipsos vinculo excommunicationis adstringas.

457. c. 28 Cod. de usuris 4, 32.

Imp. Iustinianus A. Demostheni pp. (a. 529) Ut nullo modo usurae usurarum a debitoribus exigantur, et veteribus quidem legibus constitutum fuerat, sed non perfectissime cautum. si enim usuras in sortem redigere fuerat concessum et totius summae usuras stipulari, quae differentia erat debitoribus, qui re vera usurarum usuras exigebantur? hoc certe erat non rebus sed verbis tantummodo leges ponere.

458. Paul. sent. 2, 14, 2.

Usurae supra centesimam solutae sortem minuunt, consumpta sorte repeti possunt.

459. l. 29 Dig. de usuris 22, 1.

Marcianus libro quarto decimo institutionum Placuit, sive supra statutum modum quis usuras stipulatus fuerit sive usurarum usuras, quod illicite adiectum est pro non adiecto haberi et licitas peti posse.

460. c. 10 Cod. de usuris 4, 32.

Imp. Antoninus A. Crato et[1]) *Donato militi (a. 215?)* Usurae per tempora solutae non proficiunt ad dupli computationem. tunc enim ultra sortis summam usurae non exiguntur, quotiens tempore solutionis summa usurarum excedit eam computationem.

461. c. 27, 1 Cod. de usuris 4, 32.

Imp. Iustinianus A. Menae pp. (a. 529) Cursum insuper usurarum ultra duplum minime procedere concedimus, nec si pignora quaedam pro debito creditori data sint, quorum occasione quaedam veteres leges et ultra duplum usuras exigi permittebant.

462. c. 26, 2 Cod. de usuris 4, 32.

Imp. Iustinianus A. Menae pp. (a. 528) Ideoque iubemus illustribus quidem personis sive eas praecedentibus minime licere ultra tertiam partem centesimae usurarum in quocumque contractu vili vel maximo stipulari: illos vero, qui ergasteriis praesunt vel aliquam licitam negotiationem gerunt, usque ad bessem centesimae suam stipulationem moderari: in traiecticiis autem contractibus vel specierum fenori dationibus usque ad centesimam tantummodo licere stipulari nec eam excedere, licet veteribus legibus hoc erat concessum:[2]) ceteros autem omnes homines dimidiam tantummodo centesimae usurarum posse stipulari et eam quantitatem usurarum etiam in aliis omnibus casibus nullo modo ampliari, in quibus citra stipulationem usurae exigi solent.

§ 77. Die Haftung des Schuldners.[3])

463. l. 23 Dig. de reg. iur. 50, 17.

Ulpianus libro vicensimo nono ad Sabinum Contractus quidam dolum malum dumtaxat recipiunt, quidam et dolum et culpam. dolum tantum: depositum [et precarium]. dolum et culpam: [mandatum,] commodatum, venditum, pignori acceptum, locatum, [item dotis datio, tutelae, negotia gesta: in his quidem et diligentiam. societas et rerum communio et dolum et culpam recipit.] sed haec ita, nisi si quid nominatim convenit (vel plus vel minus) in singulis contractibus: nam hoc servabitur, quod initio convenit (legem enim contractus dedit), excepto eo, quod Celsus putat non valere, si convenerit, ne

---

[1]) Mommsen tilgt 'et'.

[2]) Vgl. Nr. 530.

[3]) Vgl. § 33.

dolus praestetur: hoc enim bonae fidei iudicio contrarium est: et ita utimur. animalium vero casus mortesque, quae sine culpa accidunt, fugae servorum qui custodiri non solent, rapinae, tumultus, incendia, aquarum magnitudines, impetus praedonum a nullo praestantur. [1])

464. l. 5, 2 Dig. commod. 13, 6.

Ulpianus libro vicensimo octavo ad edictum Nunc videndum est, quid veniat in commodati actione, utrum dolus an et culpa an vero et omne periculum. et quidem in contractibus interdum dolum solum, interdum et culpam praestamus: dolum in deposito: nam quia nulla utilitas eius versatur apud quem deponitur, merito dolus praestatur solus: nisi forte et merces accessit (tunc enim, ut est et constitutum, etiam culpa exhibetur) aut si hoc ab initio convenit, ut et culpam et periculum praestet is penes quem deponitur. sed ubi utriusque utilitas vertitur, ut in empto, ut in locato, ut in dote, ut in pignore, ut in societate, et dolus et culpa praestatur. [2])

465. l. 27, 9 Dig. ad leg. Aquil. 9, 2 *(fere = coll. 12, 7, 7).*

Ulpianus libro octavo decimo ad edictum Si fornicarius servus coloni ad fornacem obdormisset et villa fuerit exusta, Neratius scribit ex locato conventum praestare debere, si neglegens in eligendis ministeriis fuit: ceterum si alius ignem subiecerit fornaci, alius neglegenter custodierit, an tenebitur qui subiecerit? nam qui custodit, nihil fecit, qui recte ignem subiecit, non peccavit: quid ergo est? puto utilem competere actionem tam in eum qui ad fornacem obdormivit quam in eum qui neglegenter custodit, nec quisquam dixerit in eo qui obdormivit, rem eum humanam et naturalem passum, cum deberet vel ignem exstinguere vel ita munire, ne evagetur.

466. l. 25, 7 Dig. locati conducti 19, 2.

Gaius libro decimo ad edictum provinciale Qui columnam transportandam conduxit, si ea, dum tollitur aut portatur aut reponitur, fracta sit, ita id periculum praestat, si qua ipsius eorumque, quorum opera uteretur, culpa acciderit: culpa autem abest, si omnia facta sunt, quae diligentissimus quisque observaturus fuisset. idem scilicet intellegemus et si dolia vel tignum transportandum aliquis conduxerit: idemque etiam ad ceteras res transferri potest.

---

[1]) Vgl. Nr. 618. 562.

[2]) Vgl. Nr. 532. 561. 571

467. l. 1 pr. Dig. naut. caup. stab. 4, 9[1]).

Ulpianus libro quarto decimo ad edictum Ait praetor: 'Nautae, caupones, stabularii quod cuiusque salvum fore receperint nisi restituent, in eos iudicium dabo'.

§ 78. Vorteilsausgleichung.

468. l. 23, 1 Dig. pro socio 17, 2.

Ulpianus libro trigesimo ad Sabinum Idem quaerit, an commodum, quod propter admissum socium accessit, compensari cum damno, quod culpa praebuit, debeat, et ait compensandum. quod non est verum, nam et Marcellus libro sexto digestorum scribit, si servus unius ex sociis societati a domino praepositus neglegenter versatus sit, dominum societati qui praeposuerit praestaturum nec compensandum commodum, quod per servum societati accessit, cum damno: et ita divum Marcum pronuntiasse, nec posse dici socio: 'abstine commodo, quod per servum accessit, si damnum petis'.

469. l. 10 (11) Dig. neg. gest. 3, 5.

Pomponius libro vicensimo primo ad Quintum Mucium Si negotia absentis et ignorantis geras, et culpam et dolum praestare debes. sed Proculus interdum etiam casum praestare debere, veluti si novum negotium, quod non sit solitus absens facere, tu nomine eius geras: veluti venales novicios coemendo vel aliquam negotiationem ineundo. nam si quid damnum ex ea re secutum fuerit, te sequetur, lucrum vero absentem: quod si in quibusdam lucrum factum fuerit, in quibusdam damnum, absens pensare lucrum cum damno debet.

470. l. 203 Dig. de reg. iur. 50, 17.

Pomponius libro ad Quintum Mucium Quod[2]) quis ex culpa sua damnum sentit, non intellegitur damnum[3]) sentire.[4])

§ 79. Erfüllungsort.

471. l. 1 Dig. de eo quod loco certo 13, 4.

Gaius libro nono ad edictum provinciale Alio loco, quam in quem sibi dari quisque stipulatus esset, non videbatur agendi facultas

[1]) Vgl. Nr. 618.
[2]) quod si: die zweite Hand der Florentina.
[3]) Mommsen tilgt das Wort.
[4]) Vgl. Nr. 582.

competere. sed quia iniquum erat, si promissor ad eum locum, in quem daturum se promisisset, numquam accederet (quod vel data opera faceret vel quia aliis locis necessario distringeretur), non posse stipulatorem ad suum pervenire, ideo visum est utilem actionem in eam rem comparare.

472. l. 21 Dig. de obl. et act. 44, 7.

Iulianus libro tertio ex Minicio Contraxisse unusquisque in eo loco intellegitur, in quo ut solveret, se obligavit.

§ 80. Erfüllungszeit, Verzug[1]).

473. l. 91, 3 Dig. de verb. oblig. 45, 1.

Paulus libro septimo decimo ad Plautium Sequitur videre de eo, quod veteres constituerunt, quotiens culpa intervenit debitoris, perpetuari obligationem, quemadmodum intellegendum sit. et quidem si effecerit promissor, quo minus solvere possit, expeditum intellectum habet constitutio[2]): si vero moratus sit tantum, haesitatur, an, si postea in mora non fuerit, extinguatur superior mora. et Celsus adulescens scribit eum, qui moram fecit in solvendo Sticho quem promiserat, posse emendare eam moram postea offerendo: esse enim hanc quaestionem de bono et aequo: in quo genere plerumque sub auctoritate iuris scientiae perniciose, inquit, erratur. et sane probabilis haec sententia est, quam quidem et Iulianus sequitur: nam dum quaeritur de damno et par utriusque causa sit, quare non potentior sit qui teneat, quam qui persequitur?

474. l. 9, 1 Dig. de usur. 22, 1.

Papinianus libro undecimo responsorum Usurarum stipulatio, quamvis debitor non conveniatur, committitur. nec inutilis legitimae[3]) usurae stipulatio videtur sub ea condicione concepta 'si minores ad diem solutae non fuerint'. non enim poena, sed faenus uberius iusta ratione[4]) sortis promittitur. si tamen post mortem creditoris nemo fuit cui pecunia solveretur, eius temporis inculpatam esse moram constitit: ideo si maiores usurae prioribus petantur, exceptio doli non inutiliter opponetur.

---

[1]) Vgl. auch Nr. 190. 242.

[2]) 'so ist das Verständnis des Erlasses leicht'.

[3]) legitimae: Tribonian.

[4]) für 'iusta ratione' schlägt Mommsen vor: tardatione.

475. l. 137, 4 Dig. de verb. oblig. 45, 1.

Venuleius libro primo stipulationum Illud inspiciendum est, an qui centum dari promisit confestim teneatur an vero cesset obligatio, donec pecuniam conferre possit. quid ergo, si neque domi habet neque inveniat creditorem? sed haec recedunt ab impedimento naturali et respiciunt ad facultatem dandi. est autem facultas personae commodum incommodumque, non rerum quae promittuntur. et alioquin si quis Stichum dari spoponderit, quaeremus, ubi sit Stichus: aut sic non multum referre videatur 'Ephesi daturum se', an, quod Ephesi sit, cum ipse Romae sit, dare spondeat: nam hoc quoque ad facultatem dandi pertinet, quia in pecunia et in Sticho illud commune est, quod promissor in praesentia dare non potest. et generaliter causa difficultatis ad incommodum promissoris, non ad impedimentum stipulatoris pertinet, ne incipiat dici eum quoque dare non posse, qui alienum servum, quem dominus non vendat, dare promiserit.

476. l. 32 pr. Dig. de usur. 22, 1.

Marcianus libro quarto regularum Mora fieri intellegitur non ex re, sed ex persona, id est, si interpellatus oportuno loco non solverit: quod apud iudicem examinabitur: nam, ut et Pomponius libro duodecimo epistularum scripsit, difficilis est huius rei definitio. divus quoque Pius Tullio Balbo rescripsit, an mora facta intellegatur, neque constitutione ulla neque iuris auctorum quaestione decidi posse, cum sit magis facti quam iuris.

477. l. 24, 2 Dig. de usur. 22, 1.

Paulus libro trigesimo septimo ad edictum Mora videtur creditori fieri, sive ipsi sive ei cui mandaverat sive ei qui negotia eius gerebat mora facta sit: nec hoc casu per liberam personam adquiri videtur, sed officium impleri, sicuti, cum quis furtum mihi facientem deprehendit, negotium meum agens manifesti furti actionem mihi parat: item *cum* procurator interpellaverit promissorem hominis, perpetuam facit stipulationem.

478. c. 10 Cod. de action. empti et vend. 4, 49.

Impp. Diocletianus et Maximianus AA. et CC. Titio Attalo (a. 293) Cum venditorem carnis fide conventionis rupta tempore placito[1]) hanc non exhibuisse proponas, empti actione eum quanti

[1]) 'zur ausbedungenen Zeit'.

interest tua tunc tibi praestitam fuisse apud praesidem provinciae convenire potes.

479. l. 114 Dig. de verb. oblig. 45, 1.

Ulpianus libro septimo decimo ad Sabinum Si fundum certo die praestari stipuler et per promissorem steterit, quo minus ea die praestetur, consecuturum me, quanti mea intersit moram factam non esse.

480. l. 17, 4 Dig. de usur. 22, 1.

Paulus libro singulari de usuris Ex locato qui convenitur, nisi convenerit ut tardius pecuniae illatae usuras deberet, non nisi ex mora usuras praestare debet.

481. l. 8, 1 Dig. de condict. furt. 13, 1.

Ulpianus libro vicensimo septimo ad edictum Si ex causa furtiva res condicatur, cuius temporibus aestimatio fiat, quaeritur. placet tamen id tempus spectandum, quo res umquam plurimi fuit, maxime cum deteriorem rem factam fur dando non liberatur: s e m p e r e n i m m o r a m f u r f a c e r e v i d e t u r.

482. l. 23, 1 Dig. de usur. 22, 1.

Ulpianus libro trigesimo quarto ad edictum Aliquando etiam in re moram esse decerni solet, si forte non exstat qui conveniatur.

483. l. 39, 1 Dig. de legatis I. 30.

Ulpianus libro vicensimo primo ad Sabinum Fructus autem hi deducuntur in petitionem, non quos heres percepit, sed quos legatarius percipere potuit: et id in operis servorum vel vecturis iumentorum vel naulis navium dicendum.

484. l. 5 Dig. de peric. et comm. rei vend. 18, 6.

Paulus libro quinto ad Sabinum Si per emptorem steterit, quo minus ad diem vinum tolleret, postea, nisi quod dolo malo venditoris interceptum esset, non debet ab eo praestari. [si verbi gratia amphorae centum ex eo vino, quod in cella esset, venierint, si admensum[1]) est, donec admetiatur, omne periculum venditoris est, nisi id per emptorem fiat.]

485. l. 18 (17) Dig. de peric. et comm. rei vend. 18, 6.

Pomponius libro trigesimo primo ad Quintum Mucium Illud sciendum est, cum moram emptor adhibere coepit, iam n o n c u l-

[1]) Mommsen schiebt ein: non.

pam, sed dolum malum tantum praestandum a venditore. quod si per venditorem et emptorem mora fuerit, Labeo quidem scribit emptori potius nocere quam venditori moram adhibitam, sed videndum est, ne posterior mora damnosa ei sit. quid enim si interpellavero venditorem et non dederit id quod emeram, deinde postea offerente illo ego non acceperim? sane hoc casu nocere mihi deberet. sed si per emptorem mora fuisset, deinde, cum omnia in integro essent, venditor moram adhibuerit, cum posset se exsolvere, aequum est posteriorem moram venditori nocere.

486. l. 72 pr. Dig. de solut. et liberat. 46, 3.

Marcellus libro vicensimo digestorum Qui decem debet, si ea optulerit creditori et ille sine iusta causa ea accipere recusavit, deinde debitor ea sine[1]) sua culpa perdiderit, doli mali exceptione potest se tueri, quamquam aliquando interpellatus non solverit: etenim non est aequum teneri pecunia amissa, quia non teneretur, si creditor accipere voluisset. quare pro soluto id, in quo creditor accipiendo moram fecit, oportet esse. et sane si servus erat in dote eumque optulit maritus et is servus decessit, aut nummos optulit eosque non accipiente muliere perdiderit, ipso iure desinet teneri.

§ 81. Naturalobligation.

487. l. 41 Dig. de peculio 15, 1.

Ulpianus libro quadragensimo tertio ad Sabinum Nec servus quicquam debere potest nec servo potest deberi, sed cum eo verbo abutimur, factum magis demonstramus quam ad ius civile referimus obligationem. itaque quod servo debetur ab extraneis, dominus recte petet; quod servus ipse debet, eo nomine in peculium et, si quid inde in rem domini versum est, in dominum actio datur.

488. l. 16, 4 Dig. de fideiuss. et mandat. 46, 1.

Iulianus libro quinquagensimo tertio digestorum Naturales obligationes non eo solo aestimantur, si actio aliqua eorum nomine competit, verum etiam cum soluta pecunia repeti non potest: nam licet minus proprie debere dicantur naturales debitores, per abusionem intellegi possunt debitores et, qui ab his pecuniam recipiunt, debitum sibi recepisse.

---

[1]) schiebe ein: dolo malo. Vgl. Fr. Mommsen, Beiträge zum Obligationenrecht III 301 n. 7.

489. l. 13 pr. Dig. de condict. indeb. 12, 6.

Paulus libro decimo Sabinum Naturaliter etiam servus obligatur: et ideo, si quis nomine eius solvat vel ipse manumissus, ut Pomponius scribit, ex peculio, cuius liberam administrationem habeat, repeti non poterit: et ob id et fideiussor pro servo acceptus tenetur et pignus pro eo datum tenebitur et, si servus, qui peculii administrationem habet, rem pignori in id quod debeat dederit, utilis pigneraticia reddenda est.

490. l. 5 pr. Dig. de auctorit. et consens. 26, 8.

Ulpianus libro quadragesimo ad Sabinum Pupillus obligari tutori eo auctore non potest. plane si plures sint tutores, quorum unius auctoritas sufficit, dicendum est altero auctore pupillum ei posse obligari, sive mutuam pecuniam ei det sive stipuletur ab eo. sed et [1]) cum solus sit tutor mutuam pecuniam pupillo dederit vel ab eo stipuletur, non erit obligatus tutori: naturaliter tamen obligabitur in quantum locupletior factus est: nam in pupillum non tantum tutori, verum cuivis actionem in quantum locupletior factus est dandam divus Pius rescripsit.

491. l. 29 Dig. de condict. indeb. 12, 6.

Ulpianus libro secundo disputationum Interdum persona locum facit repetitioni, ut puta si pupillus sine tutoris auctoritate vel furiosus vel is cui bonis interdictum est solverit: nam in his personis generaliter repetitioni locum esse non ambigitur. [et si quidem exstant nummi, vindicabuntur, consumptis vero condictio locum habebit.]

492. l. 58 (59) Dig. de oblig. et action. 44, 7.

Licinnius Rufinus libro octavo regularum Pupillus mutuam pecuniam accipiendo ne quidem iure naturali obligatur.

493. l. 41 Dig. de condict. indeb. 12, 6.

Neratius libro sexto membranarum Quod pupillus sine tutoris auctoritate stipulanti promiserit et solverit, repetitio est, quia nec natura debet [2]).

494. l. 40 pr. Dig. de condict. indeb. 12, 6.

Marcianus libro tertio regularum Qui exceptionem perpetuam habet, solutum per errorem [3]) repetere potest: sed hoc non est per-

[1]) Mommsen verbessert: si.

[2]) Vgl. auch Nr. 65.

[3]) 'das irrtümlich Gezahlte'.

petuum. nam si quidem eius causa exceptio datur cum quo agitur, solutum repetere potest, ut accidit in senatus consulto de intercessionibus: ubi vero in odium eius cui debetur exceptio datur, perperam solutum non repetitur, veluti si filius familias contra Macedonianum mutuam pecuniam acceperit et pater familias factus solverit, non repetit.

495. l. 60 pr. Dig. de condict. indeb. 12, 6.

Paulus libro tertio quaestionum Iulianus verum debitorem post litem contestatam manente adhuc iudicio negabat solventem repetere posse, quia nec absolutus nec condemnatus repetere posset: licet enim absolutus sit, natura tamen debitor permanet; similemque esse ei dicit, qui ita promisit, sive navis ex Asia venerit sive non venerit, quia ex una causa alterius[1]) solutionis origo proficiscitur.

496. l. 28 Dig. de condict. indeb. 12, 6.

Paulus libro trigensimo secundo ad edictum Iudex si male absolvit et absolutus sua sponte solverit repetere non potest.

497. l. 13 Dig. quibus mod. pign. 20, 6.

Tryphoninus libro octavo disputationum Si deferente creditore iuravit debitor se dare non oportere, pignus liberatur, quia perinde habetur atque si iudicio absolutus esset: nam et si a iudice quamvis per iniuriam absolutus sit debitor, tamen pignus liberatur.

498. l. 32, 2 Dig. de condict. indeb. 12, 6.

Iulianus libro decimo digestorum Mulier si in ea opinione sit, ut credat se pro dote obligatam, quidquid dotis nomine dederit, non repetit: sublata enim falsa opinione relinquitur pietatis causa, ex qua solutum repeti non potest. [2])

II. Entstehung der Obligationen.

§ 82. Einteilung.

499. Gai. 3, 88. 89.

Nunc transeamus ad obligationes quarum summa divisio in duas species diducitur: omnis enim obligatio vel ex contractu nascitur vel ex delicto. **89.** Et prius videamus de his, quae ex contractu nas-

[1]) Mommsen: alterave.

[2]) Vgl. Nr. 614.

cuntur. harum autem quattuor genera sunt: aut enim re contrahitur obligatio aut verbis aut litteris aut consensu.

A. Aus Rechtsgeschäft.

§ 83. Verpflichtung durch einseitiges Versprechen.

500. Gai. 3, 95 a. 96 [1]).

. . . si debitor mulieris iussu eius, dum*modo auctore tutore eidem* doti dicat quod debet. alius autem oblig*ari eo* modo non potest. et ideo si quis ali*us pro muliere dotem viro promittat, com*muni iure obliga*ri debebit*, sc*ilicet ut ante stipuletur ma*ritus. **96.** Item uno loquente *et sine interrogatione alii promittente contrahitur obligatio, si libertus patrono aut donum aut munus aut operas se daturum esse iuravit, et*si haec sola causa est, ex qua iureiurando contrahitur obligatio. sane ex alia nulla causa iureiurando homines obligantur, utique cum qu*a*eritur de iure Romanorum. nam apud peregrinos quid iuris sit, singularum civitatium iura requirentes aliud intellegere poterimus.

501. Ulpianus lib. sing. reg. 6, 2.

Dotem dicere potest mulier, quae nuptura est, et debitor mulieris, si iussu eius dicat: item parens mulieris virilis sexus per virilem sexum cognatione iunctus, velut pater, avus paternus. dare, promittere dotem omnes possunt.

502. l. 3 pr. Dig. de pollic. 50, 12.

Ulpianus libro quarto disputationum Pactum est duorum consensus atque conventio, pollicitatio vero offerentis solius promissum. et ideo illud est constitutum, ut, si ob honorem pollicitatio fuerit facta, quasi debitum exigatur. sed et coeptum opus, licet non ob honorem promissum, perficere promissor cogetur, et est constitutum.

503. l. 7 Dig. de pollic. 50, 12.

Paulus libro primo de officio proconsulis Ob casum, quem civitas passa est, si quis promiserit se quid facturum: etsi non inchoaverit, omnimodo tenetur, ut divus Severus Dioni rescripsit.

504. l. 2 pr. § 1 Dig. de pollic. 50, 12.

Ulpianus libro primo disputationum Si quis rem aliquam voverit, voto obligatur. quae res personam voventis, non rem quae

---

[1]) die Ergänzungen rühren von Huschke her.

vovetur obligat. res enim, quae vovetur, soluta quidem liberat voto[1]), ipsa vero sacra non efficitur. Voto autem [patres familiarum] obligantur 1
puberes sui iuris: filius enim familias vel servus sine patris dominive auctoritate voto non obligantur.

505. l. 37 pr. Dig. de oper. libert. 38, 1.

Paulus libro secundo ad legem Iuliam et Papiam 'Qui libertinus duos pluresve a se genitos[2]) natasve in sua potestate habebit praeter eum, qui artem ludicram fecerit quive operas suas ut cum bestiis pugnaret locaverit: ne quis eorum operas doni muneris aliudve quicquam libertatis causa patrono patronae liberisve eorum, de quibus iuraverit vel promiserit obligatusve erit, dare facere praestare debeto'.

506. Corp. Inscr. Lat. IV Nr. 64 *(Bruns Fontes⁷ pag. 361).*

Urna aenia pereit de taberna. Sei quis rettulerit dabuntur HS XV; sei furem dabit, unde [rem] servar[e possim] XX...

507. Dessau, Inscript. lat. select. 8731 *(Bruns Fontes⁷ pag. 362).*

Fugi; tene me; cum revocaveris me d(omino) m(eo) Zonino, accipis solidum.

§ 84. Das Nexum.

508. Festus s. v. nuncupata *(p. 173 der Ausgabe von Ottfr. Müller; vgl. Bruns Fontes⁷ I, 25. II, 18).*

Nuncupata pecunia est, ut ait Cincius in l. II de officio iurisconsulti, nominata, certa, nominibus propriis pronuntiata. 'Cum nexum faciet mancipiumque, uti lingua nuncupassit, ita ius esto'. id est: uti nominarit locutusve erit, ita ius esto[3]).

509. Varro de lingua Latina 7, 105 *(Bruns Fontes⁷ II pag. 60).*

Nexum Manilius scribit omne quod per aes et libram geritur, in quo sint mancipia; Mucius, quae per aes et libram fiant, ut obligentur, praeter quom[4]) mancipio detur. Hoc verius esse ipsum verbum ostendit, de quo quaerit; nam id est, quod obligatur per libram neque suum fit, inde nexum dictum.

[1]) vota: die Handschriften.
[2]) ex se natos: Cuiacius.
[3]) Vgl. auch Nr. 763.
[4]) quam: die Handschrift

§ 85. Der Verbalkontrakt.

510. Gai. 3, 92. 93.

Verbis obligatio fit ex interrogatione et responsione, veluti 'Dari spondes? Spondeo.' 'Dabis? Dabo.' 'Promittis? Promitto.' 'Fidepromittis? Fidepromitto.' 'Fideiubes? Fideiubeo.' 'Facies? Faciam.' **93.** Sed haec quidem verborum obligatio 'Dari spondes? Spondeo' propria civium Romanorum est; ceterae vero iuris gentium sunt, itaque inter omnes homines, sive cives Romanos sive peregrinos, valent; et quamvis ad Graecam vocem expressae fuerint, veluti hoc modo Δώσεις; Δώσω. 'Ομολογεῖς; 'Ομολογῶ. Πίστει κελεύεις; Πίστει κελεύω. Ποιήσεις; Ποιήσω, etiam hae tamen inter cives Romanos valent, si modo Graeci sermonis intellectum habeant; et e contrario quamvis Latine enuntientur, tamen etiam inter peregrinos valent, si modo Latini sermonis intellectum habeant. at illa verborum obligatio 'Dari spondes? Spondeo' adeo propria civium Romanorum est, ut ne quidem in Graecum sermonem per interpretationem proprie transferri possit, quamvis dicatur a Graeca voce figurata esse.

511. l. 7, 12 Dig. de pact. 2, 14.

Ulpianus libro quarto ad edictum Quod fere novissima parte pactorum ita solet inseri 'rogavit Titius, spopondit Maevius', haec verba non tantum pactionis loco accipiuntur, sed etiam stipulationis: ideoque ex stipulatu nascitur actio[, nisi contrarium specialiter adprobetur, quod non animo stipulantium hoc factum est, sed tantum paciscentium].

512. l. 134, 2 Dig. de verb. oblig. 45, 1.

Paulus libro quinto decimo responsorum Idem respondit, cum Septicius litteris suis praestaturum se caverit pecuniam et usuras eius semisses, quae apud Sempronium depositae sint: si inter praesentes actum est, intellegendum etiam a parte Lucii Titii praecessisse verba stipulationis.

513. § 12 Inst. de inutil. stipul. 3, 19.

Item verborum obligatio inter absentes concepta inutilis est. sed cum hoc materiam litium contentiosis hominibus praestabat, forte post tempus tales allegationes opponentibus et non praesentes esse vel se vel adversarios suos contendentibus: ideo nostra constitutio propter celeritatem dirimendarum litium introducta est, quam ad

Caesareenses advocatos scripsimus [1]), per quam disposuimus tales scripturas, quae praesto esse partes indicant, omnimodo esse credendas, nisi ipse, qui talibus utitur improbis allegationibus, manifestissimis probationibus vel per scripturam vel per testes idoneos approbaverit in ipso toto die quo conficiebatur instrumentum sese vel adversarium suum in aliis locis esse. [2])

514. Paul. sent. 2, 22, 2.

Omnibus pactis stipulatio subici debet, ut ex stipulatu actio nasci possit.

§ 85. Konventionalstrafe.

515. l. 69 Dig. de verb. oblig. 45, 1.

Ulpianus libro sexto ad edictum Si homo mortuus sit, sisti non potest nec poena rei impossibilis committetur, quemadmodum si quis Stichum mortuum dare stipulatus, si datus non esset, poenam stipuletur.

516. l. 77 Dig. de verb. oblig. 45, 1.

Paulus libro quinquagensimo octavo ad edictum Ad diem sub poena pecunia promissa et ante diem mortuo promissore committetur poena, licet non sit hereditas eius adita.

517. l. 8 Dig. de verb. oblig. 45, 1

Paulus libro secundo ad Sabinum In illa stipulatione: 'si kalendis Stichum non dederis, decem dare spondes?' mortuo homine quaeritur, an statim ante kalendas agi possit. Sabinus Proculus exspectandum diem actori putant, quod est verius: tota enim obligatio sub condicione et in diem collata est et licet ad condicionem committi videatur, dies tamen superest. sed cum eo, qui ita promisit: 'si intra kalendas digito caelum non tetigerit', agi protinus potest. haec et Marcellus probat.

518. l. 28 Dig de action. empti vendit. 19, 1

Iulianus libro tertio ad Urseium Ferocem Praedia mihi vendidisti et convenit, ut aliquid facerem: quod si non fecissem, poenam promisi. respondit: venditor antequam poenam ex stipulatu petat, ex vendito agere potest: si consecutus fuerit, quantum poenae nomine stipulatus esset, agentem ex stipulatu doli mali exceptio summovebit: si ex stipulatu poenam consecutus fueris, ipso iure ex vendito agere non poteris [nisi in id, quod pluris eius interfuerit id fieri].

[1]) c. 14 Cod. de contrah. et committ. stip. 8, 37 (38). [2]) Vgl. Nr. 523.

519. l. 40 Dig. de reb. cred. 12, 1.

Paulus libro tertio quaestionum Lecta est in auditorio Aemilii Papiniani praefecti praetorio iuris consulti cautio huiusmodi: 'Lucius Titius scripsi me accepisse a Publio Maevio quindecim mutua numerata mihi de domo et haec quindecim proba recte dari kalendis futuris stipulatus est Publius Maevius, spopondi ego Lucius Titius. si die supra scripta summa Publio Maevio eive ad quem ea res pertinebit data, soluta satisve eo nomine factum non erit, tunc eo amplius, quo post solvam, poenae nomine in dies triginta[1]) inque denarios centenos denarios singulos dari stipulatus est Publius Maevius, spopondi ego Lucius Titius. convenitque inter nos, uti pro Maevio ex summa supra scripta menstruos refundere debeam denarios trecenos ex omni summa ei heredive eius.' quaesitum est de obligatione usurarum, quoniam numerus mensium, qui solutioni competebat, transierat. dicebam, quia pacta in continenti facta stipulationi inesse creduntur,[2]) perinde esse, ac si per singulos menses certam pecuniam stipulatus, quoad tardius soluta esset, usuras adiecisset: igitur finito primo mense primae pensionis usuras currere et similiter post secundum et tertium tractum usuras non solutae pecuniae pensionis crescere nec ante sortis non solutae usuras peti posse quam ipsa sors peti potuerat. pactum autem quod subiectum est quidam dicebant ad sortis solutionem tantum pertinere, non etiam ad usurarum, quae priore parte simpliciter in stipulationem venissent pactumque id tantum ad exceptionem prodesse et ideo non soluta pecunia statutis pensionibus ex die stipulationis usuras deberi, atque si id nominatim esset expressum. sed cum sortis petitio dilata sit, consequens est, ut etiam usurae ex eo tempore, quo moram fecit, accedant, et si, ut ille putabat, ad exceptionem tantum prodesset pactum (quamvis sententia diversa optinuerit), tamen usurarum obligatio ipso iure non committetur: non enim in mora est is, a quo pecunia propter exceptionem peti non potest. sed quantitatem, quae medio tempore colligitur, stipulamur, cum condicio exstiterit, sicut est in fructibus: idem et in usuris potest exprimi, ut ad diem non soluta pecunia quod competit usurarum nomine ex die interpositae stipulationis praestetur.

520. l. 61. Dig. de verb. oblig. 45, 1.

Iulianus libro secundo ad Urseium Ferocem Stipulatio hoc

[1]) tricenos: Mommsen.

[2]) Vgl. Nr. 597.

modo concepta: 'si heredem me non feceris, tantum dare spondes?' inutilis est, quia contra bonos mores est haec stipulatio.

§ 87. Der Litteralkontrakt.

521. Gai. 3, 128—134

Litteris obligatio fit veluti in nominibus transscripticiis. fit autem nomen transscripticium duplici modo, vel a re in personam vel a persona in personam. **129.** *A re in personam trans*scriptio fit, veluti si id, quod *tu* ex emptionis causa aut conductionis aut societatis mihi debeas, id expensum tibi tulero. **130.** A persona in personam transscriptio fit, veluti si id, quod mihi Titius debet, tibi id expensum tulero, id est si Titius te *pro* se delegaverit mihi. **131.** Alia causa est eorum nominum, quae arcaria vocantur: in his enim rei, non litterarum obligatio consistit, quippe non aliter valent, quam si numerata sit pecunia; numeratio autem pecuniae rei facit obligationem: qua de causa recte dicemus arcaria nomina nullam facere obligationem, sed obligationis factae testimonium praebere. **132.** Unde *non* proprie dicitur arcariis nominibus etiam peregrinos obligari, quia non ipso nomine, sed numeratione pecuniae obligantur; quod genus obligationis iuris gentium est. **133.** Transscripticiis vero nominibus an obligentur peregrini, merito quaeritur, quia quodammodo iuris civilis est talis obligatio: quod Nervae placuit. Sabino autem et Cassio visum est, si a re in personam fiat nomen transscripticium, etiam peregrinos obligari; si vero a persona in personam, non obligari. **134.** Praeterea litterarum obligatio fieri videtur chirografis et syngrafis, id est, si quis debere se aut daturum se scribat; ita scilicet, si eo nomine stipulatio non fiat. quod genus obligationis proprium peregrinorum est.

522. Valer. Maxim. 8, 2, 2. *(Iurispr. Anteiust.*[6] *pag. 23).*

C. Visellius Varro, gravi morbo correptus, trecenta milia nummum ab Otacilia Laterensis, cum qua commercium libidinis habuerat, expensa ferri sibi passus est eo consilio, ut, si decessisset, ab heredibus eam summam peteret; quam legati genus esse voluit, libidinosam liberalitatem debiti nomine colorando. evasit deinde Visellius ex illa tempestate adversus vota Otaciliae. quae offensa, quod spem praedae suae morte non maturasset, ex amica obsequenti subito destrictam faeneratricem agere coepit, nummos petendo, quos ut fronte inverecunda, ita inani stipulatione captaverat. de qua re C. Aquilius, vir magnae auctoritatis et scientia iuris civilis excellens, iudex addictus, adhibitis in consilium principibus civitatis, prudentia et religione sua mulierem reppulit.

523. Inst. de litterarum obligatione 3, 21.

Olim scriptura fiebat obligatio, quae nominibus fieri dicebatur, quae nomina hodie non sunt in usu. plane si quis debere se scripserit, quod numeratum ei non est, de pecunia minime numerata post multum temporis exceptionem opponere non potest: hoc enim saepissime constitutum est.[1]) sic fit, ut et hodie, dum queri non potest, scriptura obligetur: et ex ea nascitur condictio, cessante scilicet verborum obligatione.

§ 88. Das Darlehn.

524. l. 1, 2 Dig. de obligat. 44, 7 = pr. Inst. 3, 14.

Gaius libro secundo aureorum Re contrahitur obligatio mutui datione. mutui autem datio consistit in his rebus, quae pondere, numero mensurave constant, veluti vino, oleo, frumento, pecunia numerata, quas res in hoc damus, ut fiant accipientis, postea alias recepturi eiusdem generis et qualitatis.

525. l. 2, 2 Dig. de reb. cred. 12, 1.

Paulus libro vicensimo octavo ad edictum Appellata est autem mutui datio ab eo, quod de meo tuum fit: et ideo, si non fiat tuum, non nascitur obligatio.

526. c. 7 Cod. de non num. pec. 4, 30.

Imp. Alexander A. Iuliano et Ammoniano (a. 223) Si quasi accepturi mutuam pecuniam adversario cavistis, quae numerata non est, per condictionem obligationem repetere, etsi actor non petat, vel exceptione non numeratae pecuniae adversus agentem uti potestis.

527. l. 1 pr. Dig. de S. C. Maced. 14, 6.

Ulpianus libro vicensimo nono ad edictum Verba senatus consulti Macedoniani haec sunt: 'Cum inter ceteras sceleris causas Macedo, quas illi natura administrabat, etiam aes alienum adhibuisset, et saepe materiam peccandi malis moribus praestaret, qui pecuniam, ne quid amplius diceretur incertis nominibus crederet: placere, ne cui, qui filio familias mutuam pecuniam dedisset, etiam post mortem parentis eius, cuius in potestate fuisset, actio petitioque daretur, ut scirent,

[1]) Vgl. Nr. 526.

qui pessimo exemplo faenerarent, nullius posse filii familias bonum nomen exspectata patris morte fieri' [1]).

528. l. 9, 1 Dig. de S. C. Maced. 14, 6.

Ulpianus libro vicensimo nono ad edictum Si ab alio donatam sibi pecuniam filius creditori solverit, an pater vindicare vel repetere possit? et ait Iulianus, si quidem hac condicione ei donata sit pecunia, ut creditori solvat, videri a donatore profectam protinus ad creditorem et fieri nummos accipientis: si vero simpliciter ei donavit, alienationem eorum filium non habuisse et ideo, si solverit, condictionem patri [ex omni eventu] [2]) competere.

529. l. 14 Dig. de reb. cred. 12, 1.

Ulpianus libro vicensimo nono ad edictum Si filius familias contra senatus consultum mutuatus pecuniam solverit, patri nummos vindicanti nulla exceptio obicietur: sed si fuerint consumpti a creditore nummi, Marcellus ait cessare condictionem, quoniam totiens condictio datur, quotiens ex ea causa numerati sunt, ex qua actio esse potuisset, si dominium ad accipientem transisset: in proposito autem non esset. denique per errorem soluti contra senatus consultum crediti magis est cessare repetitionem.

530. Paul. sent. 2, 14, 3.

Traiecticia pecunia propter periculum creditoris, quamdiu navigat navis, infinitas usuras recipere potest [3]).

§ 89. Die Leihe.

531. l. 8 Dig. commod. 13, 6.

Pomponius libro quinto ad Sabinum Rei commodatae et possessionem et proprietatem retinemus.

532. l. 5, 10 Dig. comm. 13, 6.

Ulpianus libro vicensimo octavo ad edictum Interdum plane dolum solum in re commodata qui rogavit praestabit, [4]) ut puta si quis ita convenit: vel si sua dumtaxat causa commodavit, sponsae forte suae vel uxori, quo honestius culta ad se deduceretur, vel si quis ludos

---

[1]) Vgl. Huschke, Darlehn, 1882, S. 172 n. 3.

[2]) Ulpian: non.

[3]) Vgl. Nr. 462.

[4]) Vgl. Nr. 463. 464.

edens praetor scaenicis commodavit, vel ipsi praetori quis ultro commodavit [1]).

533. l. 17, 3 Dig. commod. 13, 6.

Paulus libro vicensimo nono ad edictum Sicut autem voluntatis et officii magis quam necessitatis est commodare, ita modum commodati finemque praescribere eius est qui beneficium tribuit. cum autem id fecit, [id est postquam commodavit,] tunc finem praescribere et retro agere atque intempestive usum commodatae rei auferre non officium tantum impedit, sed et suscepta obligatio inter dandum accipiendumque. geritur enim negotium invicem et ideo invicem propositae sunt actiones, ut appareat, quod principio beneficii ac nudae voluntatis fuerat, converti in mutuas praestationes actionesque civiles. ut accidit in eo, qui absentis negotia gerere inchoavit: neque enim impune peritura deseret: suscepisset enim fortassis alius, si is non coepisset: voluntatis est enim suscipere mandatum, necessitatis consummare. igitur si pugillares mihi commodasti, ut debitor mihi caveret, non recte facies importune repetendo: nam si negasses, vel emissem vel testes adhibuissem. idemque est, si ad fulciendam insulam tigna commodasti, deinde protraxisti, aut etiam sciens vitiosa commodaveris: adiuvari quippe nos, non decipi beneficio oportet. ex quibus causis etiam contrarium iudicium utile esse dicendum est.

534. l. 1 pr. — § 3 Dig. de precario 43, 26. [2])

Ulpianus libro primo institutionum Precarium est, quod precibus petenti utendum conceditur tamdiu, quamdiu is qui concessit patitur. **1.** Quod genus liberalitatis ex iure gentium descendit. **2.** Et distat a donatione eo, quod qui donat, sic dat ne recipiat, at qui precario concedit, sic dat quasi tunc recepturus, cum sibi libuerit precarium solvere. **3.** Et est simile commodato: nam et qui commodat rem, sic commodat, ut non faciat rem accipientis, sed ut ei uti re commodata permittat.

§ 90. Verwahrung.

535. l. 1 pr. Dig. depositi 16, 3.

Ulpianus libro trigensimo ad edictum Depositum est, quod custodiendum alicui datum est, dictum ex eo quod ponitur: prae-

[1]) Vgl. Horaz Epist. 1, 6, 40 fg.

[2]) Vgl. Nr. 319. 320.

positio enim 'de' auget depositum, ut ostendat totum fidei eius commissum, quod ad custodiam rei pertinet.

536. l. 25, 1 Dig. depositi 16, 3.

Papinianus libro tertio responsorum Qui pecuniam apud se non obsignatam, ut tantundem redderet, depositam ad usus proprios convertit, post moram in usuras quoque iudicio depositi condemnandus est [1]).

§ 91. Kauf.

537. pr. Inst. de empt. et vend. 3, 23 *(cf. Gai. 3, 139)*.

Emptio et venditio contrahitur, simulatque de pretio convenerit, quamvis nondum pretium numeratum sit ac ne arra quidem data fuerit. nam quod arrae nomine datur, argumentum est emptionis et venditionis contractae. sed haec quidem de emptionibus et venditionibus, quae sine scriptura consistunt, optinere oportet: nam nihil a nobis in huiusmodi venditionibus innovatum est. in his autem quae scriptura conficiuntur non aliter perfectam esse emptionem et venditionem constituimus, nisi et instrumenta emptionis fuerint conscripta vel manu propria contrahentium, vel ab alio quidem scripta, a contrahente autem subscripta et, si per tabellionem fiunt, nisi et completiones acceperint et fuerint partibus absoluta. donec enim aliquid ex his deest, et poenitentiae locus est et potest emptor vel venditor sine poena recedere ab emptione. ita tamen impune recedere eis concedimus, nisi iam arrarum nomine aliquid fuerit datum: hoc etenim subsecuto, sive in scriptis sive sine scriptis venditio celebrata est, is qui recusat adimplere contractum, si quidem emptor est, perdit quod dedit, si vero venditor, duplum restituere compellitur, licet nihil super arris expressum est.

538. l. 34, 1 Dig. de contr. empt. 18, 1.

Omnium rerum, quas quis habere vel possidere vel persequi potest, venditio recte fit: quas vero natura vel gentium ius vel mores civitatis commercio exuerunt [2]), earum nulla venditio est.

539. l. 28 Dig. de contr. empt. 18, 1.

Ulpianus libro quadragensimo primo ad Sabinum Rem alienam distrahere quem posse nulla dubitatio est: nam emptio est et venditio: sed res emptori auferri potest.

---

[1]) Vgl. Nr. 452.

[2]) exemerunt: Haloander.

540. l. 8,1 Dig. de contr. empt. 18,1.

Pomponius libro nono ad Sabinum Aliquando tamen et sine re venditio intellegitur, veluti cum quasi alea emitur. quod fit, cum captus piscium vel avium vel missilium emitur: emptio enim contrahitur etiam si nihil inciderit, quia spei emptio est: et quod missilium nomine eo casu captum est si evictum fuerit, nulla eo nomine ex empto obligatio contrahitur, quia id actum intellegitur.

541. l. 7,1 Dig. de contr. empt. 18,1.

Ulpianus libro vicensimo octavo ad Sabinum Huiusmodi emptio 'quanti tu eum emisti', 'quantum pretii in arca habeo', valet: nec enim incertum est pretium tam evidenti venditione: magis enim ignoratur, quanti emptus sit, quam in rei veritate incertum est [1]).

542. l. 8 pr. Dig. de peric. et comm. rei vend. 18,6.

Paulus libro trigesimo tertio ad edictum Necessario sciendum est, quando perfecta sit emptio: tunc enim sciemus, cuius periculum sit: nam p e r f e c t a e m p t i o n e p e r i c u l u m a d e m p t o - r e m r e s p i c i e t. et si id quod venierit appareat quid quale quantumque sit, sit et pretium, et pure venit, perfecta est emptio.

543. l. 25,1 Dig. de contr. empt. 18,1.

Ulpianus libro trigesimo quarto ad Sabinum Qui vendidit, necesse non habet fundum emptoris facere, ut cogitur qui fundum stipulanti spopondit.

544. l. 30,1 Dig. de action. empti vend. 19,1.

Africanus libro octavo quaestionum Si sciens alienam rem ignoranti mihi vendideris, etiam priusquam evincatur utiliter me ex empto acturum putavit in id, quanti mea intersit meam esse factam: quamvis enim alioquin verum sit venditorem hactenus [2]) teneri, ut rem emptori habere liceat, non etiam ut eius faciat, quia tamen dolum malum abesse praestare debeat, teneri eum, qui sciens alienam, non suam ignoranti vendidit: id est maxime, si manumissuro vel pignori daturo vendiderit.

545. l. 11,2 Dig. de action. empti vend. 19,1.

Ulpianus libro trigesimo secundo ad edictum Et in primis ipsam rem praestare venditorem oportet, id est tradere: quae res, si quidem dominus fuit venditor, facit et emptorem dominum, si non fuit, tantum

---

[1]) Vgl. Nr. 157.

[2]) 'nur insoweit.'

evictionis nomine venditorem obligat, si modo pretium est numeratum aut eo nomine satisfactum. emptor autem nummos venditoris facere cogitur.

546. l. 19, 3 Dig. de aedil. ed. 21, 1.

Ulpianus libro primo ad edictum aedilium curulium Ea autem sola dicta sive promissa admittenda sunt, quaecumque sic dicuntur, ut praestentur, non ut iactentur [1]).

547. l. 13 pr. Dig. de action. empti vend. 19, 1.

Ulpianus libro trigesimo secundo ad edictum Iulianus libro quinto decimo inter eum, qui sciens quid aut ignorans vendidit, differentiam facit in condemnatione ex empto: ait enim, qui pecus morbosum aut tignum vitiosum vendidit, si quidem ignorans fecit, id tantum ex empto actione praestaturum, quanto minoris essem empturus, si id ita esse scissem: si vero sciens reticuit et emptorem decepit, omnia detrimenta, quae ex ea emptione emptor traxerit, praestaturum ei: sive igitur aedes vitio tigni corruerunt, aedium aestimationem, sive pecora contagione morbosi pecoris perierunt, quod interfuit idonea venisse erit praestandum.

548. l. 1, 2 Dig. de aedil. ed. 21, 1.

Ulpianus libro primo ad edictum aedilium curulium Causa huius edicti proponendi est, ut occurratur fallaciis vendentium et emptoribus succurratur, quicumque decepti a venditoribus fuerint: dummodo sciamus venditorem, etiamsi ignoravit ea quae aediles praestari iubent, tamen teneri debere. nec est hoc iniquum: potuit enim ea nota habere venditor: neque enim interest emptoris, cur fallatur, ignorantia venditoris an calliditate.

549. l. 23, 7 Dig. de aedil. ed. 21, 1.

Ulpianus libro primo ad edictum aedilium curulium Iulianus ait iudicium redhibitoriae actionis utrumque, id est venditorem et emptorem, quodammodo in integrum restituere debere.

550. l. 31, 11 Dig. de aedil. ed. 21, 1.

Ulpianus libro primo ad edictum aedilium curulium Si mancipium quod redhiberi oportet mortuum erit, hoc quaeretur, numquid culpa emptoris vel familiae eius vel procuratoris homo demortuus sit:

---

[1]) Vgl. Nr. 163.

nam si culpa eius decessit, pro vivo habendus est, ut praestentur ea omnia, quae praestarentur, si viveret.

551. l. 38, 3 Dig. de aedil. ed. 21, 1.

Ulpianus libro secundo ad edictum aedilium curulium Et fere eadem sunt in his (iumentis), quae in mancipiis, quod ad morbum vitiumve attinet: quidquid igitur illic diximus, huc erit transferendum. et si mortuum fuerit iumentum, pari modo redhiberi poterit, quemadmodum mancipium potest.

552. c. 2 Cod. de resc. vend. 4, 44.

Impp. Diocletianus et Maximianus AA. Aurelio Lupo (a. 285) Rem maioris pretii si tu vel pater tuus minoris pretii distraxit, humanum est, ut vel pretium te restituente emptoribus fundum venditum recipias auctoritate intercedente iudicis, vel, si emptor elegerit, quod deest iusto pretio recipias. [minus autem pretium esse videtur, si nec dimidia pars veri pretii soluta sit.]

§ 92. Miete und Pacht.

553. l. 2 pr. Dig. locati conducti 19, 2.

Gaius libro secundo rerum cottidianarum Locatio et conductio proxima est emptioni et venditioni isdemque iuris regulis constitit: nam ut emptio et venditio ita contrahitur, si de pretio convenerit, sic et locatio et conductio contrahi intellegitur, si de mercede convenerit.

554. l. 25, 1 Dig. locati conducti 19, 2.

Gaius libro decimo ad edictum provinciale Qui fundum fruendum vel habitationem alicui locavit, si aliqua ex causa fundum vel aedes vendat, curare debet, ut apud emptorem quoque eadem pactione et colono frui et inquilino habitare liceat: alioquin prohibitus is aget cum eo ex conducto. [1])

555. l. 55, 1 Dig. locati conducti 19, 2.

Paulus libro secundo sententiarum In conducto fundo si conductor sua opera aliquid necessario vel utiliter auxerit vel aedificaverit vel instituerit, cum id non convenisset, ad recipienda ea quae impendit ex conducto cum domino fundi experiri potest.

556. l. 19, 4 Dig. locati conducti 19, 2.

Ulpianus libro trigesimo secundo ad edictum Si inquilinus ostium

---

[1]) Vgl. Nr. 598.

vel quaedam alia aedificio adiecerit, quae actio locum habeat? et est verius quod Labeo scripsit competere ex conducto actionem, ut ei tollere liceat, sic tamen, ut damni infecti caveat, ne in aliquo dum aufert deteriorem causam aedium faciat, sed ut pristinam faciem aedibus reddat.

557. l. 25, 6 Dig. locati conducti 19, 2.

Gaius libro decimo ad edictum provinciale Vis maior, quam Graeci θεοῦ βίαν appellant, non debet conductori damnosa esse, si plus, quam tolerabile est, laesi fuerint fructus: alioquin modicum damnum aequo animo ferre debet colonus, cui immodicum lucrum non aufertur. apparet autem de eo nos colono dicere, qui ad pecuniam numeratam conduxit: alioquin partiarius colonus quasi societatis iure et damnum et lucrum cum domino fundi partitur.

558. Paul. sent. 2, 18, 1.

Homo liber, qui statum suum in potestate habet, et peiorare eum et meliorem facere potest: atque ideo operas suas diurnas nocturnasque locat.

559. l. 38 pr. Dig. locati conducti 19, 2.

Paulus libro singulari regularum Qui operas suas locavit, totius temporis mercedem accipere debet, si per eum non stetit, quo minus operas praestet.

§ 93. Werkvertrag.

560. l. 5, 1 Dig. de verb. signif. 50, 16.

Paulus libro secundo ad edictum 'Opere locato conducto': his verbis Labeo significari ait id opus, quod Graeci ἀποτέλεσμα vocant, non ἔργον, id est ex opere facto corpus aliquod perfectum.

561. l. 9, 5 Dig. locati conducti 19, 2.

Ulpianus libro trigesimo secundo ad edictum Celsus etiam imperitiam culpae adnumerandam libro octavo digestorum scripsit: si quis vitulos pascendos vel sarciendum quid poliendumve conduxit, culpam eum praestare debere et quod imperitia peccavit, culpam esse: quippe ut artifex, inquit, conduxit.

562. l. 59 Dig. locati conducti 19, 2.

Iavolenus libro quinto Labeonis posteriorum Marcius domum faciendam a Flacco conduxerat: deinde operis parte effecta terrae motu concussum erat aedificium. Massurius Sabinus, si vi naturali, veluti terrae motu hoc acciderit, Flacci esse periculum.

§ 94. Große Haverei.

563. l. 2 pr. de leg. Rhod. 14,2.

Paulus libro trigensimo quarto ad edictum Si laborante nave iactus factus est, amissarum mercium domini, si merces vehendas locaverant, ex locato cum magistro navis agere debent: is deinde cum reliquis, quorum merces salvae sunt, ex conducto, ut detrimentum pro portione communicetur, agere potest. Servius quidem respondit ex locato agere cum magistro navis debere, ut ceterorum vectorum merces retineat, donec portionem damni praestent. immo etsi non retineat merces magister, ultro ex locato habiturus est actionem cum vectoribus: quid enim si vectores sint, qui nullas sarcinas habeant? plane commodius est, si sint, retinere eas. at si *quis* non totam navem conduxerit, ex conducto aget, sicut vectores, qui loca in navem conduxerunt: aequissimum enim est commune detrimentum fieri eorum, qui propter amissas res aliorum consecuti sunt, ut merces suas salvas haberent.

§ 95. Auftrag.

564. l. 1,4 Dig. mandati 17,1.

Paulus libro trigensimo secundo ad edictum Mandatum nisi gratuitum nullum est: nam originem ex officio atque amicitia trahit, contrarium ergo[1]) est officio merces: interveniente enim pecunia res ad locationem et conductionem potius respicit.

565. l. 36,1 Dig. mandati 17,1.

Iavolenus libro septimo ex Cassio Simili modo et in illa specie, ubi certo pretio tibi emere mandavi et aliarum partium nomine commode negotium gessisti et vilius emeris, pro tua parte tantum tibi praestatur, quanti interest tua, dummodo intra id pretium, quod mandato continetur. quid enim fiet, si exiguo pretio hi, cum quibus tibi communis fundus erat, rem abicere vel necessitate rei familiaris vel alia causa cogerentur? non etiam tu ad idem dispendium deduceris. sed nec lucrum tibi ex hac causa adquirere debes, cum mandatum gratuitum esse debet: neque enim tibi concedendum est propter hoc venditionem impedire, quod animosiorem eius rei emptorem esse quam tibi mandatum est cognoveris.

---

[1]) vero: Bynkershoek.

566. l. 1 pr. § 1 Dig. de extraord. cognit. 50, 13.

Ulpianus libro octavo de omnibus tribunalibus Praeses provinciae de mercedibus ius dicere solet, sed praeceptoribus tantum studiorum liberalium. liberalia autem studia accipimus, quae Graeci ἐλευθέρια appellant: rhetores continebuntur, grammatici, geometrae.
Medicorum quoque eadem causa est quae professorum, nisi quod 1
iustior, cum hi salutis hominum, illi studiorum curam agant: et ideo
his quoque extra ordinem ius dici debet.

567. l. 1, 4; 5 Dig. de extraord. cognit. 50, 13.

Ulpianus libro octavo de omnibus tribunalibus An et philosophi
professorum numero sint? et non putem, non quia non religiosa res
est, sed quia hoc primum profiteri eos oportet mercennariam operam
spernere. Proinde ne iuris quidem civilis professoribus ius dicent: est 5
quidem res sanctissima civilis sapientia, sed quae pretio nummario
non sit aestimanda nec dehonestanda, dum in iudicio honor petitur,
qui in ingressu sacramenti offerri debuit. quaedam enim tametsi
honeste accipiantur, inhoneste tamen petuntur.

568. l. 6, 3 Dig. mandati 17, 1.

Ulpianus libro trigensimo primo ad edictum Rei turpis nullum mandatum est et ideo hac actione non agetur.

569. l. 22, 6 Dig. mandati 17, 1.

Paulus libro trigensimo secundum ad edictum Qui aedem sacram spoliandam, hominem vulnerandum, occidendum [mandatum][1]) suscipiat, nihil mandati iudicio consequi potest propter turpitudinem mandati.

570. l. 42, 2 Dig. de procurat. et defensor. 3, 3.

Paulus libro octavo ad edictum Ea obligatio, quae inter dominum et procuratorem consistere solet, mandati actionem parit. aliquando tamen non contrahitur obligatio mandati: sicut evenit, cum in rem suam procuratorem praestamus eoque nomine iudicatum solvi promittimus: nam si ex ea promissione aliquid praestiterimus, non mandati, sed ex vendito (si hereditatem vendidimus) vel ex pristina causa mandati agere debemus: ut fit cum fideiussor reum procuratorem dedit.

---

[1]) von Mommsen getilgt.

571. Coll. leg. Mos. et Rom. 10, 2, 3.

Modestinus libro differentiarum secundo sub titulo de deposito vel commendato In mandati vero iudicium dolus, non etiam culpa deducitur. quamvis singulariter denotare liceat in tutelae iudicium utrumque deduci, cum solius pupilli, non etiam tutoris utilitas in administratione versetur.[1])

572. c. 10 Cod. de procuratoribus 2, 12 (13).

Imp. Alexander Castriciae (a. 227) si quid fraude vel dolo egit (procurator), convenire eum more iudiciorum non prohiberis.

573. l. 20 pr. Dig. mandati 17, 1.

Paulus libro undecimo ad Sabinum Ex mandato apud eum qui mandatum suscepit nihil remanere oportet, sicuti nec damnum pati debet, si exigere faeneratam pecuniam non potuit.

574. l. 26, 6 Dig. mandati 17, 1.

Paulus libro trigensimo secundo ad edictum Non omnia, quae inpensurus non fuit, mandatori imputabit, veluti quod spoliatus sit a latronibus aut naufragio res amiserit vel languore suo suorumque adprehensus quaedam erogaverit: nam haec magis casibus quam mandato imputari oportet.

575. l. 22, 11 Dig. mandati 17, 1.

Paulus libro trigensimo secundo ad edictum Sicut autem liberum est mandatum non suscipere, ita susceptum consummari oportet, nisi renuntiatum sit (renuntiari autem ita potest, ut integrum ius mandatori reservetur vel per se vel per alium eandem rem commode explicandi) aut si redundet in eum captio qui suscepit mandatum. et quidem si is cui mandatum est ut aliquid mercaretur mercatus non sit neque renuntiaverit se non empturum idque [sua,] non [alterius culpa] fecerit, mandati actione teneri eum convenit: hoc amplius tenebitur, sicuti Mela quoque scripsit, si eo tempore per fraudem renuntiaverit, cum iam recte emere non posset[2]).

576. l. 26 pr. Dig. mandati 17, 1.

Paulus libro trigensimo secundo ad edictum Inter causas omittendi mandati etiam mors mandatoris est: nam mandatum solvitur morte. si tamen per ignorantiam impletum est, competere actionem

---

[1]) Vgl. Nr. 463. 464.

[2]) posses: Mommsen. Vgl. Nr. 533.

utilitatis causa dicitur. Iulianus quoque scripsit mandatoris morte solvi mandatum, sed obligationem aliquando durare.

577. l. 2,6 Dig. mandati 17,1.

Gaius libro secundo cottidianarum Tua autem gratia intervenit mandatum, veluti si mandem tibi, ut pecunias tuas potius in emptiones praediorum colloces quam faeneres, vel ex diverso ut faeneres potius quam in emptiones praediorum colloces: cuius generis mandatum magis consilium est quam mandatum et ob id non est obligatorium, quia nemo ex consilio obligatur, etiamsi non expediat ei cui dabatur, quia liberum est cuique apud se explorare, an expediat sibi consilium [1]).

578. l. 6,5 Dig. mandati 17,1.

Ulpianus libro trigensimo primo ad edictum Plane si tibi mandavero quod tua intererat, nulla erit mandati actio, nisi mea quoque interfuit: aut, si non esses facturus, nisi ego mandassem, etsi mea non interfuit, tamen erit mandatio actio [1]).

§ 96. Gesellschaftsvertrag.

579. l. 1,1 Dig. pro socio 17,2.

Paulus libro trigesimo secundo ad edictum In societate omnium bonorum omnes res quae coeuntium sunt continuo communicantur.

580. l. 7 Dig. pro socio 17,2.

Ulpianus libro trigesimo ad Sabinum Coiri societatem et simpliciter licet: et si non fuerit distinctum, videtur coita esse universorum quae ex quaestu veniunt, hoc est si quod lucrum ex emptione venditione, locatione conductione descendit.

581. l. 5,1 Dig. pro socio 17,2.

Ulpianus libro trigesimo primo ad edictum Societas autem coiri potest et valet etiam inter eos, qui non sunt aequis facultatibus, cum plerumque pauperior opera suppleat, quantum ei per comparationem patrimonii deest. donationis causa societas recte non contrahitur.

582. § 2 Inst. de societate 3,25.[2])

De illa sane conventione quaesitum est, si Titius et Seius inter se pacti sunt, ut ad Titium lucri duae partes pertineant, damni tertia, ad Seium duae partes damni, lucri tertia, an rata debet haberi con-

---

[1]) Vgl. Gai. 3, 156.
[2]) Vgl. Gai. 3, 140.

ventio? Quintus Mucius contra naturam societatis talem pactionem esse existimavit et ob id non esse ratam habendam. Servius Sulpicius, cuius sententia praevaluit, contra sentit, quia saepe quorundam ita pretiosa est opera in societate, ut eos iustum sit meliore condicione in societatem admitti: nam et ita coiri posse societatem non dubitatur, ut alter pecuniam conferat, alter non conferat et tamen lucrum inter eos commune sit, quia saepe opera alicuius pro pecunia valet. et adeo contra Quinti Mucii sententiam optinuit, ut illud quoque constiterit posse convenire, ut quis lucri partem ferat, damno non teneatur, quod et ipsum Servius convenienter sibi existimavit: quod tamen ita intellegi oportet, ut, si in aliqua re lucrum, in aliqua damnum allatum sit, compensatione facta solum quod superest intellegatur lucri esse.

583. l. 29, 2 Dig. pro socio 17, 2.

Ulpianus libro trigensimo ad Sabinum Aristo refert Cassium respondisse societatem talem coiri non posse, ut alter lucrum tantum, alter damnum sentiret, et hanc societatem leoninam solitum appellare: et nos consentimus talem societatem nullam esse, ut alter lucrum sentiret, alter vero nullum lucrum, sed damnum sentiret: iniquissimum enim genus societatis est, ex qua quis damnum, non etiam lucrum spectet.

584. l. 52, 4 Dig. pro socio 17, 2.

Ulpianus libro trigensimo primo ad edictum Quidam sagariam negotiationem coierunt: alter ex his ad merces comparandas profectus in latrones incidit suamque pecuniam perdidit, servi eius vulnerati sunt resque proprias perdidit. dicit Iulianus damnum esse commune ideoque actione pro socio damni partem dimidiam adgnoscere debere tam pecuniae quam rerum ceterarum, quas secum non tulisset socius, nisi ad merces communi nomine comparandas proficisceretur. sed et si quid in medicos impensum est, pro parte socium agnoscere debere rectissime Iulianus probat. proinde et si naufragio quid periit, cum non alias merces quam navi solerent advehi, damnum ambo sentient: nam sicuti lucrum, ita damnum quoque commune esse oportet, quod non culpa socii contingit.

585. l. 1 pr. Dig. pro socio 17, 2.

Paulus libro trigesimo secundo ad edictum Societas coiri potest vel in perpetuum, id est dum vivunt, vel ad tempus vel ex tempore vel sub condicione.

586. l. 4,1 Dig. pro socio 17,2.

Modestinus libro tertio regularum Dissociamur renuntiatione, morte, capitis minutione et egestate.

587. l. 65,3; 4 Dig. pro socio 17,2.

Paulus libro trigensimo secundo ad edictum Diximus dissensu
solvi societatem: hoc ita est, si omnes dissentiunt. quid ergo, si unus
renuntiet? Cassius scripsit eum qui renuntiaverit societati a se quidem
liberare socios suos, se autem ab illis non liberare. quod utique obser-
vandum est, si dolo malo renuntiatio facta sit, veluti si, cum omnium
bonorum societatem inissemus, deinde cum obvenisset uni hereditas,
propter hoc renuntiavit: ideoque si quidem damnum attulerit heredi-
tas, hoc ad eum qui renuntiavit pertinebit, commodum autem com-
municare cogetur actione pro socio. quod si quid post renuntiationem
adquisierit, non erit communicandum, quia nec dolus admissus est
in eo. Item si societatem ineamus ad aliquam rem emendam, deinde 4
solus volueris eam emere ideoque renuntiaveris societati, ut solus
emeres, teneberis quanti interest mea: sed si ideo renuntiaveris, quia
emptio tibi displicebat, non teneberis, quamvis ego emero, quia hic
nulla fraus est: eaque et Iuliano placent.

588. l. 14 Dig. pro socio 17,2.

Ulpianus libro trigesimo ad Sabinum Si convenerit inter socios, ne intra certum tempus communis res dividatur, non videtur convenisse, ne societate abeatur. quid tamen si hoc convenit, ne abeatur, an valeat? eleganter Pomponius scripsit frustra hoc convenire: nam et si non convenit, si tamen intempestive renuntietur societati, esse pro socio actionem. sed et si convenit, ne intra certum tempus societate abeatur, et ante tempus renuntietur, potest rationem habere renuntiatio. nec tenebitur pro socio qui ideo renuntiavit, quia condicio quaedam, qua societas erat coita, ei non praestatur: aut quid si ita iniuriosus et damnosus socius sit, ut non expediat eum pati?

589. l. 65,6 Dig. pro socio 17,2.

Paulus libro trigensimo secundo ad edictum Item qui societatem in tempus coit, eam ante tempus renuntiando socium a se, non se a socio liberat: itaque si quid compendii postea factum erit, eius partem non fert, at si dispendium, aeque praestabit portionem: nisi renuntiatio ex necessitate quadam facta sit. quod si tempus finitum est, liberum est recedere, quia sine dolo malo id fiat.

§ 97. Innominatkontrakte.

590. l. 7, 2 Dig. de pactis 2, 14.

Ulpianus libro quarto ad edictum Sed et si in alium contractum res non transeat, subsit tamen causa, eleganter Aristo Celso respondit esse obligationem. ut puta dedi tibi rem ut mihi aliam dares, dedi ut aliquid facias: hoc συνάλλαγμα esse et hinc nasci civilem obligationem. et ideo puto recte Iulianum a Mauriciano reprehensum in hoc: dedi tibi Stichum, ut Pamphilum manumittas: manumisisti: evictus est Stichus. Iulianus scribit in factum actionem a praetore dandam: ille ait civilem incerti actionem, id est praescriptis verbis sufficere: esse enim contractum, quod Aristo συνάλλαγμα dicit, unde haec nascitur actio.

591. l. 22 Dig. de praescript. verb. 19, 5.

Gaius libro decimo ad edictum provinciale Si tibi polienda sarciendave vestimenta dederim, si quidem gratis hanc operam te suscipiente, mandati est obligatio, si vero mercede data aut constituta, locationis conductionisque negotium geritur. quod si neque gratis hanc operam susceperis neque protinus aut data aut constituta sit merces, sed eo animo negotium gestum fuerit, ut postea tantum mercedis nomine daretur, quantum inter nos statutum sit, placet quasi de novo negotio in factum dandum esse iudicium, id est praescriptis verbis.

592. l. 5 pr. Dig. de praescript. verb. 19, 5.

Paulus libro quinto quaestionum Naturalis meus filius servit tibi et tuus filius mihi: convenit inter nos, ut et tu meum manumitteres et ego tuum: ego manumisi, tu non manumisisti: qua actione mihi teneris, quaesitum est. in hac quaestione totius ob rem dati tractatus inspici potest. qui in his competit speciebus: aut enim do tibi ut des, aut do ut facias, aut facio ut des, aut facio ut facias: in quibus quaeritur, quae obligatio nascatur.

593. l. 1, 2 Dig. de rer. permut. 19, 4.

Paulus libro trigesimo secundo ad edictum Item emptio ac venditio nuda consentientium voluntate contrahitur, permutatio autem ex re tradita initium obligationi praebet: alioquin si res nondum tradita sit, nudo consensu constitui obligationem dicemus, quod in his dumtaxat receptum est, quae nomen suum habent, ut in emptione venditione,[1] conductione, mandato.

594. l. 1 Dig. de aestimatoria 19, 3.

Ulpianus libro trigesimo secundo ad edictum Actio de aestimato proponitur tollendae dubitationis gratia: fuit enim magis dubitatum, cum res aestimata vendenda datur, utrum ex vendito sit actio propter aestimationem, an ex locato, quasi rem vendendam locasse videor, an ex conducto, quasi operas conduxissem, an mandati. melius itaque visum est hanc actionem proponi: quotiens enim de nomine contractus alicuius ambigeretur, conveniret tamen aliquam actionem dari, dandam aestimatoriam praescriptis verbis actionem: est enim negotium civile gestum et quidem bona fide. quare omnia et hic locum habent, quae
in bonae fidei iudiciis diximus. Aestimatio autem periculum facit 1
eius qui suscepit: aut igitur ipsam rem debebit incorruptam reddere aut aestimationem de qua convenit.

595. l. 17, 1 Dig. de praescr. verb. 19, 5.

Ulpianus libro vicesimo octavo ad edictum Si margarita tibi aestimata dedero, ut aut eadem mihi adferres aut pretium eorum, deinde haec perierint ante venditionem, cuius periculum sit? et ait Labeo, quod et Pomponius scripsit, si quidem ego te venditor rogavi, meum esse periculum: si tu me, tuum: si neuter nostrum, sed dumtaxat consensimus, teneri te hactenus, ut dolum et culpam mihi praestes. actio autem ex hac causa utique erit praescriptis verbis.

§ 98. Das Pactum adiectum.[2]

596. l. 7, 7 Dig. de pactis 2, 14.

Ulpianus libro quarto ad edictum Ait praetor: 'Pacta conventa, quae neque dolo malo, neque adversus leges, plebis scita, senatus consulta, decreta, edicta[3] principum, neque quo fraus cui eorum fiat, facta erunt, servabo.'

597. l. 7, 4; 5. Dig. de pactis 2, 14.

Ulpianus libro quarto ad edictum Sed cum nulla subest causa,

---

[1]) 'locatione' schiebt Mommsen ein.

[2]) Vgl. Nr. 519. 770.

[3]) edicta decreta: Lenel; in der Florentiner Handschrift fehlt decreta.

propter conventionem hic [1]) constat non posse constitui obligationem: igitur nuda pactio obligationem non parit, sed parit exceptionem. Quin immo interdum format ipsam actionem, ut in bonae fidei iudiciis: solemus enim dicere pacta conventa inesse bonae fidei iudiciis. sed hoc sic accipiendum est, ut si quidem ex continenti pacta subsecuta sunt, etiam ex parte actoris insint: si ex intervallo, non inerunt, nec valebunt, si agat, ne ex pacto actio nascatur. ut puta post divortium convenit, ne tempore statuto dilationis [2]) dos reddatur, sed statim: hoc non valebit, ne ex pacto actio nascatur: idem Marcellus scribit. et si in tutelae actione convenit, ut maiores quam statutae sunt usurae praestentur, locum non habebit, ne ex pacto nascatur actio: ea enim pacta insunt, quae legem contractui dant, id est quae in ingressu contractus facta sunt. idem responsum scio a Papiniano, et si post emptionem ex intervallo aliquid extra naturam contractus conveniat, ob hanc causam agi ex empto non posse propter eandem regulam, ne ex pacto actio nascatur. quod et in omnibus bonae fidei iudiciis erit dicendum. sed ex parte rei locum habebit pactum, quia solent et ea pacta, quae postea interponuntur, parere exceptiones.

598. l. 13, 30 Dig. de act. empti vend. 19, 1 [3]).

Ulpianus libro trigesimo secundo ad edictum Si venditor habitationem exceperit, ut inquilino liceat habitare, vel colono ut perfrui liceat ad certum tempus, magis esse Servius putabat ex vendito esse actionem: denique Tubero ait, si iste colonus damnum dederit, emptorem ex empto agentem cogere posse venditorem, ut ex locato cum colono experiatur, ut quidquid fuerit consecutus, emptori reddat.

599. l. 6, 1 Dig. de act. empti vend. 19, 1.

Pomponius libro nono ad Sabinum Si vendidi tibi insulam certa pecunia et ut aliam insulam meam reficeres, agam ex vendito, ut reficias: si autem hoc solum, ut reficeres eam, convenisset, non intellegitur emptio et venditio facta, ut et Neratius scripsit. [4])

600. l. 75 Dig. de contrah. empt. 18, 1.

Hermogenianus libro secundo iuris epitomarum Qui fundum

---

[1]) iure civili: Huschke.

[2]) tempore statuto dilationis: Tribonian. annua bima trima die: Ulpian. Vgl. Nr. 794 § 8.

[3]) Vgl. Nr. 554.

[4]) Vgl. l. 6 Dig. 19, 5.

vendidit, ut eum certa mercede conductum ipse habeat vel, si [1]) vendat, non alii, sed sibi distrahat vel simile aliquid paciscatur: ad complendum id, quod pepigerunt, ex vendito agere poterit.

601. l. 4, 3 Dig. de pactis 2, 14.

Paulus libro tertio ad edictum Ex facto etiam consultus, cum convenisset, ut donec usurae solverentur sors non peteretur, et stipulatio pure concepta fuisset, condicionem inesse stipulationi, atque si hoc expressum fuisset.

§ 99. Das Constitutum debiti (pactum praetorium).

602. l. 14, 3 Dig. de pecun. constit. 13, 5.

Ulpianus libro vicensimo septimo ad edictum Constituere autem et praesentes et absentes possumus, sicut pacisci, et per nuntium et per nosmet ipsos et quibuscumque verbis.

603. l. 18, 1 Dig. de pecun. const. 13, 5.

Ulpianus libro vicensimo septimo ad edictum Quod adicitur: 'eamque pecuniam cum constituebatur debitam fuisse', interpretationem pleniorem exigit. nam primum illud efficit, ut, si quid tunc debitum fuit cum constitueretur, nunc non sit, nihilo minus teneat constitutum, quia retrorsum se actio refert. proinde temporali actione obligatum constituendo Celsus et Iulianus scribunt teneri debere, licet post constitutum dies temporalis actionis exierit. quare et si post tempus obligationis se soluturum constituerit, adhuc idem Iulianus putat, quoniam eo tempore constituit, quo erat obligatio, licet in id tempus quo non tenebatur. [2])

§ 100. Die Schenkung (pactum legitimum).

604. l. 82 Dig. de reg. iur. 50, 17.

Papinianus libro nono responsorum Donari videtur, quod nullo iure cogente conceditur.

605. l. 34, 1 Dig. de donation. 39, 5. *(cf. Paul. sent. 5, 11, 6).*

Paulus libro quinto sententiarum Si quis aliquem a latrunculis vel hostibus eripuit [et aliquid pro eo ab ipso accipiat, haec donatio

---

[1]) Krüger schiebt ein: emptor.

[2]) Vgl. Nr. 606.

inrevocabilis est: non] merces eximii laboris appellanda est, quod contemplatione salutis certo modo aestimari non placuit. [1])

606. l. 33 pr. Dig. de donation. 39, 5.

Hermogenianus libro sexto iuris epitomarum Qui id, quod ex causa donationis stipulanti spoponderat, solvi constituit, actione constitutae pecuniae non in solidum, sed in quantum facere potest convenitur [2]): causam enim et originem constitutae pecuniae, non iudicii potestatem praevalere placuit. sed et condemnatus ex causa donationis in actione iudicati non frustra desiderat in quantum facere potest conveniri.

607. l. 19, 1 Dig. de re iudic. 42, 1 *(cf. l. 173 pr. D. 50, 17).*

Paulus libro sexto ad Plautium Is quoque, qui ex causa donationis convenitur, in quantum facere potest condemnatur [2]) et quidem is solus deducto aere alieno: et inter eos, quibus ex simili causa pecunia debetur, occupantis potior erit causa. immo nec totum quod habet extorquendum ei puto: sed et ipsius ratio habenda est, ne egeat.

608. l. 18, 3 Dig. de donation. 39, 5.

Ulpianus libro septuagensimo primo ad edictum Labeo ait, si quis mihi rem alienam donaverit inque eam sumptus magnos fecero et sic mihi evincatur, nullam mihi actionem contra donatorem competere: plane de dolo posse me adversus eum habere actionem, si dolo fecit.

609. Paul. sent. 5, 11, 5.

Invitus donator de evictione rei donatae promittere non cogitur nec eo nomine, si promiserit, oneratur, quia lucrativae rei possessor ab evictionis actione ipsa iuris ratione depellitur.

610. c. 36 Cod. de donationibus 8, 53.

Imp. Iustinianus A. Iohanni pp. (a. 531) Si quis pro redemptione captivorum pecunias dederit sive per cautionem dare promiserit cuiuscumque quantitatis, cognoscat se neque repetitionem habere neque exactionem cautionis posse declinare, utpote gestis sicut

---

[1]) *Paul. sent.* 5, 11, 6: Ei, qui aliquem a latrunculis vel hostibus eripuit, in infinitum donare non prohibetur, si tamen donatio et non merces eximii laboris appellanda est, quia contemplationem salutis certo modo aestimari non placuit.

[2]) d. h.: er hat die Rechtswohltat des Notbedarfs, das Beneficium competentiae. Vgl. Nr. 232.

in donationibus non subsecutis super insinuatione eiusdem
quantitatis: eo videlicet, qui pecunias accepit vel prima vice vel post
cautionem, necessitatem habente piissimam administrationem adimple-
re, nulla ei molestia vel inquietudine inferenda vel ab eo qui pecunias
praebuit vel ab aliis ex legum auctoritate permissis hoc requirere, sed
tantummodo sacramentum praestare, quod re vera omnem quanti-
tatem sine dolo vel aliqua deminutione ad redemptionem dederit
captivorum. Simili etiam modo gestorum absolvimus ordinatione 1
donationes rerum mobilium vel sese moventium, quas viri gloriosissimi
magistri militum fortissimis praestant militibus tam ex sua substantia
quam ex spoliis hostium, sive in ipsa bellorum occupatione sive in
quibuscumque locis degere noscuntur. Eandem liberalitatem nostrae 2
legis indulgemus etiam his, quorum incendio vel ruina domus cor-
ruptae sunt, quibusdam forte pecunias cuiuscumque quantitatis prae-
bentibus vel cautionem conficientibus, ut et ipsi nec repetitionem
timeant, verum etiam exactionem pecuniarum confessioni insertarum
facere possint, licet non gesta fuerint subsecuta: nulla eis licentia
danda pecunias ad alias causas nisi ad refectionem domorum erogare.
quod si aliqua dubitatio orta fuerit, utrum tota quantitas an pars
eius in aedificiis expensa est, hoc domini domus sacramento dirimetur.
Ceteris etiam donationibus, quae gestis intervenientibus 3
minime sunt insinuatae, sine aliqua distinctione quin-
gentos usque ad solidos valituris. hoc etenim tantummodo
ad augendas huiusmodi donationes addendum esse ex praesenti lege
decernimus: anteriore tempore nostra lege praecedente [1]) moderando,
qua usque trecentos solidos factae donationes et sine insinuatione
firmitatem obtinere iussae sunt.

§ 101. Quasikontrakte.

611. l. 3 pr. Dig. de negot. gest. 3, 5.

Ulpianus libro decimo ad edictum Ait praetor: 'Si quis negotia alterius, sive quis negotia, quae cuiusque cum is moritur fuerint, gesserit: iudicium eo nomine dabo.'

612. l. 12 (13) Dig. de negot. gest. 3, 5.

Paulus libro nono ad edictum Debitor meus, qui mihi quinquaginta debebat, decessit: huius hereditatis curationem suscepi et impendi decem: deinde redacta ex venditione rei hereditariae centum in

---

[1]) c. 34 dieses Titels (8, 53) vom Jahre 529.

arca reposui: haec sine culpa mea perierunt. quaesitum est, an ab herede, qui quandoque extitisset, vel creditam pecuniam quinquaginta petere possim vel decem quae impendi. Iulianus scribit in eo verti quaestionem, ut animadvertamus, an iustam causam habuerim seponendorum centum: nam si debuerim et mihi et ceteris hereditariis creditoribus solvere, periculum non solum sexaginta[1]), sed et reliquorum quadraginta me praestaturum, decem tamen quae impenderim retenturum, id est sola nonaginta restituenda. si vero iusta causa fuerit, propter quam integra centum custodirentur, veluti si periculum erat, ne praedia in publicum committerentur, ne poena traiecticiae pecuniae augeretur aut ex compromisso committeretur: non solum decem, quae in hereditaria negotia impenderim, sed etiam quinquaginta quae mihi debita sunt ab herede me consequi posse.

613. l. 9 (10), 1 Dig. de negot. gest. 3, 5.

Ulpianus libro decimo ad edictum Is autem qui negotiorum gestorum agit non solum si effectum habuit negotium quod gessit, actione ista utetur, sed sufficit, si utiliter gessit, etsi effectum non habuit negotium. et ideo si insulam fulsit vel servum aegrum curavit, etiamsi insula exusta est vel servus obiit, aget negotiorum gestorum: idque et Labeo probat. sed ut Celsus refert, Proculus apud eum notat non semper debere dari. quid enim si eam insulam fulsit, quam dominus quasi impar sumptui dereliquerit vel quam sibi necessariam non putavit? oneravit, inquit, dominum secundum Labeonis sententiam, cum unicuique liceat damni infecti nomine rem derelinquere. sed istam sententiam Celsus eleganter deridet: is enim negotiorum gestorum, inquit, habet actionem, qui utiliter negotia gessit: non autem utiliter negotia gerit, qui rem non necessariam vel quae oneratura est patrem familias adgreditur. iuxta hoc est et, quod Iulianus scribit, eum qui insulam fulsit vel servum aegrotum curavit, habere negotiorum gestorum actionem, si utiliter hoc faceret, licet eventus non sit secutus. ego quaero: quid si putavit se utiliter facere, sed patri familias non expediebat? dico hunc non habiturum negotiorum gestorum actionem: ut enim eventum non spectamus, debet utiliter esse coeptum.

614. l. 26 (27), 1 Dig. de negot. gest. 3, 5.

Modestinus libro secundo responsorum Titium, si pietatis re-

---

[1]) quinquaginta: *I. B. Koehler.*

spectu sororis aluit filiam, actionem hoc nomine contra eam non habere respondi[1].

615. l. 20 (21) pr. Dig. de negot. gest. 3, 5.

Paulus libro nono ad edictum Nam et Servius respondit, ut est relatum apud Alfenum libro trigensimo nono digestorum: cum a Lusitanis tres capti essent et unus ea condicione missus, uti pecuniam pro tribus adferret, et nisi redisset, ut duo pro eo quoque pecuniam darent, isque reverti noluisset et ob hanc causam illi pro tertio quoque pecuniam solvissent: Servius respondit aequum esse praetorem in eum reddere iudicium.

616. l. 5, 5 (3) Dig. de negot. gest. 3, 5.

Ulpianus libro decimo ad edictum Sed et si quis negotia mea gessit non mei contemplatione, sed sui lucri causa, Labeo scripsit suum eum potius quam meum negotium gessisse (qui enim depraedandi causa accedit, suo lucro, non meo commodo studet): sed nihilo minus, immo magis et is tenebitur negotiorum gestorum actione. ipse tamen si circa res meas aliquid impenderit, non in id quod ei abest, quia improbe ad negotia mea accessit, sed in quod ego locupletior factus sum habet contra me actionem.

617. l. 48 (49) Dig. de negot. gest. 3, 5.

Africanus libro octavo quaestionum Si rem, quam servus venditus subripuisset a me venditore, emptor vendiderit eaque in rerum natura esse desierit, de pretio negotiorum gestorum actio mihi danda sit, ut dari deberet, si negotium, quod tuum esse existimares, cum esset meum, gessisses: sicut ex contrario in me tibi daretur, si, cum hereditatem quae ad me pertinet tuam putares, res tuas proprias legatas solvisses, quandoquidem ea solutione liberarer.

618. l. 3, 1 Dig. nautae caup. stab. 4, 9 [2].

Ulpianus libro quarto decimo ad edictum Ait praetor: 'nisi restituent, in eos iudicium dabo'. ex hoc edicto in factum actio proficiscitur. sed an sit necessaria, videndum, quia agi civili actione ex hac causa poterit: si quidem merces intervenerit, ex locato vel conducto: sed si tota navis locata sit, qui conduxit ex conducto etiam de rebus quae desunt agere potest: si vero res perferendas nauta conduxit, ex locato convenietur: sed si gratis res susceptae sint, ait

---

[1]) Vgl. Nr. 498.

[2]) Vgl. Nr. 467.

Pomponius depositi agi potuisse. miratur igitur, cur honoraria actio sit inducta, cum sint civiles: nisi forte, inquit, ideo, ut innotesceret praetor curam agere reprimendae improbitatis hoc genus hominum: et quia in locato conducto culpa, in deposito dolus dumtaxat praestatur, at hoc edicto omnimodo qui receperit tenetur, etiamsi sine culpa eius res periit vel damnum datum est, nisi si quid damno fatali contingit. inde Labeo scribit, si quid naufragio aut per vim piratarum perierit, non esse iniquum exceptionem ei dari. idem erit dicendum et si in stabulo aut in caupona vis maior contigerit.

619. § 3 Inst. de obl. quae quasi ex del. nasc. 4, 5. *(cf. l. 5, 6 Dig. 44, 7).* [1])

Item exercitor navis aut cauponae aut stabuli de dolo aut furto, quod in nave aut in caupona aut in stabulo factum erit, quasi ex maleficio teneri videtur, si modo ipsius nullum est maleficium, sed alicuius eorum, quorum opera navem aut cauponam aut stabulum exerceret: cum enim neque ex contractu sit adversus eum constituta haec actio et aliquatenus culpae reus est, quod opera malorum hominum uteretur, ideo quasi ex maleficio teneri videtur. in his autem casibus in factum actio competit, quae heredi quidem datur, adversus heredem autem non competit.

§ 102. Kondiktionen (Klagen auf ungerechtfertigter Bereicherung).

620. l. 206 Dig. de reg. iur. 50, 17.

Pomponius libro nono ex variis lectionibus Iure naturae aequum est neminem cum alterius detrimento et iniuria fieri locupletiorem.

621. l. 1, 3 Dig. de condict. sine causa 12, 7.

Ulpianus libro quadragensimo tertio ad Sabinum Constat id demum posse condici alicui, quod vel non ex iusta causa ad eum pervenit vel redit ad non iustam causam.

622. l. 25 Dig. de act. rer. amot. 25, 2.

Marcianus libro tertio regularum Rerum quidem amotarum iudicium sic habet locum, si divortii consilio res amotae fuerint et secutum divortium fuerit. sed si in matrimonio uxor marito res sub-

[1]) Vgl. Nr. 467.

traxerit, licet cessat rerum amotarum actio, tamen ipsas res maritus condicere potest: nam iure gentium condici puto posse res ab his, qui non ex iusta causa possident.

623. Gai. 3, 91 = § 1 I. quib. mod. re contr. oblig. 3, 14.

Is quoque qui non debitum accepit ab eo qui per errorem solvit, re obligatur: nam proinde ei condici potest 'Si paret eum dare oportere', ac si mutuum accepisset. unde quidam putant pupillum aut mulierem cui sine tutoris auctoritate non debitum per errorem datum est, non teneri condictione, non magis quam mutui datione; sed haec species obligationis non videtur ex contractu consistere, quia is qui solvendi animo dat, magis distrahere vult negotium quam contrahere.

624. l. 12 Dig. de condict. indeb. 12, 6.

Paulus libro septimo ad Sabinum Si fundi mei usum fructum tibi dedero falso existimans me eum tibi debere et antequam repetam decesserim, condictio eius ad heredem quoque meum transibit.

625. l. 1 pr. Dig. de condict. sine causa 12, 7.

Ulpianus libro quadragensimo tertio ad Sabinum Est et haec species condictionis, si quis sine causa promiserit vel si solverit quis indebitum. qui autem promisit sine causa, condicere quantitatem non potest quam non dedit, sed ipsam obligationem.

626. l. 4 Dig. de condict. caus. dat. caus. non sec. 12, 4.

Ulpianus libro trigensimo nono ad edictum Si quis accepto tulerit debitori suo, cum conveniret, ut expromissorem daret, nec ille det, potest dici condici posse ei, qui accepto sit liberatus.

627. l. 26, 3 Dig. de condict. indeb. 12, 6 (*cf. fr. Vat. 266*).

Ulpianus libro vicensimo sexto ad edictum Indebitum autem solutum accipimus non solum si omnino non debeatur, sed et si per aliquam exceptionem perpetuam peti non poterat: quare hoc quoque repeti poterit, nisi sciens se tutum exceptione solvit.

628. l. 65, 9 Dig. de condict. indeb. 12, 6.

Paulus libro septimo decimo ad Plautium Indebitum est non tantum, quod omnino non debetur, sed et quod alii debetur, si alii solvatur, aut si id quod alius debebat alius quasi ipse debeat solvat.

629. l. 1 pr. § 1 Dig. de condict. indeb. 12, 6.

Ulpianus libro vicensimo sexto ad edictum Nunc videndum de indebito soluto. Et quidem si quis indebitum ignorans solvit, per hanc actionem condicere potest: sed si sciens se non debere solvit, cessat repetitio [1]).

630. l. 53 Dig. de reg. iur. 50, 17.

Paulus libro quadragensimo secundo ad edictum Cuius per errorem dati repetitio est, eius consulto dati donatio est.

631. c. 4 Cod. de condict. indeb. 4, 5 [2]).

Impp. Diocletianus et Maximianus AA. et CC. Heraclio (a. 293) Ea, quae per infitiationem in lite crescunt, ab ignorante etiam indebita soluta repeti non posse certissimi iuris est. sed et si cautio indebitae pecuniae ex eadem causa interponatur, condictioni locum non esse constat.

632. l. 25, 1 Dig. de probat. 22, 3 [3]).

Paulus libro tertio quaestionum Sin autem is qui indebitum queritur vel pupillus vel minor sit vel mulier vel forte vir quidem perfectae aetatis, sed miles vel agri cultor et forensium rerum expers vel alias simplicitate gaudens et desidiae deditus: tunc eum qui accepit pecunias ostendere bene eas accepisse et debitas ei fuisse solutas et, si non ostenderit, eas redhibere.

633. l. 1, 1 Dig. de condict. ob turp. 12, 5.

Paulus libro decimo ad Sabinum Ob rem igitur honestam datum ita repeti potest, si res, propter quam datum est, secuta non est.

634. l. 7, 1 Dig. de condict. caus. dat. c. non sec. 12, 4.

Iulianus libro sexto decimo digestorum Fundus dotis nomine traditus [4]), si nuptiae insecutae non fuerint, condictione repeti potest: fructus quoque condici poterunt. idem iuris est de ancilla et partu eius.

635. l. 14 Dig. de condict. caus. dat. c. non sec. 12, 4.

Paulus libro tertio ad Sabinum Si procuratori falso indebitum solutum sit, ita demum a procuratore repeti non potest, si dominus

---

[1]) Vgl. Nr. 496. 498.

[2]) Vgl. Nr. 495.

[3]) Vgl. Nr. 248.

[4]) mancipatus: Iulian.

ratum habuerit, sed ipse dominus tenetur, ut Iulianus scribit. quod si dominus ratum non habuisset, etiamsi debita pecunia soluta fuisset, ab ipso procuratore repetetur: non enim quasi indebitum datum repetetur, sed quasi ob rem datum nec res secuta sit ratihabitione non intercedente: vel quod furtum faceret pecuniae falsus procurator, cum eo non tantum furti agi, sed etiam condici ei posse[1]).

636. l. 12 Dig. de condict. caus. dat. c. non sec. 12, 4.

Paulus libro sexto ad legem Iuliam et Papiam Cum quis mortis causa donationem, cum convaluisset donator, condicit, fructus quoque donatarum rerum et partus et quod adcrevit rei donatae repetere potest.

637. l. 1, 2 Dig. de condict. ob turp. 12, 5.

Paulus libro decimo ad Sabinum Quod si turpis causa accipientis fuerit, etiamsi res secuta sit, repeti potest:

638. l. 2 pr. § 1 Dig. de condict. ob turp. 12, 5.

Ulpianus libro vicensimo sexto ad edictum ut puta dedi tibi ne sacrilegium facias, ne furtum, ne hominem occidas. in qua specie Iulianus scribit, si tibi dedero, ne hominem occidas, condici posse:
Item si tibi dedero, ut rem mihi reddas depositam apud te vel ut in- 1
strumentum mihi redderes.

639. l. 3 Dig. de condict. ob turp. 12, 5.

Paulus libro decimo ad Sabinum Ubi autem et dantis et accipientis turpitudo versatur, non posse repeti dicimus: veluti si pecunia detur, ut male iudicetur.

640. l. 4 pr. Dig. de condict. ob turp. 12, 5.

Ulpianus libro vicensimo sexto ad edictum Idem si ob stuprum datum sit, vel si quis in adulterio deprehensus redemerit se: cessat enim repetitio, idque Sabinus et Pegasus responderunt.

641. l. 4, 3 Dig. de condict. ob turp. 12, 5.

Ulpianus libro vicensimo sexto ad edictum Sed quod meretrici datur, repeti non potest, ut Labeo et Marcellus scribunt, sed nova ratione, non ea, quod utriusque turpitudo versatur, sed solius dantis: illam enim turpiter facere, quod sit meretrix, non turpiter accipere, cum sit meretrix.

---

[1]) Vgl. Nr. 526.

B. Aus Delikten.

§ 103. Allgemeine Regeln.

642. Gai. 3, 182.

Transeamus nunc ad obligationes, quae ex delicto nascuntur, veluti si quis furtum fecerit, bona rapuerit, damnum dederit, iniuriam commiserit: quarum omnium rerum uno genere consistit obligatio, cum ex contractu obligationes in quattuor genera diducantur, sicut supra exposuimus.

643. l. 38 Dig. de reg. iur. 50, 17.

Pomponius libro vicensimo nono ad Sabinum Sicuti poena ex delicto defuncti heres teneri non debeat, ita nec lucrum facere, si quid ex ea re ad eum pervenisset.

644. cap. 5 X de raptoribus 5, 17.

Heredes eius moneas et compellas, ut his, quibus ille per incendium vel alio modo damna contra iustitiam irrogaverat, iuxta facultates suas condigne satisfaciant, ut sic a peccato valeat liberari.

§ 104. Furtum.

645. l. 1, 3 Dig. de furtis 47, 2.

Paulus libro trigensimo nono ad edictum Furtum est contrectatio rei fraudulosa lucri faciendi gratia vel ipsius rei vel etiam usus eius possessionisve. quod lege naturali prohibitum est admittere.

646. § 6 Inst. de obl. quae ex del. nasc. 4, 1 = Gai. 3, 195.

Furtum autem fit non solum, cum quis intercipiendi causa rem alienam amovet, sed generaliter cum quis alienam rem invito domino contractat. itaque sive creditor pignore sive is apud quem res deposita est ea re utatur sive is qui rem utendam accepit in alium usum eam transferat, quam cuius gratia ei data est, furtum committit. veluti si quis argentum utendum acceperit quasi ad cenam invitaturus et id peregre secum tulerit, aut si quis equum gestandi causa commodatum sibi longius aliquo duxerit, quod veteres scripserunt de eo, qui in aciem equum perduxisset.

647. l. 83 (82) pr. Dig. de furtis 47, 2.

Paulus libro secundo sententiarum Fullo et sarcinator, qui polienda vel sarcienda vestimenta accepit, si forte his utatur, ex contrectatione eorum furtum fecisse videtur, quia non in eam causam ab eo videntur accepta.

648. l. 55 (54), 1 Dig. de furtis 47, 2.

Gaius libro tertio decimo ad edictum provinciale Eum, qui quod utendum accepit ipse alii commodaverit, furti obligari responsum est. ex quo satis apparet furtum fieri et si quis usum alienae rei in suum lucrum convertat. nec movere quem debet, quasi nihil lucri sui gratia faciat: species enim lucri est ex alieno largiri et beneficii debitorem sibi adquirere. unde et is furti tenetur, qui ideo amovet, ut eam alii donet.

649. l. 14 Dig. commod. 13, 6.

Ulpianus libro quadragensimo octavo ad Sabinum Si servus meus rem meam tibi scienti nolle me tibi commodari commodaverit, et commodati et furti nascitur actio et praeterea condictio ex causa furtiva.

650. § 10 Inst. de obl. quae ex del. nasc. 4, 1 = Gai. 3, 200.

Aliquando autem etiam suae rei quisque furtum committit, veluti si debitor rem quam creditori pignoris causa dedit subtraxerit.

651. l. 15, 1; 2. Dig. de furtis 47, 2.

Paulus libro quinto ad Sabinum Dominus, qui rem subripuit, in qua usus fructus alienus est, furti usufructuario tenetur. Sed eum qui tibi commodaverit, si eam rem subripiat, non teneri furti placuisse Pomponius scripsit, quoniam nihil tua interesset, utpote cum nec commodati tenearis. ergo si ob aliquas impensas, quas in rem commodatam fecisti, retentionem eius habueris, etiam cum ipso domino, si eam subripiat, habebis furti actionem, quia eo casu quasi pignoris loco ea res fuit.

652. § 7 Inst. de obl. quae ex del. nasc. 4, 1 = Gai. 3, 197.

Placuit tamen eos, qui rebus commodatis aliter uterentur, quam utendas acceperint, ita[1]) furtum committere, si se intellegant id invito domino facere eumque si intellexisset non permissurum, ac si per-

---

[1]) nur dann.

missurum credant, extra crimen videri: optima sane distinctione, quia furtum sine affectu furandi[1]) non committitur.

653. Gai. 3, 203.

Furti autem actio ei conpetit cuius interest rem salvam esse, licet dominus non sit: itaque nec domino aliter conpetit quam si eius intersit rem non perire.

654. l. 14, 16 Dig. de furtis 47, 2.

Ulpianus libro vicensimo nono ad Sabinum Qualis ergo furti actio detur ei, cui res commodata est, quaesitum est. et puto omnibus[2]), quorum periculo res alienae sunt, veluti commodati, item locati pignorisve accepti, si hae subreptae sint, omnibus furti actiones[3]) competere: condictio autem ei demum competit, qui dominium habet.

655. l. 12, 1 Dig. de furtis 47, 2.

Ulpianus libro vicensimo nono ad Sabinum Sed furti actio malae fidei possessori non datur, quamvis interest eius rem non subripi, quippe cum res periculo eius sit: sed nemo de inprobitate sua consequitur actionem et ideo soli bonae fidei possessori, non etiam malae fidei furti actio datur.

656. l. 50, 3 Dig. de furtis 47, 2.

Ulpianus libro trigensimo septimo ad edictum Consilium autem dare videtur, qui persuadet et impellit atque instruit consilio ad furtum faciendum: opem fert, qui ministerium atque adiutorium ad subripiendas res praebet.

657. § 11. 12 Inst. de obl. quae ex del. nasc. 4, 1 (*cf. Gai. 3, 202*).

Interdum furti tenetur, qui ipse furtum non fecerit: qualis est, cuius ope et consilio furtum factum est. in quo numero est, qui tibi nummos excussit, ut alius eos raperet, aut obstitit tibi, ut alius rem tuam exciperet, vel oves aut boves tuas fugaverit, ut alius eas exciperet: et hoc veteres scripserunt de eo, qui panno rubro fugavit armentum. sed si quid eorum per lasciviam et non data opera, ut furtum admitteretur, factum est, in factum actio dari debeat. at ubi ope Maevii Titius furtum fecerit, ambo furti tenentur. ope consilio eius quoque

---

[1]) sine dolo malo: Gaius.

[2]) obligatis: Mommsen.

[3]) actionem: Mommsen.

furtum admitti videtur, qui scalas forte fenestris supponit aut ipsas fenestras vel ostium effringit, ut alius furtum faceret, quive ferramenta ad effringendum aut scalas ut fenestris supponerentur commodaverit, sciens cuius gratia commodaverit. certe qui nullam operam ad furtum faciendum adhibuit, sed tantum consilium dedit atque hortatus est ad furtum faciendum, non tenetur furti.

658. l. 1 Dig. de condict. furt. 13, 1.

Ulpianus libro octavo decimo ad Sabinum In furtiva re soli domino condictio competit.

659. l. 7, 1; 2 Dig. de condict. furt. 13, 1.

Ulpianus libro quadragensimo secundo ad Sabinum Furti actio poenam petit legitimam, condictio rem ipsam. ea res facit, ut neque furti actio per condictionem neque condictio per furti actionem consumatur. is itaque, cui furtum factum est, habet actionem furti et condictionem et vindicationem, habet et ad exhibendum actionem.
Condictio rei furtivae, quia rei habet persecutionem, heredem quoque 2
furis obligat, nec tantum si vivat servus furtivus, sed etiam si decesserit: sed et si apud furis heredem diem suum obiit servus furtivus vel non apud ipsum, post mortem tamen furis, dicendum est condictionem adversus heredem durare. quae in herede diximus, eadem erunt et in ceteris successoribus.

660. l. 6 Dig. de condict. furt. 13, 1.

Ulpianus libro trigensimo octavo ad edictum Proinde etsi ope consilio alicuius furtum factum sit, condictione non tenebitur, etsi furti tenetur.

§ 105. Sachbeschädigung.

661. l. 2 pr. § 1 Dig. ad leg. Aquil. 9, 2.

Gaius libro septimo ad edictum provinciale Lege Aquilia capite primo cavetur: 'ut qui servum servamve alienum alienamve quadrupedem[1]) vel pecudem iniuria occiderit, quanti id in eo anno plurimi fuit, tantum aes dare domino damnas esto': et infra deinde cavetur, ut adversus infitiantem in duplum actio esset.

---

[1]) quadrupedemve: Hotomannus.

662. l. 27, 5 Dig. ad leg. Aquil. 9, 2.

Ulpianus libro octavo decimo ad edictum Tertio autem capite ait eadem lex Aquilia: 'Ceterarum rerum praeter hominem et pecudem occisos si quis alteri damnum faxit, quod usserit, fregerit, ruperit iniuria, quanti ea res erit[1]) in diebus triginta proximis, tantum aes domino dare damnas esto'.

663. l. 23, 8 Dig. ad leg. Aquil. 9, 2.

Ulpianus libro octavo decimo ad edictum Hanc actionem et heredi ceterisque successoribus dari constat: sed in heredem vel ceteros haec actio non dabitur, cum sit poenalis, nisi forte ex damno locupletior heres factus sit.

664. l. 29, 8 Dig. ad leg. Aquil. 9, 2.

Ulpianus libro octavo decimo ad edictum Haec verba: 'quanti in triginta diebus proximis fuit', etsi non habent 'plurimi', sic tamen esse accipienda constat.

665. l. 5, 1 Dig. ad leg. Aquil. 9, 2.

Ulpianus libro octavo decimo ad edictum Iniuriam autem hic accipere nos oportet non quemadmodum circa iniuriarum actionem contumeliam quandam, sed quod non iure factum est, hoc est contra ius, id est si culpa quis occiderit: et ideo interdum utraque actio concurrit et legis Aquiliae et iniuriarum, sed duae erunt aestimationes, alia damni, alia contumeliae. igitur iniuriam hic damnum accipiemus culpa datum etiam ab eo, qui nocere noluit[2]).

666. l. 21, 2 Dig. ad leg. Aquil. 9, 2.

Ulpianus libro octavo decimo ad edictum Sed utrum corpus eius solum aestimamus, quanti fuerit cum occideretur, an potius quanti interfuit nostra non esse occisum? et hoc iure utimur, ut eius quod interest fiat aestimatio.

667. l. 8, 1 Dig. ad leg. Aquil. 9, 2.

Gaius libro septimo ad edictum provinciale Mulionem quoque, si per imperitiam impetum mularum retinere non potuerit, si eae alienum

---

[1]) fuit: Haloander.

[2]) Die Fortsetzung s. Nr. 67. Vgl. auch Nr. 210—215.

hominem obtriverint, vulgo dicitur culpae nomine teneri. idem dicitur et si propter infirmitatem sustinere mularum impetum non potuerit: nec videtur iniquum, si infirmitas culpae adnumeretur, cum affectare quisque non debeat, in quo vel intellegit vel intellegere debet infirmitatem suam alii periculosam futuram. idem iuris est in persona eius, qui impetum equi, quo vehebatur, propter imperitiam vel infirmitatem retinere non poterit.

§ 106. Tierschaden.

668. l. 1 3 Dig. si quadrup. pauper. fec. 9, 1.

Ulpianus libro octavo decimo ad edictum Ait praetor 'pauperiem 'fecisse'. pauperies est damnum sine iniuria facientis datum: nec enim potest animal iniuria fecisse, quod sensu caret.

§ 107. Raub.

669. l. 2 pr. Dig. vi bon. rapt. 47, 8.

Ulpianus libro quinquagensimo sexto ad edictum Praetor ait: 'Si cui dolo malo hominibus coactis damni quid factum esse dicetur sive cuius bona rapta esse dicentur, in eum, qui id fecisse dicetur, iudicium dabo. item si servus fecisse dicetur, in dominum iudicium noxale dabo'.

670. l. 2, 7 Dig. vi bon. rapt. 47, 8.

Ulpianus libro quinquagensimo sexto ad edictum Item si proponas solum damnum dedisse, non puto deficere verba: hoc enim quod ait 'hominibus coactis', sic accipere debemus: 'etiam hominibus coactis', ut sive solus vim fecerit sive etiam hominibus coactis vel armatis vel inermibus, hoc edicto teneatur.

671. l. 2, 24 Dig. vi bon. rapt. 47, 8.

Ulpianus libro quinquagensimo sexto ad edictum Utilius dicendum est et si cesset actio furti ob rem depositam, esse tamen vi bonorum raptorum actionem, quia non minima differentia est inter eum qui clam facit et eum qui rapit, cum ille celet suum delictum, hic publicet et crimen etiam publicum admittat. si quis igitur interesse sua vel modice docebit, debet habere vi bonorum raptorum actionem.

§ 108. Beleidigung.

672. l. 3,1; 2 Dig. de iniur. et fam. libell. 47,10.

Ulpianus libro quinquagensimo sexto ad edictum Sane sunt quidam, qui facere non possunt, ut puta furiosus et inpubes, qui doli capax non est: namque hi pati iniuriam solent, non facere. cum enim iniuria ex affectu facientis consistat, consequens erit dicere hos, sive
2 pulsent sive convicium dicant, iniuriam fecisse non videri. Itaque pati quis iniuriam, etiamsi non sentiat, potest, facere nemo, nisi qui scit se iniuriam facere, etiamsi nesciat cui faciat.

673. Gai. 3,220—222.

Iniuria autem committitur non solum cum quis pugno puta aut fuste percussus vel etiam verberatus erit, sed etiam si cui convicium factum fuerit, sive quis bona alicuius quasi debitoris sciens eum nihil sibi debere proscripserit, sive quis ad infamiam alicuius libellum aut carmen scripserit, sive quis matrem familias aut praetextatum adsectatus fuerit, et denique aliis pluribus modis [1]).

221. Pati autem iniuriam videmur non solum per nosmet ipsos, sed etiam per liberos nostros quos in potestate habemus, item per uxores nostras, quamvis in manu nostra *non* sint; itaque si filiae meae quae Titio nupta est, iniuriam feceris, non solum filiae nomine tecum agi iniuriarum potest, verum etiam meo quoque et Titii nomine. **222.** Servo autem ipsi quidem nulla iniuria intellegitur fieri, sed domino per eum fieri videtur: non tamen isdem modis quibus etiam per liberos nostros vel uxores iniuriam pati videmur, sed ita cum quid atrocius commissum fuerit, quod aperte in contumeliam domini fieri videtur, veluti si quis alienum servum verberaverit; et in hunc casum formula proponitur; at si quis servo convicium fecerit vel pugno eum percusserit, non proponitur ulla formula nec temere petenti datur.

§ 109. Quasidelikte.

674. l. 6 Dig. de extraord. cognit. 50,13.

Gaius libro tertio rerum cottidianarum sive aureorum Si iudex litem suam fecerit, non proprie ex maleficio obligatus videtur: sed quia neque ex contractu obligatus est et utique peccasse aliquid intellegitur, licet per inprudentiam, ideo videtur quasi ex maleficio teneri in factum

---

[1]) Vgl. Nr. 122.

actione, et in quantum de ea re aequum religioni iudicantis visum fuerit, poenam sustinebit [1]).

675. Gai. 4, 52.

Debet autem iudex attendere, *ut* cum certae pecuniae condemnatio posita sit, neque maioris neque minoris summa posita condemnet, alioquin litem suam facit; item si taxatio posita sit, ne pluris condemnet quam taxatum sit, alias enim similiter litem suam facit: minoris autem damnare ei permissum est. [1])

676. l. 1 pr. Dig. de his, qui effud. vel. deiec. 9, 3.

Ulpianus libro vicensimo tertio ad edictum Praetor ait de his, qui deiecerint vel effuderint: 'Unde in eum locum, quo vulgo iter fiet vel in quo consistetur, deiectum vel effusum quid erit, quantum ex ea re damnum datum factumve erit, in eum, qui ibi habitaverit, in duplum iudicium dabo. si eo ictu homo liber perisse dicetur, quinquaginta aureorum [2]) iudicium dabo. si vivet nocitumque ei esse dicetur, quantum ob eam rem aequum iudici videbitur eum cum quo agetur condemnari, tanti iudicium dabo. si servus insciente domino fecisse dicetur, in iudicio adiciam: aut noxae dedere.'

677. l. 7 Dig. de his, qui effud. vel. deiec. 9, 3.

Gaius libro sexto ad edictum provinciale Cum liberi hominis corpus ex eo, quod deiectum effusumve quid erit, laesum fuerit, iudex computat mercedes medicis praestitas ceteraque impendia, quae in curatione facta sunt, praeterea operarum, quibus caruit aut cariturus est ob id, quod inutilis factus est. cicatricium autem aut deformitatis nulla fit aestimatio, quia l i b e r u m c o r p u s n u l l a m r e c i p i t a e s t i m a t i o n e m. [3])

678. l. 5, 5 Dig. de his, qui effud. vel deiec. 9, 3.

Ulpianus libro vicensimo tertio ad edictum Haec autem actio, quae competit de effusis et deiectis, perpetua est et heredi competit, in heredem vero non datur. quae autem de eo competit, quod liber perisse dicetur, intra annum dumtaxat competit, neque in heredem datur sed nec heredi similibusque personis: nam est poenalis et popularis: dummodo sciamus ex pluribus desiderantibus hanc actionem ei potissimum dari debere cuius interest vel qui adfinitate cognationeve

---

[1]) Vgl. Nr. 868.

[2]) milium sestertium: Ulpian.

[3]) Vgl. Nr. 445.

defunctum contingat. sed si libero nocitum sit, ipsi perpetua erit actio: sed si alius velit experiri, annua erit haec actio, nec enim heredibus iure hereditario competit, quippe quod in corpore libero damni datur, iure hereditario transire ad successores non debet, quasi non sit damnum pecuniarium, nam ex bono et aequo oritur.

679. l. 5, 10 Dig. de his, qui effud. vel deiec. 9, 3.

Ulpianus libro vicensimo tertio ad edictum Positum habere etiam is recte videtur, qui ipse quidem non posuit, verum ab alio positum patitur: quare si servus posuerit, dominus autem positum patiatur, non noxali iudicio dominus, sed suo nomine tenebitur [1]).

III. Übertragung der Obligationen.

§ 110. Zession.

680. Gai. 2, 38. 39.

Obligationes quoquo modo contractae nihil eorum recipiunt: nam quod mihi ab aliquo debetur, id si velim tibi deberi, nullo eorum modo, quibus res corporales ad alium transferuntur, id efficere possum; sed opus est, ut iubente me tu ab eo stipuleris; quae res efficit, ut a me liberetur et incipiat tibi teneri. quae dicitur novatio obligationis. **39.** Sine hac vero novatione non poteris tuo nomine agere, sed debes ex persona mea quasi cognitor aut procurator meus experiri.

681. c. 4 Cod. quae res pignori 8, 16 (17).

Imp. Alexander A. . . . . evocato (a. 225) Nomen quoque debitoris pignerari et generaliter et specialiter posse pridem placuit. quare si debitor is satis non facit, cui tu credidisti, ille, cuius nomen tibi pignori datum est, nisi ei cui debuit solvit nondum certior a te de obligatione tua factus, utilibus actionibus satis tibi facere usque ad id, quod tibi deberi a creditore eius probaveris, compelletur, quatenus tamen ipse debet.

682. c. 3 pr. Cod. de novat. 8, 41 (42).

Imp. Gordianus A. Muciano (a. 239) Si delegatio non est interposita debitoris tui ac propterea actiones apud te remanserunt, quamvis creditori tuo adversus eum solutionis causa mandaveris

---

[1]) Vgl. Nr. 619.

actiones, tamen antequam lis contestetur vel aliquid ex debito accipiat vel debitori tuo denuntiaverit, exigere a debitore tuo debitam quantitatem non vetaris et eo modo tui creditoris exactionem contra eum inhibere.

683. l. 16 pr. Dig. de pactis 2, 14.

Ulpianus libro quarto ad edictum Si cum emptore hereditatis pactum sit factum et venditor hereditatis petat, doli exceptio nocet. nam ex quo rescriptum est a divo Pio utiles actiones emptori hereditatis dandas, merito adversus venditorem hereditatis exceptione doli debitor hereditarius uti potest.

684. l. 4 Dig. de hered. vendit. 18, 4.

Ulpianus libro trigensimo secundo ad edictum Si nomen sit distractum, Celsus libro nono digestorum scribit locupletem esse debitorem[1]) non debere praestare, debitorem autem esse praestare[, nisi aliud convenit].

685. c. 2 Cod. ne liceat potentior. 2, 13 (14).

Impp. Honorius et Theodosius AA. Iohanni pp. (a. 422) Si cuiuscumque modi cautiones ad potentium fuerint delatae personas, debiti creditores iactura multentur. aperta enim credentium videtur esse voracitas, qui alios actionum suarum redimunt exactores.

686. c. 22 pr. § 1 Cod. mandati 4, 35.

Imp. Anastasius A. Eustathio pp. (a. 506) Per diversas interpellationes ad nos factas comperimus quosdam alienis rebus fortunisque inhiantes cessiones aliis competentium actionum in semet exponi properare hocque modo diversas personas litigiorum vexationibus adficere, cum certum sit pro indubitatis obligationibus eos magis, quibus antea suppetebant, sua vindicare quam ad alios ea transferre velle.
Per hanc itaque legem iubemus in posterum huiusmodi conamen in- 1
hiberi (nec enim dubium est redemptores litium alienarum videri eos esse, qui tales cessiones in se confici cupiunt), ita tamen, ut, si quis datis pecuniis huiusmodi subierit cessionem, usque ad ipsam tantummodo solutarum pecuniarum quantitatem et usurarum eius actiones exercere permittatur, licet instrumento cessionis venditionis nomen insertum sit.

---

[1]) Mommsen schiebt ein: venditorem.

§ 111. Delegation.

687. l. 11 pr. Dig. de novat. et delegat. 46, 2.

Ulpianus libro vicensimo septimo ad edictum Delegare est vice sua alium reum dare creditori vel cui iusserit.

688. Gai. 3, 176—179.

Praeterea novatione tollitur obligatio, veluti si quod tu mihi debeas, a Titio dari stipulatus sim; nam interventu novae personae nova nascitur obligatio et prima tollitur translata in posteriorem, adeo ut interdum, licet posterior stipulatio inutilis sit, tamen prima novationis iure tollatur, veluti si quod mihi debes, a Titio post mortem eius vel a muliere pupillove sine tutoris auctoritate stipulatus fuero; quo casu rem amitto; nam et prior debitor liberatur, et posterior obligatio nulla est. non idem iuris est, si a servo stipulatus fuero; nam tunc *prior* proinde adhuc obligatus tenetur, ac si postea a nullo stipulatus fuissem. **177.** Sed si eadem persona sit, a qua postea stipuler, ita demum novatio fit, si quid in posteriore stipulatione novi sit, forte si condicio vel dies aut sponsor adiciatur aut detrahatur. **178.** Sed quod de sponsore dixi*mus*, non constat: nam diversae scholae auctoribus placuit nihil ad novationem proficere sponsoris adiectionem aut detractionem. **179.** Quod autem diximus, si condicio adiciatur, novationem fieri, sic intellegi oportet, ut ita dicamus factam novationem, si condicio extiterit; alioquin si defecerit, durat prior obligatio: sed videamus, num is, qui eo nomine agat, doli mali aut pacti conventi exceptione possit summoveri, quia videtur inter eos id actum, ut ita ea res peteretur, si posterioris stipulationis exstiterit condicio. Servius tamen Sulpicius existimavit, statim et pendente condicione novationem fieri, et si defecerit condicio, ex neutra causa agi posse *et* eo modo rem perire; qui consequenter et illud respondit, si quis id, quod sibi L. Titius deberet, a servo fuerit stipulatus, novation*em* fieri et rem perire; quia cum servo agi non posset: sed in utroque casu alio iure utimur: nec magis his casibus novatio fit, quam si id, quod tu mihi debeas, a peregrino, cum quo sponsus conmunio non est, SPONDES verbo stipulatus sim.

689. l. 27 Dig. de novat. et delegat. 46, 2.

Papinianus libro tertio responsorum Emptor cum delegante venditore pecuniam ita promittit: 'quidquid ex vendito dare facere oportet', novatione secuta usuras neutri post insecuti temporis debet.

IV. Mehrheit der Subjekte.

§ 112. Haftung für fremde Schulden (adjektizische Klagen).

690. Gai. 4, 69—73 = pr. — § 4 Inst. 4, 7.

Quia tamen superius mentionem habuimus de actione, qua in peculium filiorum familias servorumque agitur, opus est, ut de hac actione et de ceteris, quae eorundem nomine in parentes dominosve dari solent, diligentius admoneamus. **70.** In primis itaque si iussu patris dominive negotium gestum erit, in solidum praetor actionem in patrem dominumve conparavit: et recte, quia qui ita negotium gerit, magis patris dominive quam filii servive fidem sequitur. **71.** Eadem ratione comparavit duas alias actiones, exercitoriam et institoriam: tunc autem exercitoria locum habet, cum pater dominusve filium servumve magistrum navi praeposuerit et quid cum eo eius rei gratia, cui praepositus fuit, [negotium] gestum erit; cum enim ea quoque res ex voluntate patris dominive contrahi videatur, aequissimum esse visum est, in solidum *in eum* actio*nem* dari: quin etiam, licet extraneum quis magistrum navi praeposuerit, sive servum sive liberum, tamen ea praetoria actio in eum redditur: ideo autem exercitoria actio appellatur, quia exercitor vocatur is, ad quem cottidianus navis quaestus pervenit. institoria vero formula tum locum habet, cum quis tabernae aut cuilibet negotiationi filium servumve aut quemlibet extraneum, sive servum sive liberum, praeposuerit, et quid cum eo eius rei gratia, cui praepositus est, contractum fuerit: ideo autem institoria vocatur, quia qui tabernae praeponitur, institor appellatur: quae et ipsa formula in solidum est. **72.** Praeterea tri*bu*toria quoque actio in patrem dominumve constituta est, cum filius servusve in peculiari merce sciente patre dominove negotietur; nam si quid eius rei gratia cum eo contra*ctum* fuerit, ita praetor ius dicit, ut quidquid in *his* mercibus[1]) *erit, quodque inde receptum erit, id inter (patrem) dominum(ve), si quid ei* debe*bitur*, *et ceteros creditores pro rata portione distribuatur; et quia ipsi (patri) domino(ve) distributionem permittit, si quis ex creditoribus queratur, quasi minus ei tributum sit, quam oportuerit, hanc ei actionem adcommodat, quae tributoria appellatur.* **73.** *Praeterea introducta est actio de peculio deque eo, quod in rem (patris) domini(ve) versum erit, ut quamvis sine voluntate*

[1]) Das Folgende ist nur in den Institutionen überliefert.

(patris) domini(ve) negotium gestum erit, tamen sive quid in rem eius versum fuerit, id totum praestare debeat, sive quid non sit in rem eius versum, id eatenus praestare debeat, *quatenus peculium patitur: in rem autem domini versum intellegitur, quidquid necessario in rem eius inpenderit servus, veluti si mutuatus pecuniam creditoribus eius solverit, aut aedificia ruentia fulserit, aut familiae frumentum emerit, vel etiam fundum aut quamlibet aliam rem necessariam mercatus erit: itaque si ex decem utputa sestertiis, quae*[1]) *servus tuus a Titio mutua*[2]) *accepit, creditori tuo quinque sestertia*[3]) *solverit, reliqua*[4]) *vero quinque quolibet modo consumpserit, pro quinque quidem in solidum damnari debes, pro ceteris vero quinque eatenus, quatenus in peculio sit: ex quo scilicet apparet, si tota*[5]) *decem sestertia*[6]) *in rem tuam versa*[7]) *fuerint. tota*[8]) *decem sestertia*[3]) *Titium consequi posse; licet enim una est formula*[9]), *qua de peculio deque eo, quod in rem (patris) domini(ve) versum sit, agitur, tamen duas habet condemnationes; itaque iudex, apud quem ea formula*[10]) *agitur, ante dispicere solet, an in rem (patris) domini(ve) versum sit, nec aliter ad peculii aestimationem transit, quam si aut nihil in rem (patris) domini(ve) versum intellegatur aut non totum.* **73.** *Cum autem quaeritur, quantum in peculio sit, ante de*ducitur, quod patri dominove quique in eius potestate sit, a filio servove debetur, et quod superest, hoc solum peculium esse intellegitur. aliquando tamen id, quod ei debet filius servusve, qui in potestate patris dominive sit, non deducitur ex peculio, velut si is, cui debet, in huius ipsius peculio sit.

691. l. 5, 1 Dig. de exerc. act. 14, 1.

Paulus libro vicensimo nono ad edictum Item si servus meus navem exercebit et cum magistro eius contraxero, nihil obstabit, quo minus adversus magistrum experiar actione, quae mihi vel iure civili vel honorario competit: nam et cuivis alii non obstat hoc edictum, quo minus cum magistro agere possit: h o c e n i m e d i c t o n o n t r a n s f e r t u r a c t i o , s e d a d i c i t u r.

---

[1]) aureis, quos: Inst.
[2]) mutuos: Inst.
[3]) aureos: Inst.
[4]) reliquos: Inst.
[5]) toti: Inst.
[6]) aurei: Inst.
[7]) versi: Inst.
[8]) totos: Inst.
[9]) actio: Inst.
[10]) actione: Inst.

692. l. 3, 2 Dig. de in rem verso 15, 3.

Ulpianus libro vicensimo nono ad edictum Et regulariter dicimus totiens de in rem verso esse actionem, quibus casibus procurator mandati vel qui negotia gessit negotiorum gestorum haberet actionem quotiensque aliquid consumpsit servus, ut aut meliorem rem dominus habuerit aut non deteriorem.

693. Paul. sent. 2, 8.

Sicut commoda sentimus ex actu praepositi institoris, ita et incommoda sentire debemus. et ideo qui servum sive ancillam sive filium filiamve familias praeposuit negotio vel mercibus exercendis, eorum nomine in solidum convenitur. **2.** Si quis pecuniae faenerandae agrove colendo, condendis vendendisque frugibus praepositus est, ex eo nomine, quod cum illo contractum est, in solidum fundi[1]) dominus obligatur; nec interest, servus an liber sit. **3.** Quod cum discipulis eorum, qui officinis vel tabernis praesunt, contractum est, in magistros vel institores tabernae in solidum actio datur.

694. Paul. sent. 2, 9, 1.

Servus vel filius familias si acceptam pecuniam in rem patris vel domini verterit, hoc modo, agrum puta colendo, domum fulciendo, mancipia vestiendo, mercando[2]) vel creditori solvendo vel quid tale faciendo, de in rem verso in solidum vel patrem vel dominum obligat: si tamen ob hanc causam pecunia data sit.[3])

695. l. 11, 2 Dig. de institor. act. 14, 3.

Ulpianus libro vicensimo octavo ad edictum De quo palam proscriptum fuerit, ne cum eo contrahatur, is praepositi loco non habetur: non enim permittendum erit cum institore contrahere, sed si quis nolit contrahi, prohibeat: ceterum qui praeposuit, tenebitur ipsa praepositione.

696. l. 10, 5 Dig. mandati 17, 1.

Ulpianus libro trigensimo primo ad edictum Idem Papinianus libro eodem[4]) refert fideiussori condemnato, qui ideo fideiussit, quia dominus procuratori mandaverat, ut pecuniam mutuam acciperet, utilem actionem dandam quasi institoriam, quia et hic quasi praeposuisse eum mutuae pecuniae accipiendae videatur.

[1]) 'fundi' ist zu tilgen.

[2]) frumentum mercando: Huschke.

[3]) Der Schlußsatz dürfte interpoliert sein.

[4]) libro tertio responsorum.

§ 113. Haftung für fremdes Verschulden (Noxalklagen).

697. l. 1 pr. Dig. de noxal. act. 9, 4.

Gaius libro secundo ad edictum provinciale Noxales actiones appellantur, quae non ex contractu, sed ex noxa atque maleficio servorum adversus nos instituuntur: quarum actionum vis et potestas haec est, ut, si damnati fuerimus, liceat nobis deditione ipsius corporis quod deliquerit evitare litis aestimationem.

698. Gai. 4, 77. 78 = § 5. 6 Inst. 4, 8.

Omnes autem noxales actiones caput sequuntur: nam si filius tuus servusve noxam commiserit, quamdiu in tua potestate est, tecum est actio; si in alterius potestatem pervenerit, cum illo incipit actio esse; si sui iuris coeperit esse, directa actio cum ipso est et noxae deditio extinguitur. ex diverso quoque directa actio noxalis esse incipit: nam si pater familias noxam commiserit, et is se in adrogationem tibi dederit aut servus tuus esse coeperit, *quod* quibusdam casibus accidere primo commentario tradidimus, incipit tecum noxalis actio esse, quae ante directa fuit. **78.** Sed si filius patri aut servus domino noxam commiserit, nulla actio nascitur: nulla enim omnino inter me et eum, qui in potestate mea est, obligatio nasci potest; ideoque et si in alienam potestatem pervenerit aut sui iuris esse coeperit, neque cum ipso neque cum eo, cuius nunc in potestate est, agi potest. unde quaeritur, si alienus servus filiusve noxam commiserit mihi et is postea in mea esse coeperit potestate, utrum intercidat actio an quiescat: nostri praeceptores intercidere putant, quia in eum casum deducta sit, in quo ab initio consistere non potuerit, ideoque, licet exierit de mea potestate, agere me non posse; diversae scholae auctores, quamdiu in mea potestate sit, quiescere actionem putant, quia ipse mecum agere non possum, cum vero exierit de mea potestate, tunc eam resuscitari.

699. l. 2 pr. Dig. de noxal. act. 9, 4.

Ulpianus libro octavo decimo ad edictum Si servus sciente domino occidit, in solidum dominum obligat, ipse enim videtur dominus occidisse: si autem insciente, noxalis est, nec enim debuit ex maleficio servi in plus teneri, quam ut noxae eum dedat.

§ 114. Die Bürgschaft.

700. Gai. 3, 115. 116.

Pro eo quoque, qui promittit, solent alii obligari, quorum alios sponsores, alios fidepromissores, alios fideiussores appellamus. **116.** Sponsor ita interrogatur: 'Idem dari spondes?' fidepromissor *ita:* 'Idem fideipromittis?' fideiussor ita: 'Idem fide tua esse iubes?' videbimus de his autem, quo nomine possint proprie adpellari, qui ita interrogantur: 'Idem dabis? idem promittis? idem facies?'

701. l. 6, 4 Dig. mandati 17, 1.

Ulpianus libro trigensimo primo ad edictum Si tibi mandavero quod mea non intererat, veluti ut pro Seio intervenias vel ut Titio credas, erit mihi tecum mandati actio, ut Celsus libro septimo digestorum scribit, et ego tibi sum obligatus.

702. l. 8, 7 Dig. de fideiussor. et mandator. 46, 1.

Ulpianus libro quadragensimo septimo ad Sabinum Illud commune est in universis, qui pro aliis obligantur, quod, si fuerint in duriorem causam adhibiti, placuit eos omnino non obligari: in leviorem plane causam accipi possunt, propter quod in minorem summam recte fideiussor accipietur. item accepto reo pure ipse ex die vel sub condicione accipi potest: enimvero si reus sub condicione sit acceptus, fideiussor pure, non obligabitur.

703. l. 19 Dig. de except. 44, 1.

Marcianus libro tertio decimo institutionum Omnes exceptiones, quae reo competunt, fideiussori quoque etiam invito reo competunt.

704. l. 36 Dig. de fideiussor. et mandator. 46, 1.

Paulus libro quarto decimo ad Plautium Cum is qui et reum et fideiussores habet ab uno ex fideiussoribus accepta pecunia praestat actiones, poterit quidem dici nullas iam esse, cum suum perceperit et perceptione omnes liberati sunt. sed non ita est: non enim in solutum accipit, sed quodammodo nomen debitoris vendidit, [et ideo habet actiones, quia tenetur ad id ipsum, ut praestet actiones].

705. § 4 Inst. de fideiussor. 3, 20. cf. Gai. 3, 121 sq.

Si plures sint fideiussores, quotquot erunt numero, singuli in solidum tenentur. itaque liberum est creditori a quo velit solidum petere. sed ex epistula divi Hadriani compellitur creditor a singulis, qui modo solvendo sint litis contestatae tempore, partes petere. ideoque si quis ex fideiussoribus eo tempore solvendo non sit, hoc ceteros onerat. sed et si ab uno fideiussore creditor totum consecutus fuerit, huius solius detrimentum erit, si is pro quo fideiussit solvendo non sit: et sibi imputare debet, cum potuerit adiuvari ex epistula divi Hadriani et desiderare, ut pro parte in se detur actio.

706. l. 10 pr. § 1 Dig. de fideiussor. et mandator. 46, 1.

Ulpianus libro septimo disputationum Si dubitet creditor, an fideiussores solvendo sint, et unus ab eo electus paratus sit offerre cautionem, ut suo periculo confideiussores conveniantur, in parte dico audiendum eum esse[, ita tamen, et si satisdationes offerat et omnes confideiussores, qui idonei esse dicuntur, praesto sint]: nec enim semper facilis est nominis emptio, cum numeratio totius debiti non sit in ex-
1 pedito. Ita demum inter fideiussores dividitur actio, si non infitientur: nam infitiantibus auxilium divisionis non est indulgendum.

707. l. 88 Dig. de verb. oblig. 45, 1.

Paulus libro sexto ad Plautium Mora rei fideiussori quoque nocet. sed si fideiussor servum obtulit et reus moram fecit, mortuo Sticho fideiussori succurrendum est. sed si fideiussor hominem occiderit, reus liberatur, fideiussor autem ex stipulatione conveniri potest.

708. l. 95, 3 Dig. de solut. 46, 3.

Papinianus libro vicensimo octavo quaestionum Quod volgo iactatur fideiussorem, qui debitori heres extitit, ex causa fideiussionis liberari, totiens verum est, quotiens rei plenior promittendi obligatio invenitur. nam si reus dumtaxat ⟨natura⟩ fuit obligatus, fideiussor ⟨non liberabitur: si civiliter fuit obligatus⟩ [1]) liberabitur. e contrario non potest dici non tolli fideiussoris obligationem, si debitor propriam et personalem habuit defensionem: nam si minori viginti quinque annis bona fide pecuniam credidit [2]) isque nummos acceptos perdidit et intra tempora in integrum restitutionis decessit herede fideiussore, difficile est dicere causam iuris honorarii, quae potuit auxilio minori esse, retinere fideiussoris obligationem, ⟨non retinere obligationem⟩ [3]) quae principalis fuit et cui fideiussoris accessit sine contemplatione

[1]) Einschub Mommsens im Anschluß an Cuiacius.
[2]) credidi: Mommsen.
[3]) Ergänzung Mommsens nach Smallenburg.

iuris praetorii. auxilium igitur restitutionis fideiussori, qui adulescenti heres extitit, intra constitutum tempus[1]) salvum erit.

§ 115. Das Senatus consultum Velleianum.

709. l. 2,1 Dig. ad S. C. Vell. 16,1.

Ulpianus libro vicensimo nono ad edictum Postea factum est senatus consultum, quo plenissime feminis omnibus subventum est. cuius senatus consulti verba haec sunt: 'Quod Marcus Silanus et Velleus Tutor consules verba fecerunt de obligationibus feminarum, quae pro aliis reae fierent, quid de ea re fieri oportet, de ea re ita censuere: quod ad fideiussiones et mutui dationes pro aliis, quibus intercesserint feminae, pertinet, tametsi ante videtur ita ius dictum esse, ne eo nomine ab his petitio ⟨sit⟩ neve in eas actio detur, cum eas virilibus officiis fungi et eius generis obligationibus obstringi non sit aequum, arbitrari senatum recte atque ordine facturos ad quos de ea re in iure aditum erit, si dederint operam, ut in ea re senatus voluntas servetur.'[2])

710. l. 12 Dig. ad S. C. Vell. 16,1.

Paulus libro sexto brevium Immo tunc locus est senatus consulto, cum scit creditor eam intercedere.

711. l. 2,3 Dig. ad S. C. Vell. 16,1.

Ulpianus libro vicensimo nono ad edictum Sed ita demum eis subvenit, si non callide sint versatae: hoc enim divus Pius et Severus rescripserunt. nam deceptis, non decipientibus opitulatur et est et Graecum Severi tale rescriptum: Ταῖς ἀπατώσαις γυναιξὶν τὸ δόγμα τῆς συγκλήτου βουλῆς οὐ βοηθεῖ. infirmitas enim feminarum, non calliditas auxilium demeruit.

§ 116. Korrealobligationen.

712. pr. § 1 Inst. de duob. reis stipul. et promitt. 3,16.

Et stipulandi et promittendi duo pluresve rei fieri possunt. stipulandi ita, si post omnium interrogationem promissor respondeat: 'spondeo'. ut puta cum duobus separatim stipulantibus ita promissor respondeat: 'utrique vestrum dare spondeo': nam si prius Titio spoponderit, deinde alio interrogante spondeat, alia atque alia erit

[1]) annum: Papinian.

[2]) Vgl. Bachofen, Ausgewählte Lehren des römischen Civilrechts, 1848, S. 3 fg.

obligatio nec creduntur duo rei stipulandi esse. duo pluresve rei promittendi ita fiunt: 'Maevi, quinque aureos dare spondes? Sei, eosdem quinque aureos dare spondes?' et respondeant singuli separatim:
1 'spondeo'. Ex huius modi obligationibus et stipulantibus solidum singulis debetur et promittentes singuli in solidum tenentur. in utraque tamen obligatione una res vertitur: et vel alter debitum accipiendo vel alter solvendo omnium peremit obligationem et omnes liberat.

713. l. 9 pr. Dig. de duob. reis constit. 45, 2.

Papinianus libro vicensimo septimo quaestionum Eandem rem apud duos pariter deposui utriusque fidem in solidum secutus, vel eandem rem duobus similiter commodavi: fiunt duo rei promittendi, quia non tantum verbis stipulationis, sed et ceteris contractibus, veluti emptione venditione, locatione conductione, deposito, commodato ⟨duo rei fieri possunt, item⟩[1]) testamento, ut puta si pluribus heredibus institutis testator dixit: 'Titius et Maevius Sempronio decem dato'.

714. l. 9, 2 Dig. de duob. reis constit. 45, 2.

Papinianus libro vicensimo septimo quaestionum ⟨Si⟩, cum duos reos promittendi facerem ex diversis locis, Capuae pecuniam dari stipulatus sim, ex persona cuiusque ratio proprii temporis habebitur: nam etsi maxime parem causam suscipiunt, nihilo minus in cuiusque persona propria singulorum consistit obligatio.

715. c. 28, 2; 3 Cod. de fideiuss. 8, 40 (41).

Imp. Iustinianus A. Iohanni pp. (a. 531) Idemque in duobus reis promittendi constituimus, ex unius rei electione praeiudicium creditori adversus alium fieri non concedentes, sed remanere et ipsi creditori actiones integras et personales et hypothecarias, donec per
3 omnia ei satisfiat. Si enim pactis conventis hoc fieri conceditur et in usu quotidiano semper hoc versari adspicimus, quare non ipsa legis auctoritate hoc permittatur, ut nec simplicitas suscipientium contractus ex quacumque parte possit ius creditoris mutilare?

716. l. 18 Dig. de duob. reis constit. 45, 2.

Pomponius libro quinto ex Plautio Ex duobus reis eiusdem Stichi promittendi factis alterius factum alteri quoque nocet.

---

[1]) Einschub Mommsens.

717. l. 32,4 Dig. de usuris 22,1.

Marcianus libro quarto regularum Sed si duo rei promittendi sint, alterius mora alteri non nocet.

718. l. 173,2 Dig. de reg. iur. 50,17.

Paulus libro sexto ad Plautium Unicuique sua mora nocet. quod et in duobus reis promittendi observatur.

719. l. 10 Dig. de duob. reis constit. 45,2.

Papinianus libro trigensimo septimo quaestionum Si duo rei promittendi socii non sint, non proderit alteri, quod stipulator alteri reo pecuniam debet.

720. l. 42,3 Dig. de iureiur. 12,2.

Pomponius libro octavo decimo epistularum Item si reus iuravit, fideiussor tutus sit, quia [et res iudicata secundum alterutrum eorum] utrique proficeret.

721. c. 1 (2) Cod. de duob. reis stipul. 8,39 (40).

Impp. Diocletianus et Maximianus AA. Diogeni (a. 287) Creditor prohiberi non potest exigere debitum, cum sint duo rei promittendi eiusdem pecuniae, a quo velit. Et ideo, si probaveris te conventum 1
in solidum exsolvisse, rector provinciae iuvare te adversus eum, cum quo communiter mutuam pecuniam accepisti, non cunctabitur.

V. Endigung der Obligation.

§ 117. Die Erfüllung.

722. l. 112 Dig. de reg. iur. 50,17.

Paulus libro octavo ad edictum Nihil interest, ipso iure quis actionem non habeat an per exceptionem infirmetur.

723. l. 35 Dig. de reg. iur. 50,17.

Ulpianus libro quadragensimo octavo ad Sabinum Nihil tam naturale est quam eo genere quidque dissolvere, quo colligatum est. ideo verborum obligatio verbis tollitur: nudi consensus obligatio contrario consensu dissolvitur.

724. l. 80 Dig. de solut. et liberat. 46, 3.

Pomponius libro quarto ad Quintum Mucium Prout quidque contractum est, ita et solvi debet: ut, cum re contraxerimus, re solvi debet: veluti cum mutuum dedimus, ut retro pecuniae tantundem solvi debeat. et cum verbis aliquid contraximus, vel re vel verbis obligatio solvi debet, verbis, veluti cum acceptum promissori fit, re, veluti cum solvit quod promisit. aeque cum emptio vel venditio vel locatio contracta est, quoniam consensu nudo contrahi potest, etiam dissensu contrario dissolvi potest.

725. l. 41, 1 Dig. de usuris 22, 1.

Modestinus libro tertio responsorum Lucius Titius cum centum et usuras aliquanti temporis deberet, minorem pecuniam quam debebat obsignavit: quaero, an Titius pecuniae quam obsignavit usuras praestare non debeat. Modestinus respondit, si non hac lege mutua pecunia data est, uti liceret et particulatim quod acceptum est exsolvere, non retardari totius debiti usurarum praestationem, si, cum creditor paratus esset totum suscipere, debitor, qui in exsolutione totius cessabat, solam partem deposuit.

726. l. 20 Dig. de solut. et liberat. 46, 3.

Pomponius libro vicensimo secundo ad Sabinum Si rem meam, quae pignoris nomine alii esset obligata, debitam tibi solvero, non liberabor, quia avocari tibi res possit ab eo, qui pignori accepisset.

727. l. 17 Dig. de solut. et liberat. 46, 3.

Pomponius libro nono decimo ad Sabinum Cassius ait, si cui pecuniam dedi, ut eam creditori meo solveret, si suo nomine dederit, neutrum liberari, me, quia non meo nomine data sit, illum, quia alienam dederit: ceterum mandati eum teneri. [sed si creditor eos nummos sine dolo malo consumpsisset, is, qui suo nomine eos solvisset, liberatur, ne, si aliter observaretur, creditor in lucro versaretur.]

728. l. 38 (39) Dig. de neg. gest. 3, 5.

Gaius libro tertio de verborum obligationibus Solvendo quisque pro alio licet invito et ignorante liberat eum.

729. l. 12 pr. Dig. de solut. et liberat. 46, 3.

Ulpianus libro trigensimo ad Sabinum Vero procuratori recte solvitur. verum autem accipere debemus eum, cui mandatum est vel specialiter vel cui omnium negotiorum administratio mandata est.

730. l. 12, 4 Dig. de solut. et liberat. 46, 3.

Ulpianus libro trigensimo ad Sabinum Sed et si non vero procuratori solvam, ratum autem habeat dominus quod solutum est, liberatio contingit: rati enim habitio mandato comparatur.

731. l. 14, 8 Dig. de solut. et liberat. 46, 3.

Ulpianus libro trigensimo ad Sabinum Pupillum sine tutoris auctoritate nec solvere posse palam est: sed si dederit nummos, non fient accipientis vindicarique poterunt. [plane si fuerint consumpti, liberabitur.]

732. l. 15 Dig. de solut. et liberat. 46, 3.

Paulus libro sexto ad Sabinum Pupillo solvi sine tutoris auctoritate non potest: sed nec delegare potest, quia nec alienare ullam rem potest. si tamen solverit ei debitor et nummi salvi sint, petentem pupillum doli mali exceptione debitor summovebit.

733. l. 1 Dig. de solut. et liberat. 46, 3.

Ulpianus libro quadragensimo tertio ad Sabinum Quotiens quis debitor ex pluribus causis unum debitum solvit, est in arbitrio solventis dicere, quod potius debitum voluerit solutum, et quod dixerit, id erit solutum: possumus enim certam legem dicere ei quod solvimus. quotiens vero non dicimus, in quod solutum sit, in arbitrio est accipientis, cui potius debito acceptum ferat, dummodo in id constituat solutum, in quod ipse, si deberet, esset soluturus quoque debito se exoneraturus esset, si deberet, id est in id debitum, quod non est in controversia,[1]) aut in illud, quod pro alio quis fideiusserat, aut cuius dies nondum venerat: aequissimum enim visum est creditorem ita agere rem debitoris, ut suam ageret. [permittitur ergo creditor constituere, in quod velit solutum, dummodo sic constituamus, ut in re sua constitueret,] sed constituere in re praesenti, hoc est statim atque solutum est.

§ 118. Konkurs. Anfechtungsrecht der Gläubiger (Actio Pauliana).

734. Gai. 3, 78. 79.

Bona autem veneunt aut vivorum aut mortuorum: vivorum, velut eorum, qui fraudationis causa latitant nec absentes defenduntur;

---

[1]) id est non in id debitum, quod est in controversia: Cuiacius.

item eorum, qui ex lege Iulia bonis cedunt; item iudicatorum post tempus, quod eis partim lege XII tabularum, partim edicto praetoris ad expediendam pecuniam tribuitur. mortuorum bona veneunt, velut eorum, quibus certum est neque heredes neque bonorum possessores neque ullum alium iustum successorem existere[1]. **79.** *Et* si quidem vivi bona veneant, iu*b*et ea praetor per dies continuos XXX possideri et proscribi, si vero mortui, per dies XV; postea iubet convenire creditores et ex eo numero magistrum creari, id est eum, per quem bona veneant: itaque si vivi bona veneant, in diebus *X legem bonorum vendendorum* fieri iubet, si mortui, in dimidio. *die*bus tandem vivi bona XXX, mortui vero XX emptori addici iubet. quare autem tardius viventium bonorum venditio compleri iubet, illa ratio est, quia de vivis curandum erat, ne facile bonorum venditiones paterentur.

735. Gai. 4, 35.

Similiter et bonorum emptor ficto se herede agit; sed interdum et alio modo agere solet: nam ex persona eius, cuius bona emerit, sumpta intentione, convertit condemnationem in suam personam, id est, ut quod illius esset vel illi dari oporteret, eo nomine adversarius huic condemnetur: quae species actionis appellatu*r* Rutiliana, quia a praetore Publio Rutilio, qui et bonorum venditionem introduxisse dicitur, conparata est. superior autem species actionis, qua ficto se herede bonorum emptor agit, Serviana vocatur.

736. Gai. 4, 145.

Bonorum quoque emptori similiter proponitur interdictum, quod quidam possessorium vocant.

737. pr. Inst. 3, 12.

Erant ante praedictam successionem olim et aliae per universitatem successiones. qualis fuerat bonorum emptio, quae de bonis debitoris vendendis per multas ambages fuerat introducta et tunc locum habebat, quando iudicia ordinaria in usu fuerunt: sed cum extraordinariis iudiciis posteritas usa est, ideo cum ipsis ordinariis iudiciis etiam bonorum venditiones exspiraverunt et tantummodo creditoribus datur officio iudicis bona possidere et prout eis utile visum fuerit ea disponere, quod ex latioribus Digestorum libris perfectius apparebit.

---

[1]) Vgl. Nr. 953.

738. l. 38, 4 Dig. de usuris 22, 1.

Paulus libro sexto ad Plautium In Fabiana quoque actione et Pauliana, per quam quae in fraudem creditorum alienata sunt revocantur, fructus quoque restituuntur: nam praetor id agit, ut perinde sint omnia, atque si nihil alienatum esset: [quod non est iniquum (nam et verbum 'restituas', quod in hac re praetor dixit, plenam habet significationem), ut fructus quoque restituantur.]

739. § 6 Inst. de act. 4, 6.

Item si quis in fraudem creditorum rem suam alicui tradiderit, bonis eius a creditoribus ex sententia praesidis possessis permittitur ipsis creditoribus rescissa traditione eam rem petere, id est dicere eam rem traditam non esse et ob id in bonis debitoris mansisse.

§ 119. Datio in solutum.

740. pr. Inst. quib. mod. obl. toll. 3, 29. *(cf. Gai. 3, 168.)*

Tollitur autem omnis obligatio solutione eius quod debetur, vel si quis consentiente creditore aliud pro alio solverit. nec tamen interest, quis solvat, utrum ipse qui debet an alius pro eo: liberatur enim et alio solvente, sive sciente debitore sive ignorante vel invito solutio fiat. item si reus solverit, etiam ii qui pro eo intervenerunt liberantur. idem ex contrario contingit si fideiussor solverit: non enim solus ipse liberatur, sed etiam reus.

741. l. 46 pr. Dig. de solut. et liberat. 46, 3.

Marcianus libro tertio regularum Si quis aliam rem pro alia volenti solverit et evicta fuerit res, manet pristina obligatio. etsi pro parte fuerit evicta, tamen pro solido obligatio durat: nam non accepisset re integra creditor, nisi pro solido eius fieret.

742. c. 4 Cod. de eviction. 8, 44 (45).

Imp. Antoninus A. Georgio (a. 212) Si praedium tibi pro soluto datum aliis creditoribus fuerit obligatum, causa pignoris mutata non est. igitur si hoc iure fuerit evictum, utilis tibi actio contra debitorem competit. nam eiusmodi contractus vicem venditionis obtinet.

§ 120. Novation[1]).

743. l. 1 pr. § 1 Dig. de novat. et delegat. 46, 2.

Ulpianus libro quadragensimo sexto ad Sabinum Novatio est prioris debiti in aliam obligationem vel civilem vel naturalem transfusio atque translatio, hoc est cum ex praecedenti causa ita nova constituatur, ut prior perematur. novatio enim a novo nomen accepit
1 et a nova obligatione. Illud non interest, qualis processit obligatio, utrum naturalis an civilis [an honoraria], et utrum verbis[2]) an re an consensu: qualiscumque igitur obligatio sit, quae praecessit, novari verbis potest, dummodo sequens obligatio aut civiliter teneat aut naturaliter: ut puta si pupillus sine tutoris auctoritate promiserit.

744. l. 2 Dig. de novat. et delegat. 46, 2.

Ulpianus libro quadragensimo octavo ad Sabinum Omnes res transire in novationem possunt: quodcumque enim sive verbis contractum est sive non verbis, novari potest et transire in verborum obligationem ex quacumque obligatione[, dummodo sciamus novationem ita demum fieri, si hoc agatur, ut novetur obligatio: ceterum si non hoc agatur, duae erunt obligationes].

745. l. 8, 5 Dig. de novat. et delegat. 46, 2.

Ulpianus libro quadragensimo sexto ad Sabinum Si ab alio promissam sibi dotem maritus ab uxore dotis nomine stipulatus sit, non duplari dotem, sed fieri novationem placet, [si hoc actum est]: quid enim interest, ipsa an alius quilibet promittat? quod enim ego debeo si alius promittat, liberare me potest[, si novationis causa hoc fiat: si autem non novandi animo hoc intervenit, uterque quidem tenetur, sed altero solvente alter liberatur]. non tamen si quis stipuletur quod mihi debetur, aufert mihi actionem, nisi ex voluntate mea stipuletur: liberat autem me is, qui quod debeo promittit, etiamsi nolim.

746. c. 8 Cod. de novat. et delegat. 8, 41 (42).

Imp. Iustinianus A. ad senatum (a. 530) Novationum nocentia corrigentes volumina et veteris iuris ambiguitates resecantes sancimus, si quis vel aliam personam adhibuerit vel mutaverit vel pignus acceperit vel quantitatem augendam vel minuendam esse crediderit vel

---

[1]) Vgl. Nr. 688.

[2]) die Kompilatoren scheinen gestrichen zu haben: an litteris.

condicionem seu tempus addiderit vel detraxerit vel cautionem iuniorem acceperit vel aliquid fecerit, ex quo veteris iuris conditores introducebant novationes, nihil penitus priori cautelae innovari, sed anteriora stare et posteriora incrementum illis accedere, nisi ipsi specialiter remiserint quidem priorem obligationem et hoc expresserint, quod se-
cundam magis pro anterioribus elegerint. Et generaliter definimus 1
voluntate solum esse, non lege novandum, etsi non verbis exprimatur, ut sine novatione, quod solito vocabulo ἀνοβατεύτως dicunt, causa procedat: hoc enim naturalibus inesse rebus volumus et non verbis extrinsecus supervenire.

§ 121. Hinterlegung.

747. c. 19 Cod. de usuris 4, 32.

Impp. Diocletianus et Maximianus AA. et CC. Aureliae Irenaeae Acceptam mutuo sortem cum usuris licitis creditori post testationem offer ac, si non suscipiat, consignatam in publico depone, ut cursus
usurarum legitimarum inhibeatur. [In hoc autem casu publicum in- 1
tellegi oportet vel sacratissimas aedes vel ubi competens iudex super
ea re aditus deponi eas disposuerit.] Quo subsecuto etiam periculo 2
debitor liberabitur et ius pignorum tollitur, cum Serviana etiam actio manifeste declarat pignoris inhiberi persecutionem vel solutis pecuniis
vel si per creditorem steterit, quominus solvatur. Quod etiam in tra- 3
iecticiis servari oportet. [Creditori scilicet actione utili ad exactionem 4
earum non adversus debitorem, nisi forte eas receperit, sed vel contra depositarium vel ipsas competente pecunias.]

§ 122. Aufrechnung.

748. l. 1 Dig. de compensat. 16, 2.

Modestinus libro sexto pandectarum Compensatio est debiti et crediti inter se contributio.

749. Gai. 4, 63.

Liberum est tamen iudici nullam omnino invicem conpensationis rationem habere: nec enim aperte formulae verbis praecipitur; sed quia id bonae fidei iudicio conveniens videtur, ideo officio eius contineri creditur.

750. § 30 Inst. de act. 4, 6.

In bonae fidei autem iudiciis libera potestas permitti videtur iudici ex bono et aequo aestimandi, quantum actori restitui debeat. in quo et illud continetur, ut, si quid invicem actorem praestare oporteat, eo compensato in reliquum is cum quo actum est condemnari debeat. sed et in strictis iudiciis ex rescripto divi Marci opposita doli mali exceptione compensatio inducebatur. sed nostra constitutio [1]) eas compensationes, quae iure aperto nituntur, latius introduxit, ut actiones ipso iure minuant sive in rem sive personales sive alias quascumque, excepta sola depositi actione, cui aliquid compensationis nomine opponi satis impium esse credidimus, ne sub praetextu compensationis depositarum rerum quis exactione defraudetur.

751. l. 14 Dig. de compensat. 16, 2.

Iavolenus libro quinto decimo ex Cassio Quaecumque per exceptionem peremi possunt, in compensationem [2]) non veniunt.

752. l. 6 Dig. de compens. 16, 2.

Ulpianus libro trigensimo ad Sabinum Etiam quod natura debetur, venit in compensationem.

753. c. 9 Cod. de compensat. 4, 31.

Imp. Gordianus A. Liciniae Euctemonidi Eius, quod non ei debetur qui convenitur, sed alii, compensatio fieri non potest.

754. l. 18,1 Dig. de compensat. 16,2.

Papinianus libro tertio responsorum Creditor compensare non cogitur quod alii quam debitori suo debet, quamvis creditor eius pro eo, qui convenitur ob debitum proprium, velit compensare.

755. l. 5 Dig. de compensat. 16, 2.

Gaius libro nono ad edictum provinciale Si quid a fideiussore petetur, aequissimum est eligere fideiussorem, quod ipsi an quod reo debetur, compensare malit: sed et si utrumque velit compensare, audiendus est.

756. c. 1 Cod. de compensat. 4, 31.

Imp. Antoninus A. Dianensi Et senatus censuit et saepe rescriptum est compensationi in causa fiscali ita demum locum esse,

[1]) c. 14 Cod. de compens. 4, 31.

[2]) deductionem: Iavolenus.

si eadem statio quid debeat quae petit. hoc iuris propter confusionem diversorum officiorum tenaciter servandum est. si quid autem tibi ex ea statione cuius mentionem fecisti deberi constiterit, quam primum recipies.

757. l. 20 Dig. de compensat. 16, 2.

Papinianus libro tertio decimo responsorum Ob negotium copiarum expeditionis tempore mandatum curatorem condemnatum pecuniam iure compensationis retinere non placuit, quoniam ea non compensantur.

758. c. 7 Cod. de compensat. 4, 31.

Imp. Alexander A. Flavio Ausonio Si ex venditione pretium venditori debetur, compensationis ratio opponitur. adversus fiscum enim solum emptores petitioni pretii compensationem obicere prohibentur.

759. l. 46, 5 Dig. de iure fisci 49, 14.

Hermogenianus libro sexto iuris epitomarum Ut debitoribus fisci quod fiscus debet compensetur, saepe constitutum est: excepta causa tributoria[1]) et stipendiorum, item pretio rei a fisco emptae et quod ex causa annonaria debetur.

760. l. 8 Dig. de dol. m. exc. 44, 4 = l. 173, 3 Dig. 50, 17.

Paulus libro sexto ad Plautium Dolo facit, qui petit quod redditurus est.

761. l. 3 Dig. de compensat. 16, 2.

Pomponius libro vicensimo quinto ad Sabinum Ideo compensatio necessaria est, quia interest nostra potius non solvere quam solutum repetere.

762. l. 10, 1 Dig. de compensat. 16, 2.

Ulpianus libro sexagensimo tertio ad edictum Si quis igitur compensare[2]) potens solverit, condicere poterit quasi indebito soluto.

§ 123. Erlaßverträge.

763. Gai. 3, 173. 174.

Est etiam alia species imaginariae solutionis per aes et libram;

---

[1]) tributorum: Mommsen.

[2]) deducere: Ulpian?

quod et ipsum genus certis in causis receptum est, veluti si quid eo nomine debeatur, quod per aes et libram gestum sit, sive quid ex iudicati causa deb*eatur. eaque res ita ag*itur: **174.** Adhibentur non minus quam quinque testes et libripens; deinde is qui liberatur, ita oportet loquatur: 'Quod ego tibi tot milibus condemnatus sum, me eo nomine a te solvo liberoque hoc aere aeneaque libra: hanc tibi libram primam postremamque expendo *secundum* legem publicam.' deinde asse percutit libram eumque dat ei, a quo liberatur, veluti solvendi causa.

764. l. 8, 3 Dig. de acceptilat. 46, 4.

Ulpianus libro quadragensimo octavo ad Sabinum Acceptum fieri non potest, nisi quod verbis colligatum est: acceptilatio enim verborum obligationem tollit, quia et ipsa verbis fit: neque enim potest verbis tolli, quod non verbis contractum est.[1])

765. Gai. 3, 169.

Item per acceptilationem tollitur obligatio: acceptilatio autem est veluti imaginaria solutio: quod enim ex verborum obligatione tibi debeam, id si velis mihi remittere, poterit sic fieri, ut patiaris haec verba me dicere: 'quod ego tibi promisi, habesne acceptum?' et tu respondeas: 'habeo'.

766. l. 7 Dig. de acceptilat. 46, 4.

Ulpianus libro quinquagensimo ad Sabinum Sane et sic acceptilatio fieri potest: 'accepta facis decem?' ille respondit:[2]) 'facio'.

767. l. 19, 1 Dig. de acceptilat. 46, 4.

Ulpianus libro secundo regularum Inter acceptilationem et apocham hoc interest, quod acceptilatione omni modo liberatio contingit, licet pecunia soluta non sit, apocha non alias, quam si pecunia soluta sit.

768. l. 18, 1 Dig. de acceptilat. 46, 4. *(cf. § 2 Inst. 3, 29.)*

Florentinus libro octavo institutionum Eius rei stipulatio, quam acceptilatio sequatur, a Gallo Aquilio talis exposita est: 'Quidquid te mihi ex quacumque causa dare facere oportet oportebit praesens in diemve, quarumque rerum mihi tecum actio quaeque adversus te petitio vel adversus te persecutio est eritve, quodve tu meum habes

---

[1]) Vgl. Nr. 723. 724.

[2]) ille respondit: tilgt Mommsen.

tenes possides[1]): quanti quaeque earum rerum res erit, tantam pecuniam dari stipulatus est Aulus Agerius, spopondit Numerius Negidius'. 'Quod Numerius Negidius Aulo Agerio promisit spopondit, id haberetne a se acceptum, Numerius Negidius Aulum Agerium rogavit, Aulus Agerius Numerio Negidio acceptum fecit'.

769. l. 95, 4 Dig. de solut. 46, 3.

Papinianus libro vicensimo octavo quaestionum Naturalis obligatio ut pecuniae numeratione, ita iusto pacto vel iureiurando ipso iure tollitur, quod vinculum aequitatis, quo solo sustinebatur, conventionis aequitate dissolvitur: ideoque fideiussor, quem pupillus dedit, ex istis causis liberari dicitur.

770. l. 7, 8 Dig. de pactis 2, 14.

Ulpianus libro quarto ad edictum Pactorum quaedam in rem sunt, quaedam in personam. in rem sunt, quotiens generaliter paciscor ne petam: in personam, quotiens ne a persona petam, id est ne a Lucio Titio petam. utrum autem in rem an in personam pactum factum est, non minus ex verbis quam ex mente convenientium aestimandum est: plerumque enim, ut Pedius ait, persona pacto inseritur, non ut personale pactum fiat, sed ut demonstretur, cum quo pactum factum est.

771. § 4 Inst. quib. mod. obl. toll. 3, 29.

Hoc amplius eae obligationes, quae consensu contrahuntur, contraria voluntate dissolvuntur. nam si Titius et Seius inter se consenserunt, ut fundum Tusculanum emptum Seius haberet centum aureorum, deinde re nondum secuta, id est neque pretio soluto neque fundo tradito, placuerit inter eos, ut discederetur ab emptione et venditione, invicem liberantur. idem est et in conductione et locatione et omnibus contractibus, qui ex consensu descendunt, sicut iam dictum est.

772. l. 7, 17 Dig. de pactis 2, 14.

Ulpianus libro quarto ad edictum Si ante aditam hereditatem paciscatur quis cum creditoribus ut minus solvatur, pactum valiturum est.

---

[1]) die Institutionen schieben hier ein: possideresve dolove malo fecisti quo minus possideas.

773. l. 54, 1 Dig. de manumiss. testam. 40, 4.

Scaevola libro quarto responsorum Scripti testamento heredes ante aditam hereditatem pacti sunt cum creditoribus, ut parte dimidia contenti essent, et ita decreto a praetore interposito hereditatem adierunt: quaero, an libertates in eo testamento datae competierunt. respondit, si testator fraudandi consilium non habuisset, competere libertates.

774. l. 23 Dig. quae in fraudem creditor. 42, 8.

Scaevola libro trigensimo secundo digestorum Primo gradu scripti heredes cum animadverterent bona defuncti vix ad quartam partem aeris alieni sufficere, famae defuncti conservandae gratia ex consensu creditorum auctoritate praesidis provinciae secundum constitutionem ea condicione adierunt hereditatem, ut creditoribus dumtaxat partem praestarent: quaesitum est, an manumissi testamento et libertates et alimenta consequi possint. respondit libertates quidem, si in fraudem creditorum datae non essent, competere, legâta vero, si solvendo hereditas non esset, non deberi.

§ 124. Unwillkürliche Erlöschungsgründe.

775. l. 75 Dig. de solut. 46, 3.

Modestinus libro octavo regularum Sicut acceptilatio in eum diem praecedentes peremit actiones, ita et confusio: nam si debitor heres creditori exstiterit, confusio hereditatis peremit petitionis[1]) actionem.

776. l. 21, 1 Dig. de liberat. legat. 34, 3.

Terentius Clemens libro duodecimo ad legem Iuliam et Papiam Unde Iuliano placuit et si debitori heres exstiterit creditor posteaque ipse creditor decesserit, legatum extingui: et hoc verum est, quia confusione perinde extinguitur obligatio ac solutione.

777. l. 19 Dig. de obl. et act. 44, 7.

Iulianus libro septuagensimo tertio digestorum Ex promissione dotis: non videtur lucrativa causa esse, sed quodammodo creditor aut emptor intellegitur, qui dotem petit. porro cum creditor vel emptor ex lucrativa causa rem habere coeperit, nihilo minus integras actiones

---

[1]) petitionis peremit: Mommsen.

retinent, sicut ex contrario qui non ex causa lucrativa rem habere coepit, eandem non prohibetur ex lucrativa causa petere.

778. l. 17 Dig. de obl. et act. 44, 7.

Iulianus libro trigensimo tertio digestorum Omnes debitores, qui speciem ex causa lucrativa debent, liberantur, cum ea species ex causa lucrativa ad creditores pervenisset.

779. § 6 Inst. de legat. 2, 20.

Si res aliena legata fuerit et eius vivo testatore legatarius dominus factus fuerit, si quidem ex causa emptionis, ex testamento actione pretium consequi potest: si vero ex causa lucrativa, veluti ex donatione vel ex alia simili causa, agere non potest. nam traditum est duas lucrativas causas in eundem hominem et in eandem rem concurrere non posse. hac ratione si ex duobus testamentis eadem res eidem debeatur, interest, utrum rem an aestimationem ex testamento consecutus est: nam si rem, agere non potest, quia habet eam ex causa lucrativa, si aestimationem, agere potest.

780. l. 108, 4 Dig. de legat. I, 30.

Africanus libro quinto quaestionum Stichum, quem de te stipulatus eram, Titius a te herede mihi legavit: si quidem non ex lucrativa causa stipulatio intercessit, utile legatum esse placebat, sin e [1]) duabus, tunc magis placet inutile esse legatum, quia nec absit quicquam, nec bis eadem res praestari possit.

Vierter Teil.

Familienrecht.

I. Das Eherecht.

§ 125. Ehe und Verlöbnis.

781. l. 1 Dig. de ritu nupt. 23, 2.

Modestinus libro primo regularum Nuptiae sunt coniunctio maris et feminae et consortium omnis vitae, divini et humani iuris communicatio.

---

[1]) Mommsen ergänzt: sin eum habiturus sum ex causis lucrativis duabus. Pernice (Labeo II², 1, 268 n. 3) hält den Schlußpassus für interpoliert.

782. l. 1 Dig. de sponsal. 23, 1.

Florentinus libro tertio institutionum Sponsalia sunt mentio et repromissio nuptiarum futurarum.

783. l. 2, l. 3 Dig. de sponsal. 23, 1.

Ulpianus libro singulari de sponsalibus Sponsalia autem dicta sunt a spondendo: nam moris fuit veteribus stipulari et spondere sibi uxores futuras,

Florentinus libro tertio institutionum unde et sponsi sponsaeque appellatio nata est.

784. l. 11 Dig. de sponsal. 23, 1.

Iulianus libro sexto decimo digestorum Sponsalia sicut nuptiae consensu contrahentium fiunt: et ideo sicut nuptiis, ita sponsalibus filiam familias consentire oportet.

785. l. 12 Dig. de sponsal. 23, 1.

Ulpianus libro singulari de sponsalibus Sed quae patris volun-
1 tati non repugnat, consentire intellegitur. Tunc autem solum dissentiendi a patre licentia filiae conceditur, si indignum moribus vel turpem sponsum ei pater eligat.[1]

786. c. 2 Cod. de inutil. stip. 8, 38 (39).

Imp. Alexander A. Menophilo (a. 223) Libera matrimonia esse antiquitus placuit. ideoque pacta, ne liceret divertere, non valere et stipulationes, quibus poenae inrogarentur ei qui divortium fecisset, ratas non haberi constat.

787. l. 2, 2 Dig. de divort. et repud. 24, 2.

Gaius libro undecimo ad edictum provinciale In sponsalibus quoque discutiendis placuit renuntiationem intervenire oportere: in qua re haec verba probata sunt: 'condicione tua non utor'.

788. l. 10 Dig. de sponsal. 23, 1.

Ulpianus libro tertio disputationum In potestate manente filia pater sponso nuntium remittere potest et sponsalia dissolvere. enimvero si emancipata est, non potest neque nuntium remittere neque quae dotis causa data sunt condicere: ipsa enim filia nubendo efficiet dotem esse condictionemque extinguet, quae causa non secuta nasci

---

[1]) Vgl. Nr. 63.

poterit. nisi forte quis proponat ita dotem patrem pro emancipata filia dedisse, ut, si nuptiis non consentiret vel contractis vel non contractis, repeteret quae dederat: tunc enim habebit repetitionem.

789. l. 2 Dig. de ritu nupt. 23, 2.

Paulus libro trigesimo quinto ad edictum Nuptiae consistere non possunt nisi consentiant omnes, id est qui coeunt quorumque in potestate sunt.

790. l. 15 Dig. de condicion. et demonstrat. 35, 1.

Ulpianus libro trigesimo quinto ad Sabinum Cui fuerit sub hac condicione legatum 'si in familia nupsisset', videtur impleta condicio statim atque ducta est uxor, quamvis nondum in cubiculum mariti venerit. nuptias enim non concubitus, sed consensus facit.

791. l. 1 Dig. de divort. et repud. 24, 2.

Paulus libro trigesimo ad edictum Dirimitur matrimonium divortio morte captivitate vel alia contingente servitute utrius eorum.

§ 126. Ehegüterrecht.

792. l. 51 Dig. de donation. int. vir. et uxor. 24, 1.

Pomponius libro quinto ad Quintum Mucium Quintus Mucius ait, cum in controversiam venit, unde ad mulierem quid pervenerit, et verius et honestius est quod non demonstratur unde habeat existimari a viro aut qui in postetate eius esset ad eam pervenisse. evitandi autem turpis quaestus gratia[1]) circa uxorem hoc videtur Quintus Mucius probasse.

793. c. 6 Cod. de donat. int. vir. et uxor. 5, 16.

Imp. Alexander A. Nepotiano (a. 229) Etiamsi uxoris tuae nomine res quae tui iuris fuerunt depositae sunt, causa proprietatis ea ratione mutari non potuit, etsi donasse te uxori res tuas ex hoc quis intellegat, cum donatio in matrimonio facta prius mortua ea
quae liberalitatem excepit irrita sit. Nec est ignotum, quod, cum 1
probari non possit, unde uxor matrimonii tempore honeste quaesierit, de mariti bonis eam habuisse veteres iuris auctores merito credidissent.

---

[1]) evitandae autem turpis quaestus quaestionis gratia: Mommsen.

794. Ulpianus lib. sing. reg. 6, 1—9.

Dos aut datur aut dicitur aut promittitur. **2.** Dotem dicere potest mulier, quae nuptura est, et debitor mulieris, si iussu eius dicat; item parens mulieris virilis sexus, per virilem sexum cognatione iunctus, velut pater, avus paternus. dare, promittere dotem omnes possunt. **3.** Dos aut profecticia dicitur, id est quam pater mulieris dedit; aut adventicia, id est ea, quae a quovis alio data est. **4.** Mortua in matrimonio muliere dos a patre profecta ad patrem revertitur, quintis in singulos liberos in infinitum relictis penes virum. quod si pater non sit, apud maritum remanet. **5.** Adventicia autem dos semper penes maritum remanet, praeterquam si is, qui dedit, ut sibi redderetur, stipulatus fu*e*rit; quae dos specialiter recepticia dicitur. **6.** Divortio facto si quidem sui iuris sit mulier, ipsa habet *rei uxoriae* actione*m*, id est dotis repetitionem; quod si in potestate patris sit, pater adiuncta filiae persona habet actionem; nec interest, adventicia sit dos an profecticia. **7.** Post divortium defuncta muliere heredi eius actio non aliter datur, quam si moram in dote mulieri reddenda maritus fecerit. **8.** Dos si pondere, numero, mensura contineatur, annua, bima, trima die redd*i*tur; nisi si ut praesens reddatur, convenerit. reliquae dotes statim redduntur. **9.** Retentiones ex dote fiunt *aut propter liberos* aut propter mores aut propter impensas aut propter res donatas aut propter res amotas.

795. l. 3 Dig. de iure dot. 23, 3.

Ulpianus libro sexagesimo tertio ad edictum Dotis appellatio non refertur ad ea matrimonia, quae consistere non possunt: neque enim dos sine matrimonio esse potest. ubicumque igitur matrimonii nomen non est, nec dos est.

796. l. 19 Dig. de ritu nupt. 23, 2.

Marcianus libro sexto[1]) *decimo institutionum* Capite trigesimo quinto legis Iuliae qui liberos quos habent in potestate iniuria prohibuerint ducere uxores vel nubere vel qui dotem dare non volunt ex constitutione divorum Severi et Antonini, per proconsules praesidesque provinciarum coguntur in matrimonium collocare et dotare. prohibere autem videtur et qui condicionem non quaerit.

---

[1]) 'sexto' tilgt Krüger.

797. c. 5 Cod. de iure dot. 5, 12.

Imp. Alexander A. Statiae (a. 226) Quotiens res aestimatae in dotem dantur, maritus dominium consecutus summae velut pretii debitor efficitur. si itaque non convenit, ut soluto matrimonio res restituerentur, et iure aestimatae sunt, retinebit eas, si pecuniam tibi offerat.

798. l. 10 pr. Dig. de iure dot. 23, 3.

Ulpianus libro trigesimo quarto ad Sabinum Plerumque interest viri res non esse aestimatas idcirco, ne periculum rerum ad eum pertineat, maxime si animalia in dotem acceperit vel vestem, qua mulier utitur: eveniet enim, si aestimata sit et eam mulier adtrivit, ut nihilo minus maritus aestimationem eorum praestet. quotiens igitur non aestimatae res in dotem dantur, et meliores et deteriores mulieri fiunt.

799. l. 10, 4; 5 Dig. de iure dot. 23, 3.

Ulpianus libro trigesimo quarto ad Sabinum Si ante matri-
monium aestimatae res dotales sunt, haec aestimatio quasi sub con-
dicione est: namque hanc habet condicionem 'si matrimonium fuerit
secutum'. secutis igitur nuptiis aestimatio rerum perficitur et fit vera
venditio. Inde quaeri potest, si ante nuptias mancipia aestimata de- 5
perierint, an mulieris damnum sit, et hoc consequens est dicere: nam
cum sit condicionalis venditio, pendente autem condicione mors con-
tingens exstinguat venditionem, consequens est dicere mulieri perisse,
quia nondum erat impleta venditio, [quia aestimatio venditio est.]

800. l. 21, 4 Dig. ad municip. 50, 1.

Paulus libro primo responsorum Idem respondit constante matrimonio dotem in bonis mariti esse: sed et[1]) si ad munera municipalia a certo modo substantiae vocentur, dotem non debere computari.

801. l. 61, 1 Dig. de iure dot. 23, 3.

Terentius Clemens libro tertio ad legem Iuliam et Papiam Iste autem curator res dotis nomine tradere debet,[2]) non etiam ut vendat

---

[1]) 'et' tilgt die Ausgabe der Taurelli.

[2]) Clemens hatte etwa geschrieben: Tutor auctor fieri debet, ut res dotis nomine mancipio det. (Lenel). Gemeint ist der tutor legitimus oder der tutor ad dotem dandam, dicendam promittendamve (Ulp. reg. 11, 20).

cuilibet et pretium eius in dotem det. dubitari autem potest, an hoc verum sit: quid enim si aliter honeste nubere non possit, quam ut pecuniam in dotem det idque ei magis expediat? atquin possunt res in dotem datae plerumque alienari et pecunia in dotem converti. [sed ut expediatur quaestio, si quidem res in dotem maritus accipere maluerit, nihil amplius quaerendum est: sin autem non aliter contrahere matrimonium vir patitur nisi pecuniis in dotem datis, tunc officium est curatoris apud eundem intrare iudicem, qui eum constituit, ut iterum ei causa cognita etiam viro absente permittat rerum venditione celebrata dotem constituere.]

802. Gai. 2, 63.

Nam dotale praedium maritus invita muliere per legem Iuliam prohibetur alienare, quamvis ipsius *sit* vel mancipatum ei dotis causa vel in iure cessum vel usucaptum. quod quidem ius utrum ad Italica tantum praedia, an etiam ad provincialia pertineat, dubitatur.

803. l. 17 pr. Dig. de iure dot. 23, 3.

Paulus libro septimo ad Sabinum In rebus dotalibus virum praestare oportet tam dolum quam culpam, quia causa sua dotem accipit[: sed etiam diligentiam praestabit, quam in suis rebus exhibet].

804. l. 16 Dig. de pact. dotal. 23, 4.

Paulus libro trigesimo quinto ad edictum Ut autem longiore die[1]) solvatur dos, convenire non potest, non magis quam ne omnino reddatur.

805. l. 5 Dig. sol. matrim. dos quemadm. petatur 24, 3.

Ulpianus libro trigesimo ad Sabinum De divisione anni eius, quo divortium factum est, quaeritur, ex die matrimonii an ex die traditi marito fundi maritus sibi computet tempus. et utique in fructibus a viro retinendis neque dies dotis constitutae neque nuptiarum observabitur, sed quo primum dotale praedium constitutum est[, id est tradita possessione].

806. c. unica, 1 Cod. de rei uxoriae actione in ex stipulatu actionem transfusa 5, 13.

Imp. Iustinianus A. ad populum urbis Constantinopolitanae et universos provinciales (a. 530) Rei uxoriae itaque actione sublata

[1]) Vgl. Nr. 794 § 8.

sancimus omnes dotes per ex stipulatu actionem exigi, sive scripta fuerit stipulatio sive non, ut intellegatur re ipsa stipulatio esse subsecuta.

§ 127. Schenkungen unter Ehegatten.

807. l. 1 Dig. de donation. int. vir. et uxor. 24, 1.

Ulpianus libro trigesimo secundo ad Sabinum Moribus apud nos receptum est, ne inter virum et uxorem donationes valerent. hoc autem receptum est, ne mutuo amore invicem spoliarentur donationibus non temperantes, sed profusa erga se facilitate.

808. Ulp. lib. sing. reg. 7, 1.

Inter virum et uxorem donatio non valet nisi certis ex causis, id est mortis causa, divortii causa, servi manumittendi gratia. hoc amplius principalibus constitutionibus concessum est mulieri in hoc donare viro suo, ut is ab imperatore lato clavo vel equo publico similive honore honoretur.

809. l. 5, 8 Dig. de donation. int. vir. et uxor. 24, 1.

Ulpianus libro trigesimo secundo ad Sabinum Concessa donatio est sepulturae causa: nam sepulturae causa locum marito ab uxore vel contra posse donari constat et si quidem intulerit, faciet locum religiosum. hoc autem ex eo venit, quod definiri solet eam demum donationem impediri solere, quae et donantem pauperiorem et accipientem faciet locupletiorem: porro hic non videtur fieri locupletior in ea re quam religioni dicavit. nec movit[1]) quemquam, quod emerit, nisi a marito accepisset: nam etsi pauperior ea fieret, nisi maritus dedisset, non tamen idcirco fit locupletior, quod non expendit.

810. l. 32 pr. — § 2 Dig. de don. int. vir. et uxor. 24, 1.

Ulpianus libro trigesimo tertio ad Sabinum Cum hic status esset donationum inter virum et uxorem, quem antea rettulimus, imperator noster Antoninus Augustus ante excessum divi Severi patris sui oratione in senatu habita auctor fuit senatui censendi Fulvio Aemiliano et Nummio Albino consulibus,[2]) ut aliquid laxaret ex iuris rigore. Oratio autem imperatoris nostri de confirmandis 1
donationibus non solum ad ea pertinet, quae nomine uxoris a viro comparata sunt, sed ad omnes donationes inter virum et uxorem

[1]) schreibe: moveat.
[2]) im Jahre 206 n. Chr.

factas, ut et ipso iure res fiant eius cui donatae sunt et obligatio sit civilis et de Falcidia ubi possit locum habere tractandum sit: cui locum ita fore opinor, quasi testamento sit confirmatum quod
2 **donatum est. Ait oratio: 'fas esse eum quidem qui donavit paenitere: heredem vero eripere forsitan adversus voluntatem supremam eius qui donaverit durum et avarum esse.'**

II. Die väterliche Gewalt.

§ 128. Entstehung und Endigung der väterlichen Gewalt. Adoption.

811. Gai. 1, 55.

Item in potestate nostra sunt liberi nostri, quos iustis nuptiis procreavimus. quod ius proprium civium Romanorum est: fere enim nulli alii sunt homines, qui talem in filios suos habent potestatem, qualem nos habemus. idque divi Hadriani edicto, quod proposuit de his, qui sibi liberisque suis ab eo civitatem Romanam petebant, significatur. nec me praeterit Galatarum gentem credere, in potestate parentum liberos esse.

812. Gai. 1, 97—102.

Non solum tamen naturales liberi secundum ea, quae diximus, in potestate nostra sunt, verum et hi, quos adoptamus. **98.** Adoptio autem duobus modis fit, aut populi auctoritate aut i*m*perio magistratus, vel*ut* praetoris. **99.** Populi auctoritate adoptamus eos, qui sui iuris sunt: qu*ae* species adoptionis dicitur adrogatio, quia et is, qui adoptat, rogatur, id est interrogatur, an velit eum, quem adoptaturus sit, iustum filium esse: et is, qui adoptatur, rogatur, an id fieri patiatur; et populus rogatur, an id fieri iubeat. imperio magistratus adoptamus eos, qui in potestate parentium sunt, sive primum gradum liberorum optineant, qualis est filius et filia, sive inferiorem, qualis est nepos neptis, pronepos proneptis. **100.** Et quidem illa adoptio, quae per populum fit, nusquam nisi Romae fit; at haec etiam in provinciis apu*d* praesides earum fieri solet. **101.** Item per populum feminae non adoptantur, nam id magis placuit; apud praetorem vero vel in provinciis apud proconsulem legatumve etiam feminae solent adoptari. **102.** Item inpuberem apud populum adoptari aliquando prohibitum est, aliquando permissum est: nunc ex epistula optimi imperatoris Antonini quam scripsit pontificibus, si iusta causa adoptionis esse videbitur, cum quibusdam condicionibus permissum est. apud praetorem vero et in provinciis apud proconsulem legatumve *personas* cuiusque aetatis adoptare possumus.

813. § 10 Inst. de adoptionibus 1, 11. *(cf. Gai. 1, 104.)*

Feminae quoque adoptare non possunt, quia nec naturales liberos in potestate sua habent: sed ex indulgentia principis ad solatium liberorum amissorum adoptare possunt.

814. l. 21 Dig. de adoption. et emancipat. 1, 7.

Gaius libro singulari regularum Nam et feminae ex rescripto principis adrogari possunt.

815. l. 15 pr. Dig. de adoption. et emancipat. 1, 7.

Ulpianus libro vicensimo sexto ad Sabinum Si pater familias adoptatus sit, omnia quae eius fuerunt et adquiri possunt tacito iure ad eum transeunt qui adoptavit: hoc amplius liberi eius qui in potestate sunt eum sequuntur: sed et hi, qui postliminio redeunt, vel qui in utero fuerunt cum adrogaretur, simili modo in potestatem adrogatoris rediguntur.

816. § 4 Inst. de adoptionibus 1, 11.

Minorem natu non posse maiorem adoptare placet: adoptio enim naturam imitatur et pro monstro est, ut maior sit filius quam pater. debet itaque is, qui sibi per adrogationem vel adoptionem filium facit, plena pubertate, id est decem et octo annis praecedere.

817. Gai. 1, 130—132.

Praeterea exeunt liberi virilis sexus de parentis potestate, si flamines Diales inaugurentur, et feminini sexus, si virgines Vestales capiantur. **131.** Olim quoque, quo tempore populus Romanus in Latinas regiones colonias deducebat, qui iussu parentis in coloniam Latinam nomen dedissent, desinebant in potestate parentis esse, quia efficerentur alterius civitatis cives. **132.** *Praeterea* emancipatione desinunt liberi in potestate parent*um* esse. sed filius quidem tribus mancipationibus, ceteri vero li*b*eri, sive masculini sexus sive feminini, una mancipatione exeun*t* de parentium potestate: lex enim XII tabularum tantum in persona filii de tribus mancipationibus loquitur his verbis: 'si pater *ter* filium venum du*it*, *a* patre filius liber esto.' *eaque* res ita agitu*r*: mancipat pater filium alicui; is eum vindicta manumittit: eo facto revertitur in potestatem patris; is eum iterum mancipat vel eidem vel alii (sed in usu est eidem mancipari) isque eum postea similiter vindicta manumittit; eo facto rursus in potestatem patris revertitur. tertio pater eum mancipat vel eidem vel alii (sed hoc in usu est, ut eidem mancipetur) *eaque* mancipatione *de*sinit *in* potestate patris esse, etiamsi nondum manumissus sit, sed adhuc in causa mancipii.

§ 129. Rechtsverhältnisse zwischen Eltern und Kindern.

818. c. 6 Cod. de testibus 4, 20.

Impp. Diocletianus et Maximianus AA. et CC. Tertullo (a. 294) Parentes et liberi invicem adversus se nec volentes ad testimonium admittendi sunt.

819. l. 9 Dig. de obseq. parent. 37, 15.

Ulpianus libro sexagensimo sexto ad edictum Liberto et filio semper honesta et sancta persona patris ac patroni videri debet.

820. l. 1, 2 Dig. de rei vind. 6, 1.

Ulpianus libro sexto decimo ad edictum Per hanc autem actionem liberae personae, quae sunt iuris nostri, ut puta liberi qui sunt in potestate, non petuntur: petuntur igitur aut praeiudiciis aut interdictis aut cognitione praetoria, et ita Pomponius libro trigensimo septimo: nisi forte, inquit, adiecta causa quis vindicet: si quis ita petit 'filium suum' vel 'in potestate ex iure Romano'[1]), videtur mihi et Pomponius consentire recte eum egisse: ait enim adiecta causa ex lege[2]) Quiritium vindicare posse.

§ 130. Das Kindesvermögen[3]).

821. Fragm. Vat. 260.

Papinianus libro XII responsorum Filius emancipatus, cui pater peculium non ademit, res quidem pro donato vel pro suo, quod

[1]) Quiritium: Ulpian?
[2]) iure: Ulpian?
[3]) Vgl. Nr. 97. 690 §§ 73. 74.

iustam causam possidendi habet, usucapit, sed debitores convenire non potest neque lites peculiares prosequi, si non sit in rem suam cognitor datus aut nominum delegationes intervenerunt. plane quod ei solvitur patre non dissentiente, debitorem liberat, nec interest an emancipatum ignoret vel ei non esse peculium ademptum, cum rei substantia plus polleat existimatione falsa.

822. l. 11 Dig. de castr. peculio 49, 17.

Macer libro secundo de re militari Castrense peculium est, quod a parentibus vel cognatis in militia agenti donatum est vel quod ipse filius familias in militia adquisiit, quod, nisi militaret, adquisiturus non fuisset. nam quod erat et sine militia adquisiturus, id peculium eius castrense non est.

823. l. 2 Dig. de castr. peculio 49, 17.

Ulpianus libro sexagensimo septimo ad edictum Si filius familias miles decesserit, si quidem intestatus, bona eius non quasi hereditas, sed quasi peculium patri deferuntur: si autem testamento facto, hic pro hereditate habetur castrense peculium.

824. c. 1 Cod. de castr. pec. 12, 36 (37).

Imp. Alexander A. Prisciano (a. 223) Si in potestate tua filius tuus fuit eo tempore, quo quaedam nomine eius emisti, ea tua esse
non dubitatur. Peculio autem castrensi cedunt res mobiles, quae 1
eunti in militiam a patre vel a matre aliisve propinquis vel amicis
donatae sunt, item quae in castris per occasionem militiae quaeruntur.
In quibus sunt etiam hereditates eorum, qui non alias noti esse potu- 2
erunt nisi per militiae occasionem, etiamsi res immobiles in his erunt.
Matris autem hereditas, quamvis in militia delata sit, ad peculium 3
castrense non pertinet. In castrensi vero peculio praedium donatum 4
non esse constat, quamvis empta ex castrensi peculio praedia eius condicionis efficiantur.

825. l. 1, 3 Dig. de S. C. Maced. 14, 6.

Ulpianus libro vicensimo nono ad edictum In filio familias nihil dignitas facit, quo minus senatus consultum Macedonianum locum habeat: nam etiamsi consul sit vel cuiusvis dignitatis, senatus consulto locus est: nisi forte castrense peculium habeat: tunc enim senatus consultum cessabit.

826. l. 2 Dig. de S. C. Maced. 14,6.

Idem libro sexagensimo quarto ad edictum usque ad quantitatem castrensis peculii, cum filii familias in castrensi peculio vice patrum familiarum fungantur.

827. c. 6,2 Cod. de bonis quae liberis in potest. 6,61.

Imp. Iustinianus A. Demostheni pp. (a. 529) Non autem hypothecam filii familias adversus res patris viventis adhuc seu iam mortui sperare audeant nec ratiocinia eis super administratione inferre, sed tantummodo alienatione vel hypotheca suo nomine patribus denegata rerum, habeat parens plenissimam potestatem uti fruique his rebus, quae per filios familias secundum praedictum modum adquiruntur. Et gubernatio earum sit penitus impunita et nullo modo audeat filius familias vel filia vel deinceps personae vetare eum, cuius in potestate sunt, easdem res tenere aut quomodo voluerit gubernare, vel si hoc fecerint, patria potestas in eos exercenda est: sed habeat pater vel aliae personae, quae superius enumeratae sunt, plenissimam potestatem uti frui gubernareque res praedicto modo adquisitas.

828. c. 8,4 d Cod. de bonis quae liberis in potest. 6,61.

Imp. Iustinianus A. Iohanni pp. (a. 531) Hoc procul dubio observando, ut et mancipia ipse usufructuarius aleret et omnia circa usum fructum faceret, quae nullo modo proprietatem possint deteriorem facere, paterna reverentia eum excusante et a ratiociniis et a cautionibus et ab aliis omnibus, quae usufructuarii extranei a legibus exiguntur, secundum nostrae constitutionis[1]) tenorem, quam iam super huiusmodi casibus tulimus. Ipsum autem filium vel filios vel filias et deinceps alere patri necesse est non propter hereditates, sed propter ipsam naturam et leges, quae et parentibus alendos esse liberos imperaverunt et ipsis liberis parentes, si inopia ex utraque parte vertitur.

829. l. 52 (50) Dig. ad sen. cons. Trebell. 36,1.

Papinianus libro undecimo quaestionum Imperator Hadrianus, cum Vivius Cerealis filio suo Vivio Simonidi, si in potestate sua esse desisset, hereditatem restituere rogatus esset ac multa in fraudem fideicommissi fieri probaretur, restitui hereditatem filio iussit ita, ne quid in ea pecunia, quamdiu filius viveret, iuris haberet. nam quia cautiones non poterant interponi conservata patris auctoritate, dam-

---

[1]) Nr. 827.

um condicionis propter fraudem inflixit. post decreti autem auctoritatem in ea hereditate ⟨filius⟩[1]) filio militi comparari debet, si res a possessoribus peti vel etiam cum debitoribus agi oporteret. [sed paternae reverentiae congruum est egenti forte patri officio iudicis ex accessionibus hereditariis emolumentum praestari.] [2])

III. Vormundschaft. [3])

§ 131. Begriff.

830. l. 1 pr. Dig. de tutelis 26, 1 = § 1 Inst. de tut. 1, 13.

Paulus libro trigesimo octavo ad edictum Tutela est, ut Servius definit, vis[4]) ac potestas in capite libero ad tuendum eum, qui propter aetatem sua sponte[5]) se defendere nequit, iure civili data ac permissa.

831. pr. Inst. de excus. 1, 25.

Et tutelam et curam placuit publicum munus esse.

§ 132. Bestellung der Vormundschaft.

832. Ulpianus lib. sing. reg. 11, 14.

Testamento quoque nominatim tutores dati confirmantur eadem lege duodecim tabularum, his verbis: 'uti legassit super pecunia tutelave suae rei, ita ius esto': [6]) qui tutores dativi appellantur.

833. l. 73, 1 Dig. de reg. iur. 50, 17.

Quintus Mucius Scaevola libro singulari ὅρων Nemo potest tutorem dare cuiquam nisi ei, quem in suis heredibus cum moritur habuit habiturusve esset, si vixisset.

834. l. 3 Dig. de confirm. tut. 26, 3.

Iulianus libro vicesimo primo digestorum Qui a patre tutor scriptus est aut non iusto testamento aut non ut lege praecipiebatur,

---

[1]) Einschub Mommsens.

[2]) S. Voc. Iur. Rom. s. v. hereditarius.

[3]) Vgl. Nr. 61. 62.

[4]) ius: die Institutionen.

[5]) 'sua sponte' fehlt in den Instit.

[6]) Vgl. Nr. 954. 1035.

confirmandus est ad tutelam gerendam perinde ac si ex testamento tutor esset, id est ut satisdatio ei remittatur.

835. l. 2 pr. Dig. de confirm. tut. 26, 3.

Neratius libro tertio regularum Mulier liberis non recte testamento tutorem dat: sed si dederit, decreto praetoris vel proconsulis ex inquisitione confirmabitur nec satisdabit pupillo rem salvam fore.

836. l. 73 pr. Dig. de reg. iur. 50, 17.

Quintus Mucius Scaevola libro singulari ὅρων Quo tutela redit, eo et hereditas pervenit, nisi cum feminae heredes intercedunt.

837. l. 9 Dig. de legit. tut. 26, 4.

Gaius libro duodecimo ad edictum provinciale Si plures sunt adgnati, proximus tutelam nanciscitur et, si eodem gradu plures sint, omnes tutelam nanciscuntur.

838. cap. 5 Nov. 118 *(a. 543).*

Ἐξ ὧν δὲ περὶ τῆς κληρονομίας εἰρήκαμέν τε καὶ διετυπώσαμεν, καὶ τὰ περὶ τῆς ἐπιτροπῆς δῆλα καθέστηκε. θεσπίζομεν γὰρ ἕκαστον κατὰ τὸν βαθμὸν καὶ τὴν τάξιν, καθ' ἣν πρὸς τὴν κληρονομίαν καλεῖται ἢ μόνος ἢ μεθ' ἑτέρων, καὶ τὸ λειτούργημα τῆς ἐπιτροπῆς ὑπελθεῖν, οὐδεμιᾶς οὐδὲ ἐν τούτῳ τῷ μέρει διαφορᾶς εἰσαγομένης ἐκ τῶν adgnaτικῶν ἢ cognatικῶν δικαίων, ἀλλὰ πάντων ὁμοίως εἰς τὴν ἐπιτροπὴν καλουμένων τῶν τε δι' ἀρρενογονίας τῶν τε διὰ θηλυγονίας τῷ ἀνήβῳ συναπτομένων. ταῦτα δὲ λέγομεν, εἰ ἄρρενες καὶ τέλειοι τὴν ἡλικίαν εἴησαν καὶ ὑπὸ μηδενὸς νόμου κωλύονται τὴν ἐπιτροπὴν ὑπελθεῖν μηδὲ ἐξκουσατίονι ἁρμοζούσῃ αὐτοῖς κέχρηνται. ταῖς γὰρ γυναιξὶ καὶ ἡμεῖς ἀπαγορεύομεν τὰ τῆς ἐπιτροπῆς ὑπελθεῖν λειτουργήματα, εἰ μὴ μήτηρ ἢ μάμμη εἴη· ταύταις γὰρ μόναις κατὰ τὴν τῆς κληρονομίας τάξιν καὶ τὴν ἐπιτροπὴν ὑπελθεῖν ἐφίεμεν, ἐὰν ἐν ὑπομνήμασι καὶ γάμοις ἑτέροις καὶ τῇ βοηθείᾳ τῆς Βελλειανείου δόγματος ἀπαγορεύσωσι.

839. Gai. 1, 185.

Si cui nullus omnino tutor sit, ei datur in urbe Roma ex lege Atilia a praetore urbano et maiore parte tribunorum plebis, qui Atilianus tutor vocatur; in provinciis vero a praesidibus provinciarum *ex* lege Iulia et Titia.

840. l. 6, 2 Dig. de tutelis 26, 1.

Ulpianus libro trigesimo octavo ad Sabinum Tutoris datio neque imperii est neque iurisdictionis, sed ei soli competit, cui nominatim hoc dedit vel lex vel senatus consultum vel princeps.

§ 133. Ablehnung und Endigung der Vormundschaft.[1]

841. c. un. Cod. qui numero tutelarum 5, 69.

Impp. Severus et Antoninus AA. Pompeiano (a. 205) Si tres tutelas vel curas eodem tempore non defunctorie susceptas administras, onere quartae tutelae vel curationis pupillorum seu adulescentium
non gravaberis. Finito autem officio pubertate pupillorum vel aetate 1
adulescentium aliae substitui possunt, licet nondum ratio tutelae sive
curae administratae reddita sit. Sed imperfectae diversae species 2
vacationis, licet permixtae, ad excusationem non proficiunt. scire igitur debes eum, qui duos filios habet et duas tulelas administrat, excusationem non mereri.

842. § 16 Inst. de excusat. 1, 25. *(cf. l. 21, 1 D. 27, 1).*

Qui autem se vult excusare, si plures habeat excusationes et de quibusdam non probaverit, aliis uti intra tempora non prohibetur. qui excusare se volunt, non appellant: sed intra dies quinquaginta continuos, ex quo cognoverunt, excusare se debent (cuiuscumque generis sunt, id est qualitercumque dati fuerint tutores), si intra centesimum lapidem sunt ab eo loco, ubi tutores dati sunt: si vero ultra centesimum habitant, dinumeratione facta viginti milium diurnorum et amplius triginta dierum. quod tamen, ut Scaevola dicebat, sic debet computari, ne minus sint quam quinquaginta dies.

843. Fragm. Vat. § 158.

Ulpianus libro sing. de excusationibus Pars orationis imperatoris Severi: 'Promiscua facultas potioris nominandi, nisi intra certos fines cohibeatur, ipso tractu temporis pupillos fortunis suis privabit: cui rei obviam ibitur, patres conscripti, si censueritis, ut collegae patris *a*vive[2]) pupilli in decuria vel corpore, item cognati vel affines utriusque necessitudinis, qui lege Iulia et Papia excepti sunt, potiorem non nominent; ceteri cognati vel adfines amicive atque municipes eos tantummodo nominent, quos supra complexus sum; vicinitatis autem iure nemo potior existimetur.'

---

[1]) Vgl. Nr. 860.

[2]) avive: Huschke; sui uel: die Handschrift.

844. pr. § 1 Inst. de susp. tutorib. 1, 26. *(cf. l. 1, 2; 3 D. 26, 10).*

Sciendum est suspecti crimen e lege duodecim tabularum de-
1 scendere. Datum est autem ius removendi suspectos tutores Romae praetori et in provinciis praesidibus earum et legato proconsulis.

845. l. 1, 11 Dig. ad sen. cons. Turpillianum 48, 16.[1]

Marcianus libro singulari ad senatus consultum Turpillianum Suspecti tutoris accusatio pro tribunali tantum examinari potest, et nullus alius de huiusmodi quaestione quam praeses pronuntiare potest: et tamen qui ab ea destitit, senatus consulto non tenetur.

§ 134. Verwaltung der Vormundschaft.

846. l. 27 Dig. de admin. et peric. tut. 26, 7.[1]

Paulus libro septimo ad Plautium Tutor, qui tutelam gerit, quantum ad providentiam pupillarem domini loco haberi debet.

847. l. 22 Dig. de ádmin. et peric. tut. 26, 7.

Paulus libro tertio ad edictum Tutor [ad utilitatem pupilli] et novare et rem in iudicium deducere potest: donationes autem ab eo factae pupillo non nocent.

848. l. 30 Dig. de admin. et peric. tut. 26, 7.

Marcellus libro vicesimo primo digestorum Tutoris praecipuum est officium, ne indefensum pupillum relinquat.

849. l. 33 pr. Dig. de admin. et peric. tut. 26, 7.

Callistratus libro quarto de cognitionibus A tutoribus et curatoribus pupillorum eadem diligentia exigenda est circa administrationem rerum pupillarium, quam pater familias [rebus suis] ex bona fide praebere debet.[2]

850. l. 1 pr. — § 2 Dig de reb. eorum qui sub tutela 27, 9.

Ulpianus libro trigesimo quinto ad edictum Imperatoris Severi oratione prohibiti sunt tutores et curatores praedia rustica vel sub-
1 urbana distrahere. Quae oratio in senatu recitata est Tertullo et Clemente consulibus[3] idibus Iuniis et sunt verba eius huiusmodi:
2 'Praeterea, patres conscripti, interdicam tutoribus et curatoribus, ne praedia rustica vel suburbana distrahant, nisi ut id fieret, parentes

---

[1] Vgl. Nr. 64. 65. 128. 490—493.

[2] Vgl. Nr. 862.

[3] a. p. Chr. 195.

testamento vel codicillis caverint. quod si forte aes alienum tantum erit, ut ex rebus ceteris non possit exsolvi, tunc praetor urbanus vir clarissimus adeatur, qui pro sua religione aestimet, quae possunt alienari obligarive debeant, manente pupillo actione, si postea potuerit probari obreptum esse praetori. si communis res erit et socius ad divisionem provocet, aut si creditor, qui pignori agrum a parente pupilli acceperit, ius exsequetur, nihil novandum censeo'.

851. c. 24 Cod. de administr. tutor. 5, 37.

Impp. Arcadius et Honorius AA. Eutychiano pp. (a. 396) Tutores vel curatores, mox quam fuerint ordinati, sub praesentia publicarum personarum inventarium sollemniter rerum omnium et instrumentorum facere curabunt. Aurum argentumque et quidquid 1
vetustate temporis non mutatur, si in pupilli substantia reperiatur, in tutissima custodia collocent, ita tamen ut ex mobilibus aut praedia idonea comparentur aut, si forte (ut adsolet) idonea non potuerint inveniri, iuxta antiqui iuris formam usurarum crescat accessio, buarum exactio ad periculum tutoris pertinet.

852. l. 8 Dig. de auctor. et consens. tut. 26, 8.[1]

Ulpianus libro quadragesimo octavo ad Sabinum Etsi condicionalis contractus cum pupillo fiat, tutor debet pure auctor fieri: nam auctoritas non condicionaliter, sed pure interponenda est, ut condicionalis contractus confirmetur.

853. l. 3, 2 Dig. de admin. et peric. tut. 26, 7.

Ulpianus libro trigesimo quinto ad edictum Ceteri igitur tutores non administrabunt, sed erunt hi, quos vulgo honorarios appellamus. nec quisquam putet ad hos periculum nullum redundare: constat enim hos quoque, [excussis prius facultatibus eius qui gesserit,] conveniri oportere: dati sunt enim quasi observatores actus eius et custodes, imputabiturque eis quandoque, cur, si male eum conversari videbant, suspectum eum non fecerunt. adsidue igitur et rationem ab eo exigere eos oportet et sollicite curare, qualiter conversetur, et si pecunia sit, quae deponi possit, curare, ut deponatur ad praediorum comparationem: blandiuntur enim sibi, qui putant honorarios tutores omnino non teneri: tenentur enim secundum ea quae supra ostendimus.

854. l. 3, 9 l. 4 Dig. de admin. et peric. tut. 26, 7.

Ulpianus libro trigesimo quinto ad edictum Item si dividi inter

[1]) Vgl. Nr. 65.

se tutelam velint tutores, audiendi sunt, ut distribuatur inter eos administratio.

Idem libro nono ad edictum vel in partes vel in regiones, et si ita fuerit divisa, unusquisque exceptione summovebitur pro ea parte vel regione, quam non administrat.

855. c. 2 Cod. de dividenda tutela 5, 52.

Imppp. Carus Carinus et Numerianus AAA. Primigenio (a. 284) Si divisio administrationis inter tutores sive curatores in eodem loco seu provincia constitutos necdum fuit, licentiam habet adulescens et unum eorum eligere et totum debitum exigere, cessione videlicet ab eo adversus ceteros tutores seu curatores actionum ei competentium facienda.
1 In divisionem autem administratione deducta sive a praeside sive a testatoris voluntate unumquemque pro sua administratione convenire potest, periculum invicem tutoribus seu curatoribus non sustinentibus, nisi per dolum aut culpam suspectum non removerunt vel tarde suspicionis rationem moverunt, cum alter eorum non solvendo effectus sit, vel suspicionis causam agendo sua sponte iura pupilli prodiderunt.
2 Nec prodest eis dicentibus contutorem suum non administrasse pupil-
3 lares res. Sin vero ipsi inter se res administrationis diviserunt, non prohibetur adulescens et unum ex his in solidum convenire, ita ut actiones, quas adversus alios habet, ad electum transferat.

856. Ulp. lib. sing. reg. 11, 26.

Si plures sunt tutores, omnes in omni re debent auctoritatem accommodare praeter eos, qui testamento[1]) dati sunt; nam ex his vel unius auctoritas sufficit.

857. c. 5 pr. Cod. de auctor. praest. 5, 59.

Imp. Iustinianus Iohanni pp. (a. 531) Veterem dubitationem amputantes, per quam testamentarii quidem vel per inquisitionem dati tutoris et unius auctoritas sufficiebat, licet plures fuerant, non tamen diversis regionibus destinati, legitimi autem vel simpliciter dati omnes consentire compellebantur, sancimus, si plures tutores fuerint ordinati, sive in testamento paterno sive ex lege vocati sive a iudice vel ex inquisitione vel simpliciter dati, et unius tutoris auctoritatem omnibus tutoribus sufficere, ubi non divisa est administratio vel pro regionibus vel pro substantiae partibus: ibi etenim necesse est singulis

---

[1]) testamento: Cuiacius; die Handschrift hat: tunc.

pro suis partibus vel regionibus auctoritatem pupillo praestare, quia in hoc casu non absimiles esse testamentariis et per inquisitionem datis legitimos et simpliciter datos iubemus eo, quod fideiussionis onere praegravantur et subsidiariae actionis adminiculum speratur.

§ 135. Die Vormundschaftsklagen.

858. l. 2 pr. § 2 Dig. de tutel. et ration. distr. 27, 3.

Paulus libro octavo ad Sabinum Actione de rationibus distrahendis nemo tenetur, nisi qui in tutela gerenda rem ex bonis pupilli abstulerit. Haec actio licet in duplum sit, in simplo rei persecutionem 2
continet, non tota dupli poena est.

859. l. 1, 23; 24 Dig. de tutel. et ration. distr. 27, 3.

Ulpianus libro trigensimo sexto ad edictum Hanc actionem sciendum est perpetuam esse et heredi similibusque personis dari ex eo quod vivo pupillo captum est: sed in heredem ceterosque successores non dabitur, quia poenalis est. Haec actio tunc competit, cum et 24
tutelae actio est, hoc est finita demum tutela.

860. l. 4 pr. Dig. de tutel. et ration. distr. 27, 3.

Paulus libro octavo ad Sabinum Nisi finita tutela sit, tutelae agi non potest: finitur autem non solum pubertate, sed etiam morte tutoris vel pupilli.

861. l. 1, 3 Dig. de contrar. tutel. et utili actione 27, 4.

Ulpianus libro trigesimo sexto ad edictum Finito autem officio hanc actionem competere dicemus tutori: ceterum quamdiu durat, nondum competit. sed si pro tutore negotia gessit vel etiam curam administravit, locus erit iudicio etiam statim, quia hoc casu in ipsum quoque statim actio competit.

862. c. 1 Cod. de heredib. tutor. 5, 54.

Impp. Severus et Antoninus AA. Fusciano (a. 197) Heredes tutoris ob neglegentiam[, quae non latae culpae comparari possit,] condemnari non oportet, si non contra tutorem lis inchoata est neque ex damno pupilli lucrum captatum aut gratiae praestitum sit[1]).

---

[1]) Vgl. Nr. 849.

863. l. 22 Dig. de tutel. et ration. distrah. 27, 3.

Paulus libro tertio decimo quaestionum Defensor tutoris condemnatus non auferet privilegium pupilli: neque enim sponte cum eo pupillus distraxit.

864. l. 44 § 1 Dig. de admin. et peric. tutor. 26, 7.

Paulus libro tertio decimo quaestionum Sed si pupillus post pubertatem rationibus a tutore acceptis reliquationem eius secutus usuras acceptaverit, privilegium suum non amittit in bonis tutoris venditis: praetor enim privilegium ei servare debet.

865. c. 20 Cod. de administr. tutor. 5, 37. *(cf. l. 1 Cod. Theod. 3, 30).*

Imp. Constantinus A. (a. 314) Pro officio administrationis tutoris vel curatoris bona, si debitores existant, tamquam pignoris titulo obligata minores sibimet vindicare minime prohibentur. idem est et si tutor vel curator quis constitutus res minorum non administravit.

866. l. 4, 3 Dig. de tutelae et ration. distrah. 27, 3.

Paulus libro octavo ad Sabinum Cum furiosi curatore non tutelae, sed negotiorum gestorum actio est: quae competit etiam dum negotia gerit, quia non idem in hac actione, quod in tutelae actione, dum impubes est is cuius tutela geritur, constitutum est.

867. l. 4, 3 Dig. de fideiuss. et nominatoribus 27, 7.

Ulpianus libro trigesimo sexto ad edictum Fideiussores a tutoribus nominati si praesentes fuerunt et non contradixerunt et nomina sua referri in acta publica passi sunt, aequum est perinde teneri, atque si iure legitimo stipulatio interposita fuisset. eadem causa videtur adfirmatorum, qui scilicet cum idoneos esse tutores adfirmaverint, fideiussorum vicem sustinent.

868. c. 5 Cod. de magistrat. conveniend. 5, 75.

Impp. Diocletianus et Maximianus AA. et CC. Eugeniae (a. 294?) In magistratus municipales tutorum nominatores, si administrationis finito tempore non fuerint solvendo nec ex cautione fideiussionis solidum exigi possit, pupillis quondam in subsidium indemnitatis nomine actionem utilem competere ex senatus consulto, quod auctore divo Traiano parente nostro factum est, constitit.

Fünfter Teil.

Erbrecht.

§ 136. Wesen, Einteilung und Geschichte des Erbrechts.

869. l. 62 Dig. de reg. iur. 50, 17.

Iulianus libro sexto digestorum Hereditas nihil aliud est, quam successio in universum ius quod defunctus habuerit.

870. l. 59 Dig. de reg. iur. 50, 17.

Ulpianus libro tertio disputationum Heredem eiusdem potestatis iurisque esse, cuius fuit defunctus, constat.[1]

871. l. 151 Dig. de verb. signif. 50, 16.

Terentius Clemens libro quinto ad legem Iuliam et Papiam 'Delata' hereditas intellegitur, quam quis possit adeundo consequi.

872. Gai. 2, 99.

Ac prius de hereditatibus dispiciamus, quarum duplex condicio est: nam vel ex testamento vel ab intestato ad nos pertinent.

873. l. 39 Dig. de adquir. vel om. hered. 29, 2.

Ulpianus libro quadragesimo sexto ad edictum Quamdiu potest ex testamento adiri hereditas, ab intestato non defertur.

874. § 5 Inst. de hered. instituend. 2, 14. *(cf. l. 51, 2 Dig. 28, 5.)*

Hereditas plerumque dividitur in duodecim uncias, quae assis appellatione continentur. habent autem et hae partes propria nomina ab uncia usque ad assem, ut puta haec: sextans, quadrans, triens, quincunx, semis, septunx, bes, dodrans, dextans, deunx, as. non autem utique duodecim uncias esse oportet. nam tot unciae assem efficiunt, quot testator voluerit, et si unum tantum quis ex semisse verbi gratia heredem scripserit, totus as in semisse erit; neque enim idem ex parte testatus et ex parte intestatus decedere potest, nisi sit miles, cuius sola voluntas in testando spectatur. et e contrario potest quis in quantascumque voluerit plurimas uncias suam hereditatem dividere.

---

[1]) Vgl. Nr. 997.

875. l. 7 Dig. de reg. iur. 50, 17.

Pomponius libro tertio ad Sabinum Ius nostrum non patitur eundem in paganis et testato et intestato decessisse: earumque rerum naturaliter inter se pugna est 'testatus' et 'intestatus'.

876. l. 6 Dig. de test. mil. 29, 1.

Ulpianus libro quinto ad Sabinum Si miles unum ex fundo heredem scripserit, creditur quantum ad residuum patrimonium intestatus decessisse: miles enim pro parte testatus potest decedere, pro parte intestatus.

877. l. 1, 15 Dig. si is qui testamento liber 47, 4.

Ulpianus libro trigensimo octavo ad edictum Scaevola ait possessionis furtum fieri: denique si nullus sit possessor, furtum negat fieri: idcirco autem hereditati furtum non fieri, quia possessionem hereditas non habet, quae facti est et animi. sed nec heredis est possessio, antequam possideat, quia hereditas in eum id tantum transfundit, quod est hereditatis, non autem fuit possessio hereditatis.

878. l. 6 Dig. expilatae hereditatis 47, 19.

Paulus libro primo ad Neratium Si rem hereditariam, ignorans in ea causa esse, subripuisti, furtum te facere respondit. *Paulus:* rei hereditariae furtum non fit sicut nec eius, quae sine domino est, et nihil mutat existimatio subripientis.

879. l. 28, 4 Dig. de stipul. serv. 45, 3.

Gaius libro tertio de verborum obligationibus Illud quaesitum est, an heredi futuro servus hereditarius stipulari possit. Proculus negavit, quia is eo tempore extraneus est. Cassius respondit posse, quia qui postea heres extiterit, videretur ex mortis tempore defuncto successisse: quae ratio illo argumento commendatur, quod heredis familia ex mortis tempore funesta facta intellegitur, licet post aliquod tempus heres extiterit: manifestum igitur est servi stipulationem ei adquiri.

880. l. 193 Dig. de reg. iur. 50, 17.

Celsus libro trigensimo octavo digestorum Omnia fere iura heredum perinde habentur, ac si continuo sub tempus mortis heredes exstitissent.

881. l. 54 Dig. de adquir. vel omitt. hered. 29, 2.

Florentinus libro octavo institutionum Heres quandoque adeundo hereditatem iam tunc a morte successisse defuncto intellegitur.

882. l. 138 pr. Dig. de reg. iur. 50, 17.

Paulus libro vicesimo septimo ad edictum Omnis hereditas, quamvis postea adeatur, tamen cum tempore mortis continuatur.

883. l. 33, 2 Dig. de adquir. rer. dom. 41, 1.

Ulpianus libro quarto disputationum Nam et condictio, quotiens servus hereditarius stipulatur vel per traditionem[1]) accipit, ex persona defuncti vires assumit, ut Iuliano placet: cuius et valuit sententia testantis personam spectandam esse opinantis.

884. l. 34 Dig. de adquir. rer. dom. 41, 1.

Ulpianus libro quarto de censibus Hereditas enim non heredis personam, sed defuncti sustinet, ut multis argumentis iuris civilis comprobatum est.

885. l. 61 pr. Dig. de adquir. rer. dom. 41, 1.

Hermogenianus libro sexto iuris epitomarum Hereditas in multis partibus iuris pro domino habetur ideoque hereditati quoque ut domino per servum hereditarium adquiritur. in his sane, in quibus factum personae operaeve substantia desideratur, nihil hereditati quaeri per servum potest. ac propterea quamvis servus hereditarius heres institui possit, tamen quia adire iubentis domini persona desideratur, heres exspectandus est.

886. § 2 Inst. de bon. poss. 3, 9. *(cf. Gai. 3, 32.)*

Quos autem praetor solus vocat ad hereditatem, heredes quidem ipso iure non fiunt (nam praetor heredem facere non potest: per legem enim tantum vel similem iuris constitutionem heredes fiunt, veluti per senatus consultum et constitutiones principales): sed cum eis praetor dat bonorum possessionem, loco heredum constituuntur et vocantur bonorum possessores. adhuc autem et alios complures gradus praetor fecit in bonorum possessionibus dandis, dum id agebat, ne quis sine successore moriatur: nam angustissimis finibus constitutum per legem duodecim tabularum ius percipiendarum hereditatum praetor ex bono et aequo dilatavit.

---

[1]) mancipio: Ulpian.

887. Ulp. lib. sing. reg. 28, 13.

Bonorum possessio aut *cum* re datur aut sine re: cum re, *cum* is, qui accepit, cum effectu bona retineat; sine re, cum alius iure civili evincere hereditatem possit; veluti si suus heres intestati *bonorum possessionem petere noluerit, competit agnato*[1]) bonorum possessio sine re, quoniam suus heres evincere hereditatem iure legitimo possit.

888. l. 3, 2; 3 Dig. de bon. poss. 37, 1.

Ulpianus libro trigesimo nono ad edictum Bonorum igitur possessionem ita recte definiemus: ius persequendi retinendique patrimonii
3 sive rei, quae cuiusque cum moritur fuit. Invito autem nemini bonorum possessio adquiritur.

889. l. 1, 10 Dig. de success. ed. 38, 9.

Ulpianus libro quadragensimo nono ad edictum Quibus ex edicto bonorum possessio dari potest, si quis eorum aut dari sibi noluerit aut in diebus statutis non admiserit, tunc ceteris bonorum possessio perinde competit, ac si prior ex eo numero non fuerit.

890. Gai. 4, 34.

34. Habemus adhuc alterius generis fictiones *i*n quibusdam formulis, velut cum is, qui ex edicto bonorum possessionem petiit, ficto se herede agit: cum enim praetorio iure is, non legitimo, succedat in locum defuncti, non ha*b*et directas actiones, et neque id, quod defuncti fuit, potest intendere suum *esse, neque id, quod e*i debebatur, potest intendere *dari* sibi oportere; itaque ficto se herede intendit, velut hoc modo: IVDEX ESTO. SI AVLVS AGERIVS, id es*t* si ipse actor, *LVCIO TITIO* HERES *ESSET*, *TVM SI* FVND*VM*, DE QVO AGITUR, EX IVRE QVIRITIVM *EIUS* ESSE *OPORTERET;* *si vero* de de*b*ito *agatur*, praeposita simili *fictione heredis* ita subicitur: TVM SI NVMERIVM NEGIDIUM AVLO *AGERIO* SESTERTIVM X MILIA DARE OPORTERET.

891. Gai. 4, 144 fere = § 3 Inst. 4, 15.

Adipiscendae possessionis causa interdictum accommodatur bonorum possessori, cuius principium est QVORVM BONORVM; eiusque vis et potestas haec est, ut quod quisque ex his bonis, quorum possessio alicui data est, pro herede aut pro possessore *possidet, dolove*

---

[1]) Ergänzung von Seckel und Kübler nach Gai. 2, 37.

fecit, quominus [1]) possideret, id ei, cui bonorum possessio data est, restituatur. pro herede autem possidere videtur tam is, qui heres est, quam is, qui putat se heredem esse; pro possessore is possidet, qui sine causa aliquam rem hereditariam vel etiam totam hereditatem sciens ad se non pertinere possidet [2]): ideo autem adipiscendae possessionis vocatur, quia ei tantum utile est, qui nunc primum conatur adipisci rei possessionem; itaque si quis adeptus possessionem amiserit, desinit ei id interdictum utile esse.

I. Testamentarische Erbfolge.

§ 137. Das Testament und die Fähigkeit zu seiner Errichtung.

892. Ulpianus lib. sing. reg. 20, 1.

Testamentum est mentis nostrae iusta contestatio, in id sollemniter factum, ut post mortem nostram valeat.

893. l. 1 Dig. qui testam. fac. poss. 28, 1.

Modestinus libro secundo pandectarum Testamentum est voluntatis nostrae iusta sententia de eo, quod quis post mortem suam fieri velit.

894. Gai. 2, 114.

Igitur si quaeramus an valeat testamentum, inprimis advertere debemus, an is, qui id fecerit, habuerit testamenti factionem; deinde, si habuerit, requiremus an secundum iuris civilis regulam testatus sit, exceptis militibus, quibus propter nimiam inperitiam, ut diximus, quomodo velint vel quomodo possint, permittitur testamentum facere.

895. Ulpianus lib. sing. reg. 20, 12.

Impubes licet sui iuris sit, facere testamentum non potest, quoniam nondum plenum iudicium animi habet.

896. Ulpianus lib. sing. reg. 22, 1.

Heredes institui possunt, qui testamenti factionem cum testatore habent. [3])

---

[1]) Ergänzung von Huschke nach l. 1 pr. Dig. 43, 2.

[2]) Vgl. Nr. 1008.

[3]) Vgl. Nr. 920. 921.

897. § 6 Inst. de testam. ordin. 2, 10.

Testes autem adhiberi possunt ii, cum quibus testamenti factio est. sed neque mulier neque impubes neque servus neque mutus neque surdus neque furiosus nec cui bonis interdictum est [1]) nec is, quem leges iubent improbum intestabilemque esse, [2]) possunt in numero testium adhiberi.

§ 138. Form des Testamentes.

898. Gai. 2, 102—104.

Accessit deinde tertium genus testamenti, quod per aes et libram agitur: qui *enim* neque calatis comitiis neque in procinctu testamentum fecerat, is si subita morte urguebatur, amico familiam suam, id est patrimonium suum, mancipio dabat eumque rogabat, quid cuique post mortem suam dari vellet. quod testamentum dicitur per aes et libram, scilicet quia per mancipationem peragitur. **103.** Sed illa quidem duo genera testamentorum in desuetudinem abierunt; hoc vero solum, quod per aes et libram fit, in usu retentum est. sane nunc aliter ordinatur quam olim solebat; namque olim familiae emptor, id est, qui a testatore familiam accipiebat mancipio, heredis locum optinebat, et ob id ei mandabat testator, quid cuique post mortem suam dari vellet; nunc vero alius heres testamento instituitur, a quo etiam legata relinquuntur, alius dicis gratia propter veteris iuris imitationem familiae emptor adhibetur. **104.** Eaque res ita agitur: qui facit testamentum, adhibitis, sicut in ceteris mancipationibus, quinque testibus civibus Romanis puberibus et libripende, postquam tabulas testamenti scripserit, mancipat alicui dicis gratia familiam suam; in qua re his verbis familiae emptor utitur: FAMILIAM PECVNIAMQVE TVAM ENDO MANDATELA TVA CVSTODELAQVE MEA *ESSE AIO, EAQVE*, QVO TV IVRE TESTAMENTVM FACERE POSSIS SECVNDVM LEGEM PVBLICAM, HOC AERE, et, ut quidam adiciunt, AENEAQVE LIBRA ESTO MIHI EMPTA; deinde aere percutit libram idque aes dat testatori velut pretii loco; deinde testator tabulas testamenti manu tenens ita dicit: HAEC ITA VT IN HIS TABVLIS CERISQVE SCRIPTA SVNT, ITA DO, ITA LEGO, ITA TESTOR, ITAQVE VOS, QVIRI-

---

[1]) Vgl. Nr. 68.
[2]) Vgl. Nr. 71.

TES, TESTIMONIVM MIHI PERHIBETOTE; et hoc dicitur nuncupatio; nuncupare est enim palam nominare, et sane quae testator specialiter in tabulis testamenti scripserit, ea videtur generali sermone nominare atque confirmare.

899. Cic. in Verrem II 1, 45 § 117.

'Si de hereditate ambigetur et tabulae testamenti obsignatae non minus multis signis, quam e lege oportet, ad me proferentur, secundum tabulas testamenti potissimum possessionem dabo.'

900. Ulpianus lib. sing. reg. 28, 6.

Etiam si iure civili non valeat testamentum, forte quod familiae mancipatio vel nuncupatio defuit, si signatum testamentum sit non minus quam septem testium civium Romanorum signis, bonorum possessio datur.

901. § 10. 11 Inst. de test. ordin. 2, 10. *(cf. Gai. 2, 105. 106.)*

Sed neque heres scriptus neque is qui in potestate eius est neque pater eius qui habet eum in potestate neque fratres qui in eiusdem patris potestate sunt testes adhiberi possunt, quia totum hoc negotium, quod agitur testamenti ordinandi gratia, creditur hodie inter heredem et testatorem agi. licet enim totum ius tale conturbatum fuerat et veteres, qui familiae emptorem et eos, qui per potestatem ei coadunati fuerant, testamentariis testimoniis repellebant, heredi et his, qui coniuncti ei per potestatem fuerant, concedebant testimonia in testamentis praestare, licet hi, qui id permittebant, hoc iure minime abuti debere eos suadebant: tamen nos eandem observationem corrigentes et, quod ab illis suasum est, in legis necessitatem transferentes ad imitationem pristini familiae emptoris merito nec heredi, qui imaginem vetustissimi familiae emptoris optinet, nec aliis personis, quae ei ut dictum est coniunctae sunt, licentiam concedimus sibi quodammodo testimonia praestare: ideoque nec eiusmodi veterem constitutionem nostro codici inseri permisimus. Legatariis autem et fideicommissariis, 11
quia non iuris successores sunt, et aliis personis eis coniunctis testimonium non denegamus, immo in quadam nostra constitutione et hoc specialiter concessimus, et multo magis his, qui in eorum potestate sunt, vel qui eos habent in potestate, huiusmodi licentiam damus.

902. l. 21, 2 Dig. qui testam. fac. poss. 28, 1.

Ulpianus libro secundo ad Sabinum In testamentis, in quibus testes rogati adesse debent, ut testamentum fiat, alterius rei causa forte rogatos ad testandum non esse idoneos placet. quod sic accipiendum est, ut, licet ad aliam rem sint rogati vel collecti, si tamen ante testimonium certiorentur ad testamentum se adhibitos, posse eos testimonium suum recte perhibere.

903. l. 27 Dig. qui testam. fac. poss. 28, 1.

Celsus libro quinto decimo digestorum 'Domitius Labeo Celso suo salutem. Quaero, an testium numero habendus sit is, qui, cum rogatus est ad testamentum scribendum, idem quoque cum tabulas scripsisset, signaverit'. 'Iuventius Celsus Labeoni suo salutem. Non intellego quid sit, de quo me consulueris, aut valide stulta est consultatio tua: plus enim quam ridiculum est dubitare, an aliquis iure testis adhibitus sit, quoniam idem et tabulas testamenti scripserit'.

904. l. 21, 3 Dig. qui testam. fac. poss. 28, 1.

Ulpianus libro secundo ad Sabinum Uno contextu actus testari oportet. est autem uno contextu nullum actum alienum testamento intermiscere: quod si aliquid pertinens ad testamentum faciat, testamentum non vitiatur.

905. c. 19 pr. § 1 Cod. de testamentis 6, 23.

Impp. Honorius et Theodosius AA. Iohanni pp. (a. 413) Omnium testamentorum sollemnitatem superare videatur, quod insertum mera fide precibus inter tot nobiles probatasque personas etiam con-
1 scientiam principis tenet. Sicut igitur securus erit, qui actis cuiuscumque iudicis aut municipum aut auribus privatorum mentis suae postremum publicavit iudicium, ita nec de eius umquam successione tractabitur, qui nobis mediis et toto iure, quod nostris est scriniis constitutum, teste succedit.

§ 139. Besondere Arten des Testamentes.

906. l. 1 pr. Dig. de testam. mil. 29, 1.

Ulpianus libro quadragesimo quinto ad edictum Militibus liberam testamenti factionem primus quidem divus Iulius Caesar concessit: sed ea concessio temporalis erat. postea vero primus divus Titus dedit: post hoc Domitianus: postea divus Nerva plenissimam indulgentiam in milites contulit: eamque et Traianus secutus est et exinde mandatis inseri coepit caput tale. Caput ex mandatis[1]): 'Cum in notitiam meam prolatum sit subinde testamenta a commilitonibus relicta proferri, quae possint in controversiam deduci, si ad diligentiam legum revocentur et observantiam: secutus animi mei integritudinem erga optimos fidelissimosque commilitones simplicitati eorum consulendum existimavi, ut quoquomodo testati fuissent, rata esset eorum voluntas. faciant igitur testamenta quo modo volent, faciant quo modo poterint, sufficiatque ad bonorum suorum divisionem faciendam nuda voluntas testatoris'.

907. Ulpianus lib. sing. reg. 23, 10.

Milites quomodocumque fecerint testamenta, valent, id est etiam sine legitima observatione. nam principalibus constitutionibus permissum est illis, quomodocumque vellent, quomodocumque possent, testari. idque testamentum, quod miles contra iuris regulam fecit, ita demum valet, si vel in castris mortuus sit vel post missionem intra annum.

908. c. 15, 1 Cod. de testam. mil. 6, 21.

Imp. Constantinus A. ad populum (a. 334) Proinde sicut iuris rationibus licuit ac semper licebit, si quid in vagina aut in clipeo litteris sanguine suo rutilantibus adnotaverint aut in pulvere inscripserint gladio sub ipso tempore, quo in proelio vitae sortem derelinquunt, huiusmodi voluntatem stabilem esse oportet.

909. § 2 Inst. de codicillis 2, 25.

Codicillis autem hereditas neque dari neque adimi potest, ne confundatur ius testamentorum et codicillorum, et ideo nec exheredatio scribi. directo autem hereditas codicillis neque dari neque adimi potest: nam per fideicommissum hereditas codicillis iure relinquitur. nec condicionem heredi instituto codicillis adicere neque substituere directo potest.

910. l. 2, 2 Dig. de iure codicillorum 29, 7.

Iulianus libro trigensimo septimo digestorum Codicillorum ius singulare est, ut quaecumque in his scribentur perinde haberentur,

---

[1]) Dieser Erlaß ist, allerdings nur sehr fragmentarisch, in einem Papyrusfetzen erhalten, Papyr. Fayum towns Nr. 10.

ac si in testamento scripta essent. ideoque servo, qui testamenti facti tempore testatoris fuisset, codicillorum tempore alienus, [non] recte libertas [directa] datur. et contra si, cum testamentum fiebat, alienus esset, codicillorum tempore testatoris, intellegitur alieno servo libertas data. [et ideo licet directae libertates deficiunt, attamen ad fideicommissarias eundum est.]

911. c. 8, 3 Cod. de codicillis 6, 36.

Imp. Theodosius A. Asclepiodoto pp. (a. 424) In omni autem ultima voluntate excepto testamento quinque testes vel rogati vel qui fortuitu venerint in uno eodemque tempore debent adhiberi, sive in scriptis sive sine scriptis voluntas conficiatur. testibus videlicet, quando scriptura voluntas componitur, subnotationem suam accommodantibus.

912. c. 8 Cod. de testament. 6, 23.

Impp. Diocletianus et Maximianus AA. Marcellino (a. 290) Casus maioris ac novi contingentis ratione adversus timorem contagionis, quae testes deterret, aliquid de iure laxatum est; non tamen
1 prorsus reliqua etiam testamentorum sollemnitas perempta est. Testes enim huiusmodi morbo oppresso eo tempore iungi atque sociari remissum est, non etiam conveniendi numeri eorum observatio sublata.

913. c. 31, 2; 3 Cod. de testam. 6, 23.

Imp. Iustinianus A. Iohanni pp. (a. 534) In illis vero locis, in quibus raro inveniuntur homines litterati, per praesentem legem rusticanis concedimus antiquam eorum consuetudinem legis vicem obtinere, ita tamen, ut, ubi scientes litteras inventi fuerint, septem testes, quos ad testimonium vocari necesse est, adhibeantur et unusquisque pro sua persona subscribat: ubi autem non inveniuntur litterati,
3 septem testes et sine scriptura testimonium adhibentes admitti. Si autem in illo loco minime inventi fuerint septem testes, usque ad quinque modis omnibus testes adhiberi iubemus: minus autem nullo modo concedimus.

914. c. 21, 3 Cod. de testam. 6, 23.

Impp. Theodosius et Valentinianus AA. Florentio pp. (a. 439) Ex imperfecto autem testamento voluntatem tenere defuncti, nisi inter solos liberos a parentibus utriusque sexus habeatur, non volumus.

§ 140. Inhalt des Testamentes.

915. Gai. 2, 229.

Ante heredis institutionem inutiliter legatur, scilicet quia testamenta vim ex institutione heredis accipiunt, et ob id velut caput et fundamentum intellegitur totius testamenti heredis institutio.

916. Gai. 2, 248.

Inprimis igitur sciendum est opus esse, ut aliquis heres recto iure instituatur eiusque fidei committatur, ut eam hereditatem alii restituat; alioquin inutile est testamentum, in quo nemo recto iure heres instituitur.

917. Gai. 2, 117.

Sollemnis autem institutio haec est: 'Titius heres esto'; sed et illa iam conprobata videtur: 'Titium heredem esse iubeo'; at illa non est conprobata: 'Titium heredem esse volo'; sed et illae a plerisque inprobatae sunt: 'Titium heredem instituo', item: 'heredem facio'.

918. c. 15 pr. § 1 Cod. de testam. 6, 23.

Imp. Constantinus A. ad populum (a. 339) Quoniam indignum
est ob inanem observationem irritas fieri tabulas et iudicia mortuorum,
placuit ademptis his, quorum imaginarius usus est, institutioni heredis
verborum non esse necessariam observantiam, utrum imperativis et
directis verbis fiat an inflexa. Nec enim interest, si dicatur 'heredem 1
'facio' vel 'instituo' vel 'volo' vel 'mando' vel 'cupio' vel 'esto' vel
'erit', sed quibuslibet confecta sententiis, quolibet loquendi genere
formata institutio valeat, si modo per eam liquebit voluntatis intentio,
nec necessaria sint momenta verborum, quae forte seminecis et bal-
butiens lingua profudit.

919. l. 78 (77) Dig. de hered. instituend. 28, 5.

Papinianus libro septimo decimo quaestionum Asse toto non distributo ita scriptum est: 'quem heredem codicillis fecero, heres esto': Titium codicillis heredem instituit. eius quidem institutio valet ideo, quod, licet codicillis dari hereditas non possit, tamen haec ex testamento data videtur: sed hoc[1]) tantum ex hereditate habebit, quantum ex asse residuum mansit.

---

[1]) Mommsen tilgt 'hoc'.

920. pr. Inst. de hered. instituend. 2, 14.

Heredes instituere permissum est tam liberos homines quam servos tam proprios quam alienos. proprios autem olim quidem secundum plurium sententias non aliter quam cum libertate recte instituere licebat. hodie vero etiam sine libertate ex nostra constitutione [1]) heredes eos instituere permissum est. quod non per innovationem induximus, sed quoniam et aequius erat et Atilicino placuisse Paulus suis libris, quos tam ad Masurium Sabinum quam ad Plautium scripsit, refert. proprius autem servus etiam is intellegitur, in quo nudam proprietatem testator habet, alio usum fructum habente. est autem casus, in quo nec cum libertate utiliter servus a domina heres instituitur, ut constitutione divorum Severi et Antonini cavetur, cuius verba haec sunt: 'Servum adulterio maculatum non iure testamento manumissum ante sententiam ab ea muliere videri, quae rea fuerat eiusdem criminis postulata, rationis est: quare sequitur, ut in eundem a domina collata institutio nullius momenti habeatur.' alienus servus etiam is intellegitur, in quo usum fructum testator habet.

921. Ulpianus lib. sing. reg. 20, 7.

Mutus surdus furiosus pupillus femina neque familiae emptor esse neque testis libripensve fieri potest.

922. Ulpianus lib. sing. reg. 22, 4.

Incerta persona heres institui non potest, velut hoc modo: 'quisquis primus ad funus meum venerit, heres esto', quoniam certum consilium debet esse testantis [2]).

923. l. 1, 4 Dig. de hered. instituend. 28, 5.

Ulpianus libro primo ad Sabinum Si ex fundo fuisset aliquis solus institutus, valet institutio detracta fundi mentione.

924. l. 11 Dig. de hered. instituend. 28, 5.

Iavolenus libro septimo epistularum 'Attius fundi Corneliani heres esto mihi: duo Titii illius insulae heredes sunto'. habebunt duo Titii semissem, Attius semissem idque Proculo placet: quid tibi videtur? respondit: vera est Proculi opinio.

925. § 9 Inst. de hered. instituend. 2, 14.

Heres et pure et sub condicione institui potest. ex certo tempore

---

1) c. 5 Cod. de nec. et serv. 6, 27.

2) Vgl. Nr. 1022.

aut ad certum tempus non potest, veluti 'post quinquennium quam moriar' vel 'ex kalendis illis' aut 'usque ad kalendas illas heres esto': diemque adiectum pro supervacuo haberi placet et perinde esse, ac si pure heres institutus esset.

926. l. 7 pr. Dig. de condicion. et demonstrat. 35, 1.

Ulpianus libro octavo decimo ad Sabinum Mucianae cautionis utilitas consistit in condicionibus, quae in non faciendo sunt conceptae, ut puta 'si in Capitolium non ascenderit' 'si Stichum non manumiserit' et in similibus: et ita Aristoni et Neratio et Iuliano visum est: quae sententia et constitutione divi Pii comprobata est. [nec solum in legatis placuit, verum in hereditatibus quoque idem remedium admissum est.]

927. l. 36 Dig. de vulg. et pupill. subst. 28, 6.

Marcianus libro quarto institutionum Potest quis in testamento
plures gradus heredum facere, puta: 'si ille heres non erit, ille heres
esto', et deinceps plures, ut novissimo loco in subsidium vel servum
necessarium heredem instituat. Et vel plures in unius locum 1
possunt substitui vel unus in plurium vel singulis singuli vel in-
vicem ipsi qui heredes instituti sunt.

928. Gai. 2, 179. 180 = pr. § 2 Inst. 2, 16.

Liberis nostris inpuberibus, quos in potestate habemus, non solum ita, ut supra diximus, substituere possumus, id est, ut si heredes non extiterint, alius nobis heres sit; sed eo amplius ut etiamsi heredes nobis extiterint et adhuc inpuberes mortui fuerint, sit iis aliquis heres, velut hoc modo: 'Titius filius meus mihi heres esto. si filius meus mihi heres non erit, sive heres mihi erit et is prius moriatur quam in suam tutelam venerit, tunc Seius heres esto'. **180.** Quo casu si quidem non extiterit heres filius, substitutus patri fit heres; *si vero* heres extiterit filius et ante pubertatem decesserit, ipsi filio fit heres substitutus. quamobrem duo quodammodo sunt testamenta, aliud patris, aliud filii, tamquam si ipse filius sibi heredem instituisset; aut certe unum est testamentum duarum hereditatum.

929. § 5 Inst. de pupill. subst. 2, 16.

Liberis autem suis testamentum facere nemo potest, nisi et sibi faciat: nam pupillare testamentum pars et sequela est paterni testamenti, adeo ut, si patris testamentum non valeat, ne filii quidem valebit.

§ 141. Ungültigkeit des Testamentes.

930. l. 1 Dig. de iniusto rupt. testam. 28, 3.

Papinianus libro primo definitionum Testamentum aut non iure factum dicitur, ubi sollemnia iuris defuerunt: aut nullius esse momenti, cum filius qui fuit in patris potestate praeteritus est: aut rumpitur alio testamento, ex quo heres existere poterit, vel adgnatione sui heredis: aut in irritum[1]) constituitur non adita hereditate.

931. Gai. 2, 145. 146 = § 4; 5 Inst. 2, 17.

Alio quoque modo testamenta iure facta infirmantur, velut *cum* is, qui fecerit testamentum, kapite deminutus sit; quod quibus modis accidat, primo commentario relatum est. **146.** Hoc autem casu inrita fieri testamenta dicemus, cum alioquin et quae rumpuntur, inrita fiant, *et quae statim ab initio non iure fiunt, inrita sint; sed et ea, quae iure facta sunt et postea propter capitis diminutionem inrita fiunt*, possunt nihilo minus rupta dici: sed quia sane commodius erat singulas causas singulis appellationibus distingui, ideo quaedam non iure fieri dicuntur, quaedam iure facta rumpi vel inrita fieri.

932. l. 9 Dig. de testam. tutela 26, 2.

Pomponius libro tertio ad Quintum Mucium Si nemo hereditatem adierit, nihil valet ex his, quae testamento scripta sunt: si vero unus ex pluribus adierit, tutelae statim valent nec exspectandum erit, ut omnes hereditatem adeant.

933. l. 4 Dig. de adim. vel transfer. legat. 34, 4.

Ulpianus libro trigesimo tertio ad Sabinum Quod si iterum in amicitiam redierunt et paenituit testatorem prioris offensae, legatum vel fideicommissum relictum redintegratur: ambulatoria enim est voluntas defuncti usque ad vitae supremum exitum.

934. l. 22 pr. Dig. de leg. III, 32.

Hermogenianus libro quarto iuris epitomarum Si quis in principio testamenti adscripserit: 'cui bis legavero, semel deberi volo', postea eodem testamento vel codicillis sciens saepe eidem legaverit, suprema voluntas potior habetur: nemo enim eam sibi potest legem dicere, ut a priore ei recedere non

---

[1]) in irritum: die Handschriften. irritum: Haloander.

liceat. [sed hoc ita locum habebit, si specialiter dixerit prioris voluntatis sibi paenituisse et voluisse, ut legatarius plura legata accipiat.]

935. Gai. 2, 151.

Potest, ut iure facta testamenta *contraria voluntate* infirmentur: apparet autem non posse *ex eo solo infirmari* testamentum, quod postea testator id noluerit valere, usque adeo, ut si linum eius inciderit, nihilo minus iure civili valeat. quin etiam si deleverit quoque aut combusserit tabulas testamenti, non ideo minus desinent valere quae ibi fuerunt scripta, licet eorum probatio difficilis sit.

936. § 7 Inst. quib. mod. testam. infirm. 2, 17.

Ex eo autem solo non potest infirmari testamentum, quod postea testator id noluit valere: usque adeo ut et, si quis post factum prius testamentum posterius facere coeperit et aut mortalitate praeventus, aut quia eum eius rei paenituit, id non perfecisset, divi Pertinacis oratione cautum est, ne alias tabulae priores iure factae irritae fiant, nisi sequentes iure ordinatae et perfectae fuerint. nam imperfectum testamentum sine dubio nullum est.

937. c. 21, 5 Cod. de testam. 6, 23.

Impp. Theodosius et Valentinianus AA. Florentio pp. (a. 439) Si quis autem testamento iure perfecto postea ad aliud pervenerit testamentum, non alias quod ante factum est infirmari decernimus, quam id, quod secundum facere testator instituit, iure fuerit consummatum, nisi forte in priore testamento scriptis his, qui ab intestato ad testatoris hereditatem successionemve venire non poterant, in secunda voluntate testator eos scribere instituit, qui ab intestato ad eius hereditatem vocantur. eo enim casu, licet imperfecta videatur scriptura posterior, infirmato priore testamento secundam eius voluntatem non quasi testamentum, sed quasi voluntatem intestati valere sancimus. In qua voluntate quinque testium iuratorum depositiones sufficient: quo non facto valebit primum testamentum, licet in eo scripti videantur extranei.

938. l. 1, 3 Dig. de his quae in testam. delentur 28, 4.

Ulpianus libro quinto decimo ad Sabinum Sed consulto quidem deleta petentes exceptione[1]) repelluntur, inconsulto vero non repelluntur,

[1]) So die geringeren Handschriften. exceptione petentes: die Florentina.

sive legi possunt sive non possunt, quoniam, si totum testamentum non exstet, constat valere omnia quae in eo scripta sunt. et si quidem illud concidit testator, denegabuntur actiones, si vero alius invito testatore, non denegabuntur.

II. Intestaterbfolge und Noterbrecht.

§ 142. Intestaterbfolge.

939. pr. Inst. de hered. quae ab intest. 3, 1.

Intestatus decedit, qui aut omnino testamentum non fecit aut non iure fecit aut id quod fecerat ruptum irritumve factum est aut nemo ex eo heres extitit.

940. § 7 Inst. de hered. quae ab intest. 3, 1.

Cum autem quaeritur, an quis suus heres existere potest: eo tempore quaerendum est, quo certum est aliquem sine testamento decessisse: quod accidit et destituto testamento. hac ratione si filius exheredatus fuerit et extraneus heres institutus est, filio mortuo postea certum fuerit heredem institutum ex testamento non fieri heredem, aut quia noluit esse heres aut quia non potuit: nepos avo suus heres existet, quia quo tempore certum est intestatum decessisse patrem familias, solus invenitur nepos. et hoc certum est.

941. l. 9, 2 Dig. de lib. et post. 28, 2.

Paulus libro primo ad Sabinum Si filium exheredavero nepotemque ex eo praeteriero et alium heredem instituero et supervixerit filius post mortem meam, licet ante aditam hereditatem decesserit, non tamen nepotem rupturum testamentum Iulianus et Pomponius et Marcellus aiunt. diversumque est, si in hostium potestate filius sit et decesserit in eodem statu: rumpit enim his casibus nepos testamentum, quod moriente avo filii ius pependerit, non abscisum ut superiore casu fuerit. sed et si heres institutus omiserit hereditatem, erit legitimus heres, quoniam haec verba 'si intestato moritur' ad id tempus referuntur, quo testamentum destituitur, non quo moritur.

942. § 6 Inst. de legit. adgn. success. 3, 2.

Proximus autem, si quidem nullo testamento facto quisque decesserit, per hoc tempus requiritur, quo mortuus est is cuius de hereditate quaeritur. quod si facto testamento quisquam decesserit, per hoc tempus requiritur, quo certum esse coeperit nullum ex testamento heredem extaturum: tum enim proprie quisque intellegitur intestatus decessisse. quod quidem aliquando longo tempore declaratur: in quo spatio temporis saepe accidit, ut proximiore mortuo proximus esse incipiat, qui moriente testatore non erat proximus.

943. XII tab. 5, 4; 5 *(Bruns Fontes^{7} p. 23).*

Si intestato moritur, cui suus heres nec escit, adgnatus proximus familiam habeto. Si adgnatus nec escit, gentiles familiam habento.

944. Paul. sent. 4 8, 20 (22) = coll. 16, 3, 20.

Feminae ad hereditates legitimas ultra consanguineas successiones non admittuntur: idque iure civili Voconiana ratione videtur effectum. ceterum lex duodecim tabularum nulla discretione sexus agnatos[1]) admittit.

945. Gai. 3, 12 = coll. 16, 2, 12.

Nec in eo iure successio est. ideoque si agnatus proximus hereditatem omiserit vel, antequam adierit, decesserit, sequentibus nihil iuris ex lege competit.

946. l. 1 pr. § 1 Dig. unde liberi 38, 6.

Ulpianus libro quadragensimo quarto ad edictum Posteaquam praetor locutus est de bonorum possessione eius qui testatus est, transitum fecit ad intestatos, eum ordinem secutus, quem et lex duodecim tabularum secuta est: fuit enim ordinarium ante de iudiciis
testantium, dein sic de successione ab intestato loqui. Sed successionem 1
ab intestato in plures partes divisit: fecit enim gradus varios, primum liberorum, secundum legitimorum, tertium cognatorum, deinde viri et uxoris.

947. Collatio leg. Mosaic. et Roman. 16, 7, 2.

Ulpianus libro institutionum sub titulo de successionibus ab intestato Suis praetor solet emancipatos liberos itemque civitate donatos coniungere data bonorum possessione, ita tamen, ut bona si qua propria habent, his qui in potestate manserunt conferant. nam aequissimum putavit neque eos bonis paternis carere per hoc, quod non sunt in

---

[1]) cognatos: die Handschriften; die Lesart des Textes nach Huschke. Mommsen tilgt das Wort.

potestate, neque praecipua bona propria habere, cum partem sint ablaturi suis heredibus.

948. l. 1, 11 Dig. de success. ed. 38, 9.

Ulpianus libro quadragensimo nono ad edictum Sed videndum est, an inter ceteros ipse quoque qui exclusus est admittatur. ut puta filius est in potestate: delata est ei bonorum possessio ex prima parte, unde liberis defertur: exclusus est tempore aut repudiatione: ceteris defertur: sed ipse sibi succedat ex hac successoria parte? et magis est, ut succedat, ut unde legitimi possit petere et post hos suo ordine ex illa parte, unde proximi cognati vocantur. et hoc iure utimur, ut admittatur: poterit igitur ex sequenti parte succedere ipse sibi.

949. l. 1 pr. Dig. unde cognati 38, 8.

Ulpianus libro quadragensimo sexto ad edictum Haec bonorum possessio nudam habet praetoris indulgentiam neque ex iure civili originem habet: nam eos invitat ad bonorum possessionem, qui iure civili ad successionem admitti non possunt, id est cognatos.

950. § 2 Inst. de S. C. Tertull. 3, 3.

Postea autem senatus consulto Tertulliano, quod divi Hadriani temporibus factum est, plenissime de tristi successione matri, non etiam aviae deferenda cautum est: ut mater ingenua trium liberorum ius habens, libertina quattuor ad bona filiorum filiarumve admittatur intestatorum mortuorum, licet in potestate parentis est, ut scilicet, cum alieno iuri subiecta est, iussu eius adeat, cuius iuri subiecta est.

951. pr. Inst. de S. C. Orfit. 3, 4.

Per contrarium autem ut liberi ad bona matrum intestatarum admittantur, senatus consulto Orfitiano effectum est, quod latum est Orfito et Rufo consulibus [1]), divi Marci temporibus, et data est tam filio quam filiae legitima hereditas, etiamsi alieno iuri subiecti sunt: et praeferuntur et consanguineis et adgnatis defunctae matris.

952. Ulp. lib. sing. reg. 28, 7.

Intestati datur bonorum possessio per septem gradus: primo gradu liberis; secundo legitimis heredibus; tertio proximis cognatis; quarto familiae patroni; *quinto* patrono, patronae, item liber*is* *parenti*-

---

[1]) p. Chr. 178.

*bus*ve patroni patronaeve; sexto viro, uxori; septimo cognatis manumissoris, quibus per legem Furiam plus mille asses capere licet: et si nemo sit, ad quem bonorum possessio pertinere possit, aut sit quidem, sed ius suum omiserit, populo bona deferuntur ex lege Iulia caducaria.

953. l. 1, 1—2 Dig. de iure fisci 49, 14.

Callistratus libro primo de iure fisci An bona, quae solvendo non sint, ipso iure ad fiscum pertineant, quaesitum est. Labeo scribit etiam ea, quae solvendo non sint, ipso iure ad fiscum pertinere. sed contra sententiam eius edictum perpetuum scriptum est, quod ita bona veneunt, si ex his fisco adquiri nihil possit [1]. Divus Pius Coelio 2
Amaranto ita rescripsit vacantium bonorum nuntiationem quadriennio finiri idque tempus ex die, quo certum esse coeperit neque heredem neque bonorum possessorem exstare, computari oportere.

§ 143. Das formelle Noterbrecht.

954. l. 120 Dig. de verb. signif. 50, 16.

Pomponius libro quinto ad Quintum Mucium Verbis legis duodecim tabularum his 'uti legassit suae rei, ita ius esto' latissima potestas tributa videtur et heredis instituendi et legata et libertates dandi, tutelas quoque constituendi. [2] sed id interpretatione coangustatum est vel legum vel auctoritate iura constituentium.

955. Ulpianus lib. sing. reg. 22, 14.

Sui heredes instituendi sunt vel exheredandi. sui autem heredes sunt liberi, quos in potestate habemus, tam naturales quam adoptivi: item uxor, quae in manu est, et nurus, quae in manu est filii, quem in potestate habemus.

956. Ulpianus lib. sing. reg. 23, 3.

Agnascitur suus heres aut agnascendo aut adoptando aut in manum conveniendo aut in locum sui heredis succedendo, velut nepos mortuo filio vel emancipato, aut manumissione, id est si filius ex prima secundave mancipatione manumissus reversus sit in patris potestatem.

---

[1]) Vgl. Nr. 734.
[2]) Vgl. Nr. 832.

957. l. 2 pr. Dig. de bon. poss. sec. tab. 37, 11.

Ulpianus libro quadragensimo primo ad edictum Aequissimum ordinem praetor secutus est: voluit enim primo ad liberos bonorum possessionem contra tabulas pertinere, mox, si inde non sit occupata, iudicium defuncti sequendum. exspectandi igitur liberi erunt, quamdiu bonorum possessionem petere possunt: quod si tempus fuerit finitum aut ante decesserint vel repudiaverint vel ius petendae bonorum possessionis amiserint, tunc revertetur bonorum possessio ad scriptos.

958. l. 3, 11 Dig. de bon. poss. contra tab. 37, 4.

Ulpianus libro trigesimo nono ad edictum Si quis ex liberis heres scriptus sit, ad contra tabulas bonorum possessionem vocari non debet: cum enim possit secundum tabulas habere possessionem, quo bonum est ei contra tabulas dari? plane si alius committat edictum, et ipse ad contra tabulas bonorum possessionem admittetur.

959. l. 8, 14 Dig. de bon. poss. contra tab. 37, 4.

Ulpianus libro quadragesimo ad edictum Non est novum, ut emancipatus praeteritus plus iuris scriptis heredibus fratribus suis tribuat, quam habituri essent, si soli fuissent: quippe si filius qui in potestate patris est ex duodecima parte heres scribatur emancipato praeterito, dimidiam partem beneficio emancipati occupat, qui, si emancipatum fratrem non haberet, duodecimam partem habiturus esset. sed si[1]) ex parte minima sit heres institutus, non pro ea parte, qua institutus est, tuendus est commisso edicto, sed amplius per bonorum possessionem habere potest. praetori enim propositum est, cum contra tabulas bonorum possessionem dat, eas partes unicuique liberorum tribuere, quas intestato patre mortuo in hereditate habiturus esset, si in potestate mansisset: et ideo sive emancipatus sive is qui in potestatem mansit sive in adoptionem datus ex minima parte heres scriptus sit, non redigitur ad eam portionem, ex qua institutus est, sed virilem accipit.

960. l. 10, 5 Dig. de bon. poss. contra tab. 37, 4.

Ulpianus libro quadragesimo ad edictum Exheredati liberi quemadmodum edictum non committunt, ita nec commisso per alios edicto cum illis venient ad bonorum possessionem unaque eis querella superest, si de inofficioso dicant.

---

[1]) scilicet etsi: Mommsen.

961. l. 1 pr. Dig. de legat. praest. 37, 5.

Ulpianus libro quadragesimo ad edictum Hic titulus aequitatem quandam habet naturalem et ad aliquid novam, ut, qui iudicia patris rescindunt per contra tabulas bonorum possessionum, ex iudicio eius quibusdam personis legata et fideicommissa praestarent, hoc est liberis et parentibus, uxori nuruique dotis nomine legatum.

§ 144. Das materielle Noterbrecht (Pflichtteilsrecht).

962. l. 2 Dig. de inoff. testam. 5, 2. *(cf. pr. Inst. 2, 18.)*

Marcianus libro quarto institutionum Hoc colore ⟨de⟩ inofficioso testamento agitur, quasi non sanae mentis fuerunt, ut[1]) testamentum ordinarent. et hoc dicitur non quasi vere furiosus vel demens testatus sit, sed recte quidem fecit testamentum, sed non ex officio pietatis: nam si vere furiosus esset vel demens, nullum est testamentum.

963. l. 3 Dig. de inoff. testam. 5, 2.

Marcellus libro tertio digestorum Inofficiosum testamentum dicere hoc est allegare, quare exheredari vel praeteriri non debuerit: quod plerumque accidit, cum falso parentes instimulati liberos suos vel exheredant vel praetereunt.

964. l. 5 Dig. de inoff. testam. 5, 2.

Marcellus libro tertio digestorum Nam et his, qui non ex masculis descendunt, facultas est agendi, cum et de matris testamento agant et optinere adsidue soleant. huius autem verbi de 'inofficioso' vis illa ut dixi est: docere immerentem se et ideo indigne praeteritum vel etiam exheredatione summotum: resque illo colore defenditur apud iudicem, ut videatur ille quasi non sanae mentis fuisse, cum testamentum inique ordinaret.

965. c. 30 pr. § 1 Cod. de inoffic. testam. 3, 28.

Imp. Iustinianus A. Menae pp. (a. 528) Omnimodo testatorum voluntatibus prospicientes magnam et innumerabilem causam subvertendae eorum dispositionis amputare censemus et in certis casibus, in quibus de inofficiosis defunctorum testamentis vel alio

---

[1]) in den Handschriften der Institutionen steht: cum.

modo subvertendis moveri solebat actio, certa et statuta lege tam mortuis consulere quam liberis eorum vel aliis personis, quibus eadem actio competere poterat: ut, sive adiciatur testamento de implenda legitima portione sive non, firmum quidem testamentum sit, liceat vero his personis, quae testamentum quasi inofficiosum vel alio modo subvertendum queri poterant, id quod minus portione legitima sibi relictum est ad implendam eam sine ullo gravamine vel mora exigere, si tamen non ingrati legitimis modis arguantur, cum eos scilicet ingratos circa se fuisse testator edixit: nam si nullam eorum quasi ingratorum fecerit mentionem, non licebit eius heredibus ingratos eos nominare et huiusmodi quaestionem introducere. et haec quidem de his personis statuimus, quarum mentionem testantes fecerint et aliquam eis quantitatem in hereditate vel legato vel fideicommisso,
1 licet minorem legitima portione, reliquerint. Sin vero vel praeterierint aliquam eorum personam iam natam vel ante testamentum quidem conceptam, adhuc vero in ventre constitutam, vel exheredatione vel alia eorum mentione facta nihil eis penitus reliquerint, tunc vetera iura locum habere sancimus, nullam ex praesenti promulgatione novationem vel permutationem acceptura.

III. Erwerb der Erbschaft.

§ 145. Art und Form des Erwerbes.

966. Gai. 2, 157 = § 2 Inst. 2, 19.

Sed sui quidem heredes ideo appellantur, quia domestici heredes sunt et vivo quoque parente quodammodo domini existimantur; unde etiam si quis intestatus mortuus sit, prima causa est in successione liberorum: necessarii vero ideo dicuntur, quia omni modo *sive* velint *sive nolint, tam* ab intestato quam ex testamento heredes fiunt.

967. l. 12 Dig. de condic. institution. 28, 7.

Hermogenianus libro tertio iuris epitomarum Verba haec: 'Publius Maevius, si volet, heres esto', in necessario condicionem faciunt, ut, si nolit, heres non existat: nam in voluntaria heredis persona frustra adduntur, cum, etsi non fuerint addita, invitus non efficitur heres.

968. l. 57 pr. Dig. de adquir. vel omitt. hered. 29, 2.

Gaius libro vicesimo tertio ad edictum provinciale Necessariis heredibus non solum impuberibus, sed etiam puberibus abstinendi se ab hereditate proconsul potestatem facit, ut, quamvis creditoribus hereditariis iure civili teneantur, tamen in eos actio non detur, si velint derelinquere hereditatem. sed impuberibus quidem, etiamsi se immiscuerint hereditati, praestat abstinendi facultatem, puberibus autem ita, si se non immiscuerint.

969. § 7 Inst. de hered. qualit. et different. 2, 19.

Item extraneus heres testamento institutus aut ab intestato ad legitimam hereditatem vocatus potest aut pro herede gerendo vel etiam nuda voluntate suscipiendae hereditatis heres fieri. pro herede autem gerere quis videtur, si rebus hereditariis tamquam heres utatur vel vendendo res hereditarias aut praedia colendo locandove et quoquo modo si voluntatem suam declaret vel re vel verbis de adeunda hereditate, dummodo sciat eum, in cuius bonis pro herede gerit, testato intestatove obiisse et se ei heredem esse. pro herede enim gerere est pro domino gerere: veteres enim heredes pro dominis appellabant. sicut autem nuda voluntate extraneus heres fit, ita et contraria destinatione statim ab hereditate repellitur. eum, qui mutus vel surdus natus est vel postea factus, nihil prohibet pro herede gerere et adquirere sibi hereditatem, si tamen intellegit quod agitur.

970. l. 20 pr. Dig. de adquir. vel omitt. hered. 29, 2.

Ulpianus libro sexagesimo primo ad edictum Pro herede gerere videtur is, qui aliquid facit quasi heres. et generaliter Iulianus scribit eum demum pro herede gerere, qui aliquid quasi heres gerit: pro herede autem gerere non ⟨minus⟩ esse facti quam animi: nam hoc animo esse debet, ut velit esse heres. ceterum si quid pietatis causa fecit, si quid custodiae causa fecit, si quid quasi non heres egit, sed quasi alio iure dominus, apparet non videri pro herede gessisse.

971. Ulpianus lib. sing. reg. 22, 27; 28.

Cretio est certorum dierum spatium, quod datur instituto heredi ad deliberandum, utrum expediat ei adire hereditatem nec ne, velut 'Titius heres esto cernitoque in diebus centum proximis, quibus scieris poterisque: nisi ita creveris, exheres esto'. **28.** Cernere est verba cretionis dicere ad hunc modum: 'quod me Mevius heredem instituit, eam hereditatem adeo cernoque'.

972. Ulpianus lib. sing. reg. 22, 31; 32.

Cretio aut vulgaris dicitur aut continua: vulgaris, in qua adiciuntur haec verba 'quibus scieris poterisque', continua, in qua non adiciuntur. **32.** Ei, qui vulgarem cretionem habet, dies illi tantum computantur, quibus scivit se heredem institutum esse et potuit cernere. ei vero, qui continuam habet cretionem, etiam illi dies computantur, quibus ignoravit se heredem institutum, aut scivit quidem, sed non potuit cernere.

973. l. 1, 1; 2 Dig. de iure deliberandi 28, 8.

2 Ait praetor: 'si tempus ad deliberandum petet, dabo'. Cum dicit tempus nec adicit diem, sine dubio ostendit esse in ius dicentis potestate, quem diem praestituat.

974. l. 23 Dig. de adquir. vel omitt. hered. 29, 2.

Pomponius libro tertio ad Sabinum In repudianda hereditate vel legato certus esse debet de suo iure is qui repudiat.

975. l. 13, 1 Dig. de adquir. vel omitt. hered. 29, 2.

Ulpianus libro septimo ad Sabinum Si quis dubitet, vivat testator nec ne, repudiando nihil agit.

976. l. 22 Dig. de adquir. vel omitt. hered. 29, 2.

Paulus libro secundo ad Sabinum Si is, ad quem legitima hereditas pertinet, putaverit defunctum servum suum esse et quasi peculium eius nactus sit, placet non obligari eum hereditati. idem ergo dicemus, ut ait Pomponius, si quasi libertini sui, cum ingenuus esset, bona eius occupavit. nam ut quis pro herede gerendo obstringat se hereditati, scire debet, qua ex causa hereditas ad eum pertineat: veluti adgnatus proximus iusto testamento scriptus heres, antequam tabulae proferantur, cum existimaret intestato patrem familias mortuum, quamvis omnia pro domino fecerit, heres tamen non erit. et idem iuris erit, si[1]) non iusto testamento scriptus heres prolatis tabulis, cum putaret iustum esse, quamvis omnia pro domino administraverit, hereditatem tamen non adquiret.

977. l. 6 pr. § 1 Dig. de adquir. vel omitt. hered. 29, 2.

Ulpianus libro sexto ad Sabinum Qui in aliena est potestate, non potest invitum hereditati obligare eum in cuius est potestate,
1 ne aeri alieno pater obligaretur. Sed in bonorum possessione placuit

---

[1]) die Worte 'et idem erit iuris si' tilgt Mommsen.

ratam haberi posse eam, quam citra voluntatem adgnovit is qui potestati subiectus est.

978. l. 25,4 Dig. de adquir. vel omitt. hered. 29,2.

Ulpianus libro octavo ad Sabinum Iussum eius qui in potestate habet non est simile tutoris auctoritati, quae interponitur perfecto negotio, sed praecedere debet, ut Gaius Cassius libro secundo iuris civilis scribit: et putat vel per internuntium fieri posse vel per epistulam.

979. l. 90 pr. Dig. de adquir. vel omitt. hered. 29,2.

Paulus libro duodecimo responsorum Respondit per curatorem hereditatem adquiri non posse.

980. c. 18,2 Cod. de iure deliberandi 6,30.

Impp. Theodosius et Valentinianus AA. ad senatum (a. 426) Parente vero non subsistente, si quidem post eius obitum tutor infanti sit vel datus fuerit, posse eum etiam adhuc infante pupillo constituto nomine eius adire hereditatem sive vivo parente sive post mortem eius ad eum devolutam vel bonorum possessionem petere et eo modo eidem infanti hereditatem quaerere.

981. l. 7, 1; 2 Dig. de bon. poss. 37,1.

Ulpianus libro primo ad Sabinum Impubes nec bonorum pos-
sessionem admittere nec iudicium sine tutoris auctoritate accipere
potest. Quia tutor pupillo et pater infanti filio bonorum possessionem 2
petere possunt, dies, quibus tutor aut pater scit, cedere placet.

982. l. 5,1 Dig. de adquir. vel omitt. hered. 29,2.

Ulpianus libro primo ad Sabinum Eum, cui lege bonis interdicitur, institutum posse adire[1]) hereditatem constat.

983. Ulp. lib. sing. reg. 15.

Vir et uxor inter se matrimonii nomine decimam capere possunt. quod si ex alio matrimonio liberos superstites habeant, praeter decimam, quam matrimonii nomine capiunt, totidem decimas pro numero liberorum accipiunt. **2.** Item communis filius filiave post nominum diem amissus amissave unam decimam adicit; duo autem

---

[1]) nach Lenel hatte Ulpian etwa so geschrieben: cum cretione institutum posse cernere.

post nominum [1]) diem amissi duas decimas adiciunt. **3.** Praeter decimam etiam usumfructum tertiae partis bonorum eius [2]) capere possunt, et quandoque liberos habuerint, eiusdem partis proprietatem; hoc amplius mulier, praeter decimam, dotem *capere* [3]) potest legatam sibi.

984. Ulp. lib. sing. reg. 16, 1—2.

Aliquando vir et uxor inter se solidum capere possunt, velut si 'uterque vel alteruter eorum nondum eius aetat*i*s s*i*nt a qua lex liberos exigit, id est si vir minor annorum viginti quinque sit, aut uxor annorum viginti minor; item si utrique lege Papia finitos annos in matrimonio excesserint, id est vir sexaginta annos, uxor quinquaginta; item si cognati inter se coierint usque ad sextum gradum; aut si vir *rei publicae causa* [4]) absit, et donec abest et intra annum, postquam abesse desierit. **1^a^.** Libera inter eos testamenti factio est, si ius liberorum a principe inpetraverint; aut si filium filiamve communem habeant, aut quattuordecim annorum filium vel filiam duodecim amiserint; vel si duos trimos vel tres post nominum [1]) diem amiserint, ut intra annum tamen et sex menses [5]) etiam unus cuiuscumque aetatis inpubes amissus solidi capiendi ius praestet. item si post mortem viri intra decem menses uxor ex eo pepererit, solidum ex bonis eius capit. **2.** Aliquando nihil inter se capiunt: id est, si contra legem Iuliam Papiamque Poppaeam contraxerint matrimonium, verbi gratia si famosam quis [6]) uxorem duxerit aut libertinam senator.

985. l. 1 Dig. de adquir. vel omitt. hered. 29, 2.

Paulus libro secundo ad Sabinum Qui totam hereditatem adquirere potest, is pro parte eam scindendo adire non potest.

986. l. 10 Dig. de adquir. vel omitt. hered. 29, 2.

Ulpianus libro septimo ad Sabinum Si ex asse heres destinaverit partem habere hereditatis, videtur in assem pro herede gessisse.

---

[1]) nominum: Merillius. nono: die Handschrift. nonum: Mommsen, Staatsrecht III, 202, 2.

[2]) e testamento: Lachmann.

[3]) die Ergänzung ist von Schilling.

[4]) Ergänzung von Cuiacius.

[5]) nämlich nach Beginn der Ehe; vielleicht ist zu ergänzen: post nuptias contractas.

[6]) ingenuus: Huschke.

987. l. 2 Dig. de adquir. vel omitt. hered. 29, 2.

Ulpianus libro quarto ad Sabinum sed et si quis ex pluribus partibus in eiusdem hereditate institutus sit, non potest quasdam partes repudiare, quasdam adgnoscere.

§ 146. Übertragung der Erbschaft. (In iure cessio, venditio, transmissio).

988. Gai. 3, 85—87.

Item si legitimam *hereditatem heres, antequam* cernat aut pro herede gerat, alii in iure cedat, pleno iure fit ille heres, cui cessa est hereditas, *proinde ac si ipse per* legem ad hereditatem vocaretur; quod si posteaquam heres extiterit, cesserit, adhuc heres manet et ob id creditoribus ipse tenebitur; sed res corporales transferet, proinde ac si singulas in iure cessisset, debita vero pereunt, eoque modo debitores hereditarii lucrum faciunt. **86.** Idem iuris est, si testamento scriptus heres, posteaquam heres extiterit, in iure cesserit hereditatem; ante aditam vero hereditatem cedendo nihil agit. **87.** Suus autem et necessarius heres an aliquid agant[1]) in iure cedendo, quaeritur: nostri praeceptores nihil eos agere existimant; diversae scholae auctores idem eos agere putant, quod ceteri post aditam hereditatem; nihil enim interest, utrum aliquis cernendo aut pro herede gerendo heres fiat, an iuris necessitate hereditati adstringatur.

989. l. 4, 28 Dig. de exc. doli mali 44, 4.

Ulpianus libro septuagensimo sexto ad edictum Si, cum legitima hereditas Gaii Seii ad te perveniret et ego essem heres institutus, persuaseris mihi per dolum malum, ne adeam hereditatem, et posteaquam ego repudiavi hereditatem, tu eam Sempronio cesseris[2]) pretio accepto isque a me petat hereditatem: exceptionem doli mali eius, qui ei cessit, non potest pati.

990. l. 2 pr. Dig. de hereditate vel actione vendita 18, 4.

Ulpianus libro quadragensimo nono ad Sabinum Venditor hereditatis satisdare de evictione non debet, cum id inter ementem et vendentem agitur, ut neque amplius neque minus iuris emptor habeat

---

[1]) agat: die Handschrift.

[2]) Ulpian hatte geschrieben: in iure cesseris.

quam apud heredem futurum esset: plane de facto suo venditor satisdare cogendus est.

991. Gai. 2, 252.

Olim autem nec heredis loco erat nec *legatarii*, sed potius emptoris[1]): tunc enim in *usu* erat, ei, cui restituebatur hereditas, nummo uno eam hereditatem dicis causa venire; et quae stipulationes inter *venditorem hereditatis et emptorem interponi solent*, *eaedem interponebantur inter*[2]) heredem et eum, cui restituebatur hereditas, id est hoc modo: heres quidem stipulabatur ab eo, cui restituebatur hereditas, ut quidquid hereditario nomine condemnatus fuisset sive quid alias bona fide dedisse*t*, eo nomine inde*m*nis *e*sset, et omnino si quis cum eo hereditario nomine ageret, ut recte defenderetur; ille vero, qui recipiebat hereditatem, invicem stipulabatur, ut si quid ex hereditate ad heredem pervenisset, id sibi restitueretur, ut etiam pateretur eum hereditarias actiones procuratorio aut cognitorio nomine exequi.

992. c. un. § 5 Cod. de caducis toll. 6, 51.

Imp. Iustinianus A. senatui urbis Constantinopolitanae et urbis Romae (a. 534) In novissimo autem articulo, ubi proprie caduca fiebant, secundum quod praediximus, et clausis tabulis tam existere heredes quam posse adire, sive ex parte sint sive ex asse instituti, censemus et dies legatorum et fideicommissorum secundum quod praediximus a morte defuncti cedere[3]): hereditatem etenim, nisi fuerit adita, transmitti nec veteres concedebant nec nos patimur, exceptis videlicet liberorum personis, de quibus Theodosiana lex[4]) super huiusmodi causis inducta loquitur: his nihilo minus, quae super his, qui deliberantes ab hac luce migrant, a nobis constituta sunt, in suo robore mansuris.

993. l. 1, 1 Dig. ad S. C. Tertull. 38, 17.

Ulpianus libro duodecimo ad Sabinum Si ea sit mater, de cuius statu dubitatur, utrum mater familias sit an filia familias, ut puta quoniam pater eius ab hostibus captus sit: si certum esse coeperit matrem familias esse, liberi admittentur. unde tractari potest, an

---

[1]) Derjenige, dem die Erbschaft restituiert worden war. Vgl. § 156.

[2]) Ergänzung von Göschen.

[3]) Vgl. Nr. 1047.

[4]) c. un. Cod. de his qui ante apertas tabulas hereditates transmittunt 6, 52.

medio tempore, dum status pendet, succurri eis per praetorem debeat, ne, si medio tempore decesserint, nihil ad heredem transmittant: et magis est, ut subveniatur, ut in multis casibus placuit.

994. l. 30 pr. Dig. de adquir. vel omitt. hereditate 29, 2.

Ulpianus libro octavo ad Sabinum Cum quidam legationis causa absens filium heredem institutum non potuisset iubere adire in provinciam agentem, divus Pius rescripsit consulibus[1]) subvenire ei oportere mortuo filio, eo quod rei publicae causa aberat.

995. l. 86 pr. Dig. de adquir. vel omitt. hered. 29, 2.

Papinianus libro sexto responsorum Pannonius Avitus cum in Cilicia procuraret heres institutus ante vita decesserat, quam heredem se institutum cognosceret. quia bonorum possessionem, quam procurator eius petierat, heredes Aviti ratam habere[2]) non potuerant, ex persona defuncti restitutionem in integrum implorabant, [quae stricto iure non competit,] quia intra diem aditionis[3]) Avitus obisset. divum tamen Pium contra constituisse[4]) Maecianus libro quaestionum refert in eo, qui legationis causa Romae erat et filium, qui matris delatam possessionem[5]) absens amiserat, sine respectu eius distinctionis restitutionem locum habere. [quod et hic humanitatis gratia optinendum est.]

§ 147. Wirkungen des Erbschaftserwerbs.

996. l. 8 pr. Dig. de adquir. vel omitt. hered. 29, 2.

Ulpianus libro septimo ad Sabinum More nostrae civitatis neque pupillus neque pupilla sine tutoris auctoritate obligari possunt: hereditas autem quin obliget nos aeri alieno, etiam si non sit solvendo, plus quam manifestum est. de ea autem hereditate loquimur, in qua non succedunt huiusmodi personae quasi necessariae.

997. l. 37 Dig. de adquir. vel omitt. hered. 29, 2.

Pomponius libro quinto ad Sabinum Heres in omne ius mortui,

---

[1]) proconsulem: Mommsen.

[2]) genehmigen.

[3]) Papin.: cretionis.

[4]) Vgl. die vorige Stelle.

[5]) Mommsen schiebt ein: absente patre admittere non potuerat.

non tantum singularum rerum dominium succedit, cum et ea, quae in nominibus sint, ad heredem transeant [1]).

§ 148. Akkreszenz.

998. l. 53, 1 Dig. de adquir. vel omitt. hered. 29, 2.

Gaius libro quarto decimo ad legem Iuliam et Papiam Qui semel aliqua ex parte heres exstitit, deficientium partes etiam invitus excipit, [id est tacite ei deficientium partes etiam invito adcrescunt.]

999. l. 60 (59), 3 Dig. de hered. instituend. 28, 5.

Celsus libro sexto decimo digestorum Cum quis ex institutis, qui non cum aliquo coniunctim institutus sit, heres non est, pars eius omnibus pro portionibus hereditariis adcrescit, neque refert, primo loco quis institutus an alicui substitutus heres sit.

1000. l. 64 (63) Dig. de hered. instituend. 28, 5.

Iavolenus libro primo ex Cassio Heredes sine partibus utrum coniunctim an separatim scribantur, hoc interest, quod, si quis ex coniunctis decessit, non ad omnes, sed ad reliquos qui coniuncti erant pertinet [2]), sin autem ex separatis, ad omnes, qui testamento eodem scripti sunt heredes, portio eius pertinet.

1001. l. 12 pr. Dig. de bon. poss. contra tab. 37, 4.

Gaius libro quarto decimo ad edictum provinciale Si duobus filiis et ex altero [3]) filio duobus nepotibus bonorum possessio competat et alter ex nepotibus non petat, pars eius fratri adcrescit. si vero ex filiis alter non petat, tam fratri quam nepotibus id prodest: namque tunc duo semisses fiunt, ex quibus alterum filius, alterum nepotes consequuntur.

§ 149. Caduca, Ereptoria (Erbunwürdigkeit).

1002. Ulpianus lib. sing. reg. 17, 1—3.

Quod quis sibi testamento relictum, ita ut iure civili capere possit, aliqua ex causa non ceperit, caducum appellatur, veluti ceciderit ab eo: verbi gratia si caelibi vel Latino Iuniano legatum fuerit,

[1]) Vgl. Nr. 869. 870.

[2]) Mommsen tilgt das Wort.

[3]) alio: Mommsen.

nec intra dies centum vel caelebs legi paruerit vel Latinus ius Quiritium consecutus sit: aut si ex parte heres scriptus vel legatarius ante apertas tabulas decesserit vel pereger factus sit. **2.** Hodie ex constitutione imperatoris Antonini omnia caduca fisco vindicantur, sed servato iure antiquo liberis et parentibus. **3.** Caduca cum suo onere fiunt: ideoque libertates et legata *et* fideicommissa ab eo data, ex cuius persona hereditas caduca facta est, salva sunt. scilicet et legata et fideicommissa cum suo onere fiunt caduca [1]).

1003. Ulpianus lib. sing. reg. 18.

Item liberis et parentibus testatoris usque ad tertium gradum lex Papia ius antiquum dedit, ut heredibus illis institutis, quod quis ex eo testamento non capit, ad hos pertineat aut totum aut ex parte, prout pertinere possit [2]).

1004. l. 3 Dig. de his quae ut indignis 34, 9.

Marcianus libro quinto regularum Indignum esse divus Pius illum decrevit, ut et Marcellus libro duodecimo digestorum refert, qui manifestissime comprobatus est id egisse, ut per neglegentiam et culpam suam mulier, a qua heres institutus erat, moreretur.

1005. l. 16, 2 Dig. de his quae ut indignis 34, 9.

Papinianus libro octavo responsorum Cum heredis nomen mutata voluntate pater familias incisis tabulis induxisset atque ideo fisco portionis emolumentum adiudicatum fuisset, eam rem legatariis non obesse, qui retinuerant voluntatem, divo Marco placuit, et ideo cum suo onere fiscum succedere.

1006. l. 2 pr. Dig. de his quae ut indignis 34, 9.

Marcianus libro undecimo institutionum Aufertur hereditas ex asse et ad fiscum pertinet, si emancipatus filius contra tabulas bonorum possessionem patris ut praeteritus petierit et ex substitutione impuberis adierit hereditatem.

§ 150. Erbschaftsklagen [3]).

1007. l. 9 et 10 Dig. de hered. petit. 5, 3.

Ulpianus libro quinto decimo ad edictum Regulariter definien-

---

[1]) Vgl. Nr. 1005.

[2]) Vgl. Nr. 992.

[3]) Vgl. auch § 144.

dum est eum demum teneri petitione hereditatis, qui vel ius pro herede vel pro possessore possidet vel rem hereditariam.

Gaius libro sexto ad edictum provinciale licet minimam. Itaque qui ex asse vel ex parte heres est, intendit quidem hereditatem suam esse totam vel pro parte, sed hoc solum ei officio iudicis restituitur quod adversarius possidet, aut totum, si ex asse sit heres, aut pro parte ex qua heres est.

1008. l. 11—13 pr. Dig. de hered. petit. 5, 3 [1]**.**

Ulpianus libro quinto decimo ad edictum Pro herede possidet, qui putat se heredem esse. sed an et is, qui scit se heredem non esse, pro herede possideat, quaeritur: et Arrianus libro secundo de interdictis putat teneri, quo iure nos uti Proculus scribit. sed enim et bonorum possessor pro herede videtur possidere. Pro possessore vero possidet praedo,

Idem libro sexagensimo septimo ad edictum qui interrogatus cur possideat, responsurus sit 'quia possideo' nec contendet se heredem vel per mendacium,

Idem libro quinto decimo ad edictum nec ullam causam possessionis possit dicere: et ideo fur et raptor petitione hereditatis tenentur.

1009. l. 16, 1 Dig. de hered. petit. 5, 3.

Ulpianus libro quinto decimo ad edictum Sed et is qui pretia rerum hereditariarum possidet, item qui a debitore hereditario exegit, petitione hereditatis tenetur.

1010. l. 28 Dig. de hered. petit. 5, 3.

Paulus libro vicensimo ad edictum Post senatus consultum enim omne lucrum auferendum esse tam bonae fidei possessori quam praedoni dicendum est.

1011. l. 20, 6 Dig. de heredit. petit. 5, 3.

Ulpianus libro quinto decimo ad edictum Praeter haec multa repperimus tractata et de petitione hereditatis, de distractis rebus hereditariis, de dolo praeterito et de fructibus. de quibus cum forma senatus consulto sit data, optimum est ipsius senatus consulti interpretationem facere verbis eius relatis. 'Pridie idus Martias Quintus

---

[1]) Vgl. Nr. 891.

Iulius Balbus et Publius Iuventius Celsus Titius Aufidius Oenus Severianus consules[1]) verba fecerunt de his, quae imperator Caesar Traiani Parthici filius divi Nervae nepos Hadrianus Augustus imperator maximusque princeps pater patriae[2]) quinto nonas Martias quae proximae fuerunt libello complexus esset, quid fieri placeat, de qua re ita censuerunt. Cum, antequam partes caducae[3]) ex bonis 6a
Rustici fisco peterentur, hi, qui se heredes esse existimant, hereditatem distraxerint, placere redactae ex pretio rerum venditarum pecuniae usuras non esse exigendas idemque in similibus causis servandum. Item placere, a quibus hereditas petita fuisset, si adversus eos iudi- 6b
catum esset, pretia, quae ad eos rerum ex hereditate venditarum pervenissent, etsi eae ante petitam hereditatem deperissent demi- nutaeve fuissent, restituere debere. Item eos qui bona invasissent, 6c
cum scirent ad se non pertinere, etiamsi ante litem contestatam fecerint, quo minus possiderent, perinde condemnandos, quasi possiderent: eos autem, qui iustas causas habuissent, quare bona ad se pertinere existimassent, usque eo dumtaxat, quo locupletiores ex ea re facti essent. Petitam autem fisco hereditatem ex eo tempore existi- 6d
mandum esse, quo primum scierit quisque eam a se peti, id est cum primum aut denuntiatum esset ei aut litteris vel edicto evocatus esset. censuerunt'. aptanda est igitur nobis singulis verbis senatus consulti congruens interpretatio.

1012. l. 25,11 Dig. de hered. petit. 5,3.

Ulpianus libro quinto decimo ad edictum Consuluit senatus bonae fidei possessoribus, ne in totum damno adficiantur, sed in id dumtaxat teneantur, in quo locupletiores facti sunt. quemcumque igitur sumptum fecerint ex hereditate, si quid dilapidaverunt perdiderunt, dum re sua se abuti putant, non praestabunt, nec si donaverint, locupletiores facti videbuntur, quamvis ad remunerandum sibi aliquem naturaliter obligaverunt. plane si ἀντίδωρα acceperunt, dicendum est eatenus locupletiores factos, quatenus acceperunt: velut genus quoddam hoc esset permutationis.

1013. l. 36,3 Dig. de hered. pet. 5,3.

Paulus libro vicensimo ad edictum Si praedo dolo desiisset pos-

---

[1]) a. p. Chr. 129.

[2]) pater patriae: Pithoeus. proposuit: die Handschriften.

[3]) Vgl. Nr. 1002.

sidere, res autem eo modo interierit, quo esset interitura et si eadem causa possessionis mansisset: quantum ad verba senatus consulti melior est causa praedonis quam bonae fidei possessoris, quia praedo, si dolo desierit possidere, ita condemnatur atque si possideret, nec adiectum esset[1]), si res interierit. sed non est dubium, quin non debeat melioris esse condicionis quam bonae fidei possessor. itaque et si pluris venierit res, electio debebit esse actoris, ut pretium consequatur: alioquin lucretur aliquid praedo.

1014. l. 25,18 Dig. de hered. petit. 5,3.

Ulpianus libro quinto decimo ad edictum Petitio hereditatis, etsi in rem actio sit, habet tamen praestationes quasdam personales, ut puta eorum quae a debitoribus sunt exacta, item pretiorum.

1015. l. 1 Dig. famil. ercisc. 10,2.

Gaius libro septimo ad edictum provinciale Haec actio pro-
ficiscitur e lege duodecim tabularum: namque coheredibus volentibus
a communione discedere necessarium videbatur aliquam actionem con-
1 stitui, qua inter eos res hereditariae distribuerentur. Quae quidem
actio nihilo minus ei quoque ipso iure competit, qui suam partem non
possidet: sed si is qui possidet neget eum sibi coheredem esse, potest
eum excludere per hanc exceptionem 'si in ea re, qua de agitur, prae-
iudicium hereditati non fiat'. quod si possideat eam partem, licet
negetur esse coheres, non nocet talis exceptio: quo fit, ut eo casu ipse
iudex, apud quem hoc iudicium agitur, cognoscat, an coheres sit:
nisi enim coheres sit, neque adiudicari quicquam ei oportet neque
adversarius ei condemnandus est.

1016. l. 22,4 Dig. famil. ercisc. 10,2.

Ulpianus libro nono decimo ad edictum Familiae erciscundae iudicium ex duobus constat, id est rebus atque praestationibus[, quae sunt personales actiones][2]).

1017. c. 6 Cod. famil. ercisc. 3,36.

Imp. Gordianus A. Pompeio militi Ea quae in nominibus sunt

---

[1]) Krüger schlägt im Anschluß an die Basiliken vor, einzuschieben: quid faciendum esset.

[2]) Der Schluß der Stelle ist von Iustinian geändert: vgl. Savigny, System V, 89 n. y und Berger, zur Entwicklungsgeschichte der Teilungsklagen, 1912, S. 103 fg. Über den Gegensatz von res und praestationes vgl. Nr. 1014.

non recipiunt divisionem, cum ipso iure in portiones hereditarias ex lege duodecim tabularum divisa sunt.

1018. l. 3 Dig. famil. ercisc. 10, 2.

Gaius libro septimo ad edictum provinciale Plane ad officium iudicis nonnumquam pertinet, ut debita et credita singulis pro solido aliis alia adtribuat, quia saepe et solutio et exactio partium non minima incommoda habet. nec tamen scilicet haec adtributio illud efficit, ut quis solus totum debeat vel totum alicui soli debeatur, sed ut, sive agendum sit, partim suo partim procuratorio nomine agat, sive cum eo agatur, partim suo partim procuratorio nomine conveniatur. nam licet libera potestas maneat creditoribus cum singulis experiundi, tamen et his libera potestas est suo loco substituendi eos, in quos onera actionis officio iudicis translata sunt.

IV. Vermächtnisse.

§ 151. Begriff und Arten.

1019. l. 116 pr. Dig. de legatis I, 30.

Florentinus libro undecimo institutionum Legatum est delibatio hereditatis, qua testator ex eo, quod universum heredis foret, alicui quid collatum velit.

1020. Ulpianus lib. sing. reg. 24, 1—11.

Legatum est quod legis modo, id est imperative, testamento relinquitur. nam ea, quae precativo modo relinquuntur, fideicommissa vocantur.

2. Legamus autem quattuor modis: per vindicationem, per damnationem, sinendi modo, per praeceptionem. **3.** Per vindicationem his verbis legamus: 'do lego, capito, sumito, sibi habeto'. **4.** Per damnationem his verbis: 'heres meus damnas esto dare, dato, facito, heredem meum dare iubeo'. **5.** Sinendi modo ita: 'heres meus damnas esto sinere Lucium Titium sumere illam rem sibique habere'. **6.** Per praeceptionem sic: 'Lucius Titius illam rem praecipito'.

7. Per vindicationem legari possunt res, quae utroque tempore ex iure Quiritium testatoris fuerunt, mortis, et quo testamentum faciebat, praeterquam si pondere, numero, mensura contineantur; in his enim satis est, si vel mortis dumtaxat tempore *testatoris* [1]) fuerint

[1]) Ergänzung von Lachmann.

ex iure Quiritium. 8. Per damnationem omnes res legari possunt, etiam quae non sunt testatoris, dummodo tales sint, quae dari possint. 9. Liber homo aut res populi aut sacra aut religiosa nec per damnationem legari potest, quoniam dari non potest. 10. Sinendi modo legari possunt res propriae testatoris et heredis eius. 11. Per praeceptionem legari possunt res, quae etiam per vindicationem.

1021. § 24 Inst. de legatis 2, 20.

Legari autem illis solis potest, cum quibus testamenti factio est [1]).

1022. Ulpianus lib. sing. reg. 24, 18.

Incertae personae legari non potest [2]), veluti 'quicumque filio meo filiam suam in matrimonio collocaverit, ei heres meus tot milia dato'. sub certa tamen demonstratione incertae personae legari potest, velut 'ex cognatis meis, qui nunc sunt, qui primus ad funus meum venerit, ei heres meus illud dato'.

1023. Ulpianus lib. sing. reg. 24, 17.

Poenae causa legari non potest. poenae autem causa legatur quod coercendi heredis causa relinquitur, ut faciat quid aut non faciat, non ut *ad* legatarium pertineat, ut puta hoc modo: 'si filiam tuam in matrimonio Titio collocaveris, decem milia Seio dato'.

1024. c. unica Cod. de his, quae poenae nomine 6, 41.

Imp. Iustinianus A. Menae pp. (a. 528) **Supervacuam observationem veterum legum, per quam voluntates testatorum ad effectum duci impediebantur, amputamus praecipientes nullum valere, dicendo poenae nomine quaedam esse relicta vel adempta in supremis testantium voluntatibus, ea infirmare, sed licere testanti pro implenda sua voluntate vel pecunias dari praecipere vel aliam pecuniariam poenam inferre quibus voluerit, tam in adimendis hereditatibus vel legatis vel fideicommissis vel libertatibus, quam in praecipiendo ad alias personas ea transferri ab eo, cui relicta ab initio sunt, vel aliquid aliis ab eo dari, si minus dispositionibus suis heres vel legatarius vel**
1 libertate donatus paruerit. Quod si aliquid facere vel legibus interdictum vel alias probrosum vel etiam impossibile iussus aliquis eorum fuerit, tunc sine ullo damno etiam neglecto testatoris praecepto servabitur.

---

[1]) Vgl. Nr. 894—897.
[2]) Vgl. Nr. 922.

1025. Gai. 2, 270 a.

Item legatum codicillis[1]) relictum non aliter valet, quam si a testatore confirmati fuerint, id est nisi in testamento caverit testator, ut quidquid in codicillis scripserit, id ratum sit; fideicommissum vero etiam non confirmatis codicillis relinqui potest.

1026. Ulpianus lib. sing. reg. 24, 20; 21.

A legatario legari non potest. **21.** Legatum ab eo tantum dari potest, qui *heres institutus est*[2]): ideoque filio familiae herede instituto vel servo neque a patre neque a domino legari potest.

1027. Ulpianus lib. sing. reg. 24, 11 a.

Si ea res, quae non fuit utroque tempore testatoris ex iure Quiritium, per vindicationem legata sit, licet iure civili non valeat legatum, tamen senatus consulto Neroniano firmatur, quo cautum est, ut quod minus peritis[3]) verbis legatum est, perinde sit, ac si optimo iure legatum esset: optimum autem ius legati per damnationem est.

1028. Ulpianus lib. sing. reg. 25, 1.

Fideicommissum est, quod non civilibus verbis, sed precative relinquitur nec ex rigore iuris civilis proficiscitur, sed ex voluntate datur relinquentis.

1029. § 1 Inst. de fideicomm. hered. 2, 23.

Sciendum itaque est omnia fideicommissa primis temporibus infirma esse, quia nemo invitus cogebatur praestare id de quo rogatus erat: quibus enim non poterant hereditates vel legata relinquere, si relinquebant, fidei committebant eorum, qui capere ex testamento poterant: et ideo fideicommissa appellata sunt, quia nullo vinculo iuris, sed tantum pudore eorum qui rogabantur continebantur. postea primus divus Augustus semel iterumque gratia personarum motus, vel quia per ipsius salutem rogatus quis diceretur, aut ob insignem quorundam perfidiam iussit consulibus auctoritatem suam interponere. quod quia iustum videbatur et populare erat, paulatim conversum est in adsiduam iurisdictionem: tantusque favor eorum factus est, ut paulatim etiam praetor proprius crearetur, qui fideicommissis ius diceret, quem fideicommissarium appellabant.

---

[1]) Ergänzung von Göschen.

[2]) Ergänzung von Huschke.

[3]) die Handschrift: pactis. Vgl. l. 88, 17 D. 31.

1030. Ulpianus lib. sing. reg. 25, 12.

Fideicommissa non per formulam petuntur, ut legata, sed cognitio est Romae quidem consulum aut praetoris, qui fideicommissarius vocatur, in provinciis vero praesidum provinciarum.

1031. l. 77 Dig. de legatis I, 30.

Ulpianus libro quinto disputationum Si pecunia fuit deposita apud aliquem eiusque fidei commissum, ut eam pecuniam praestet, fideicommissum ex rescripto divi Pii debebitur, quasi videatur heres rogatus remittere id debitori: nam si conveniatur debitor ab herede, doli exceptione uti potest: quae res utile fideicommissum facit. quod cum ita se habet, ab omni debitore fideicommissum relinqui potest.

1032. § 12 Inst. de fideicommiss. hereditat. 2, 23.

Et quia prima fideicommissorum cunabula a fide heredum pendent et tam nomen quam substantiam acceperunt et ideo divus Augustus ad necessitatem iuris ea detraxit: nuper et nos eundem principem superare contendentes ex facto, quod Tribonianus vir excelsus quaestor sacri palatii suggessit, constitutionem [1]) fecimus, per quam disposuimus: si testator fidei heredis sui commisit, ut vel hereditatem vel speciale fideicommissum restituat, et neque ex scriptura neque ex quinque testium numero, qui in fideicommissis legitimus esse noscitur, res possit manifestari, sed vel pauciores quam quinque vel nemo penitus testis intervenerit, tunc sive pater heredis sive alius quicumque sit, qui fidem elegit heredis et ab eo aliquid restitui voluerit, si heres perfidia tentus adimplere fidem recusat negando rem ita esse subsecutam, si fideicommissarius iusiurandum ei detulerit, cum prius ipse de calumnia iuraverit, necesse eum habere vel iusiurandum subire, quod nihil tale a testatore audivit, vel, recusantem ad fideicommissi vel universitatis vel specialis solutionem coartari, ne depereat ultima voluntas testatoris fidei heredis commissa. eadem observari censuimus et si a legatario vel fideicommissario aliquid similiter relictum sit. quod si is, a quo relictum dicitur, confiteatur quidem aliquid a se relictum esse, sed ad legis suptilitatem decurrat, omnimodo cogendus est solvere.

1033. l. 1 Dig. de legatis I 30.

Ulpianus libro sexagesimo septimo ad edictum [Per omnia] exaequata sunt legata fideicommissis.

---

[1]) c. 32 Cod. de fideicomm. 6, 42.

1034. Gai. 2, 261 fere = § 1 Inst. 2, 24.

Item potest non solum propria testatoris res per fideicommissum relinqui, sed etiam heredis aut legatarii aut cuiuslibet alterius: itaque et legatarius non solum de ea re rogari potest, ut eam alicui restituat, quae ei legata sit, sed etiam de alia, sive ipsius legatarii sive aliena sit. hoc solum observandum est, ne plus quisquam rogetur aliis restituere, quam ipse ex testamento ceperit; nam quod amplius est, inutiliter relinquitur.

§ 152. Beschränkung der Vermächtnisse.

1035. pr. Inst. de leg. Falc. 2, 22.

Superest, ut de lege Falcidia dispiciamus, qua modus novissime legatis impositus est. cum enim olim lege duodecim tabularum libera erat legandi potestas, ut liceret vel totum patrimonium legatis erogare (quippe ea lege ita cautum esset: 'uti legassit suae rei, ita ius esto' [1]): visum est hanc legandi licentiam coartare, idque ipsorum testatorum gratia provisum est ob id, quod plerumque intestati moriebantur, recusantibus scriptis heredibus pro nullo aut minimo lucro hereditates adire. et cum super hoc tam lex Furia quam lex Voconia latae sunt, quarum neutra sufficiens ad rei consummationem videbatur: novissime lata est lex Falcidia [2]), qua cavetur, ne plus legare liceat, quam dodrantem totorum bonorum, id est ut, sive unus heres institutus esset sive plures, apud eum eosve pars quarta remaneret.

1036. l. 77 Dig. ad leg. Falcid. 35, 2.

Gaius libro octavo decimo ad edictum provinciale In singulis heredibus rationem legis Falcidiae componendam [3]) esse non dubitatur. et ideo si Titio et Seio heredibus institutis semis hereditatis Titii exhaustus est, Seio autem quadrans totorum bonorum relictus sit, competit Titio beneficium legis Falcidiae.

§ 153. Inhalt der Vermächtnisse.

1037. § 4 Inst. de legatis 2, 20.

Non solum autem testatoris vel heredis res, sed et aliena legari

---

[1]) Vgl. Nr. 832. 954.

[2]) im Jahre 40 v. Chr.

[3]) verbessere: ponendam, nach § 1 Inst. 2 22.

potest: ita ut heres cogatur redimere eam et praestare vel, si non potest redimere, aestimationem eius dare. sed si talis res sit, cuius non est commercium, nec aestimatio eius debetur, sicuti si campum Martium vel basilicas vel templa vel quae publico usui destinata sunt legaverit: nam nullius momenti legatum est. quod autem diximus alienam rem posse legari, ita intellegendum est, si defunctus sciebat alienam rem esse, non et si ignorabat: forsitan enim, si scisset alienam, non legasset. et ita divus Pius rescripsit. et verius est ipsum qui agit, id est legatarium, probare oportere scisse alienam rem legare defunctum, non heredem probare oportere ignorasse alienam, quia semper necessitas probandi incumbit illi qui agit[1]).

1038. § 22 Inst. de legatis 2, 20.

Si generaliter servus vel alia res legetur, electio legatarii est, nisi aliud testator dixerit.

1039. l. 37 pr. Dig. de legatis I, 30.

Ulpianus libro vicesimo primo ad Sabinum Legato generaliter relicto, veluti hominis, Gaius Cassius scribit id esse observandum, ne optimus vel pessimus[2]) accipiatur: quae sententia rescripto imperatoris nostri et divi Severi iuvatur, qui rescripserunt homine legato actorem non posse eligi.

1040. l. 19 Dig. de opt. vel elect. legat. 33, 5.

Paulus libro tertio sententiarum 'Illud aut illud, utrum elegerit legatarius': nullo a legatario electo decedente eo post diem legati cedentem ad heredem transmitti[3]) placuit.

1041. l. 4 Dig. de annuis legat. 33, 1.

Paulus libro sexagesimo secundo ad edictum Si in singulos annos alicui legatum sit, Sabinus, cuius sententia vera est, plura legata esse ait et primi anni purum, sequentium condicionale: videri enim hanc inesse condicionem 'si vivat' et ideo mortuo eo ad heredem legatum non transire.

1042. l. 14 pr. Dig. de aliment. vel cibar. legat. 34, 1.

Ulpianus libro secundo fideicommissorum Mela ait, si puero

---

1) Vgl. Nr. 246.

2) 'vel pessimus' will Mommsen tilgen.

3) Paulus hatte wahrscheinlich geschrieben: non transmitti. Vgl. § 23 Inst. 2, 20.

vel puellae alimenta relinquantur, usque ad pubertatem deberi. sed hoc verum non est: tamdiu enim debebitur, donec testator voluit, aut, si non paret quid sentiat, per totum tempus vitae debebuntur.

1043. § 21 Inst. de legatis 2, 20.

Tam autem corporales res quam incorporales legari possunt. et ideo et quod defuncto debetur, potest alicui legari, ut actiones suas heres legatario praestet, nisi exegerit vivus testator pecuniam: nam hoc casu legatum extinguitur. sed et tale legatum valet: 'damnas esto heres domum illius reficere' vel 'illum aere alieno liberare'.

1044. § 14 Inst. de legatis 2, 20.

Ex contrario si debitor creditori suo quod debet legaverit, inutile est legatum, si nihil plus est in legato quam in debito, quia nihil amplius habet per legatum. quod si in diem vel sub condicione debitum ei pure legaverit, utile est legatum propter repraesentationem. quod si vivo testatore dies venerit aut condicio extiterit, Papinianus scripsit utile esse nihilo minus legatum, quia semel constitit [1]). quod et verum est: non enim placuit sententia existimantium extinctum esse legatum, quia in eam causam pervenit, a qua incipere non potest.

1045. l. 11 Dig. de liberat. legat. 34, 3.

Iulianus libro trigesimo sexto digestorum Si debitor fideiussorem suum ab herede suo liberari iusserit, an fideiussor liberari debeat? respondi debere. item quaesitum est, an, quia mandati actione heredes tenerentur, inutile legatum esset, quemadmodum inutile legatum est quod debitor creditori suo legat. respondi, quotiens debitor creditori suo legaret, ita inutile esse legatum, si nihil interesset creditoris ex testamento potius agere quam ex pristina obligatione. nam et si Titius mandaverit Maevio, ut pecuniam promitteret, deinde liberari eum iusserit a stipulatore, manifestum est, quantum intersit promissoris liberari potius quam praestare ex stipulatu, deinde mandati agere.

§ 154. Erwerb und Rechtsschutz der Vermächtnisse.

1046. l. 5 pr. Dig. quando dies legat. vel fideicomm. cedat 36, 2.

Ulpianus libro vicesimo ad Sabinum Si post diem legati cedentem legatarius decesserit, ad heredem suum transfert legatum.

---

[1]) l. 5 Dig. ad leg. Falc. 35, 2.

1047. Ulpianus lib. sing. reg. 24, 31.

Legatorum, quae pure vel in diem certum relicta sunt, dies cedit antiquo quidem iure ex mortis testatoris tempore, per legem autem Papiam Poppaeam ex apertis tabulis testamenti, eorum vero, quae sub condicione relicta sunt, cum condicio extiterit [1]).

1048. l. 5, 2 Dig. quando dies legat. vel fideicomm. cedat 36, 2.

Ulpianus libro vicesimo ad Sabinum Sed si sub condicione sit legatum relictum, non prius dies legati cedit, quam condicio fuerit impleta, ne quidem si ea sit condicio, quae in potestate sit legatarii.

1049. l. 21 pr. Dig. quand. dies legat. vel fideicomm. cedat 36,2.

Paulus libro secundo ad Vitellium Si dies adposita legato non est, praesens debetur aut confestim ad eum pertinet cui datum est: adiecta quamvis longa sit, si certa est, veluti kalendis Ianuariis centesimis, dies quidem legati statim cedit, sed ante diem peti non potest: at si incerta, quasi 'cum pubes erit' 'cum in familiam nupserit' 'cum magistratum inierit' cum aliquid demum, quod scribenti comprehendere sit commodum, fecerit: nisi tempus condiciove optigit, neque res pertinere neque dies legati cedere potest.

1050. l. 7 pr. Dig. quando dies legat. vel fideicomm. cedat 36,2.

Ulpianus libro vicesimo ad Sabinum Heredis aditio moram legati quidem petitioni facit, cessioni diei non facit.

1051. Gai. 2, 200 [2]).

Illud quaeritur, quod sub condicione per vindicationem legatum est, pendente condicione cuius sit: nostri praeceptores heredis esse putant exemplo statuliberi, id est eius servi, qui testamento sub aliqua condicione liber esse iussus est, quem constat interea heredis servum esse; sed diversae scholae auctores putant nullius interim eam rem esse; quod multo magis dicunt de eo, quod sine condicione [pure] legatum est, antequam legatarius *ad*mittat legatum.

1052. Gai. 2, 194.

Ideo *au*tem per vindicationem legatum appellatur, quia post aditam hereditatem statim ex iure Quiritium res legatarii fit; et si eam rem legatarius vel ab herede vel ab alio quocumque, qui eam

---

[1]) Vgl. Nr. 992. 185. 190.
[2]) Vgl. Nr. 307.

possidet, petat, vindicare debet, id est intendere suam rem ex iure Quiritium esse.

1053. Gai. 2, 204.

Quod autem ita[1]) legatum est, post aditam hereditatem, etiamsi pure legatum est, non, ut per vindicationem legatum, continuo legatario adquiritur, sed nihilo minus heredis est: et ideo legatarius in personam agere debet, id est intendere heredem sibi dare oportere, et tum heres *rem*, si mancipi sit, mancipio dare aut in iure cedere possessionemque tradere debet: si non mancipi sit, sufficit, si tradiderit. nam si mancipi rem tantum tradiderit nec mancipaverit, usucapione *demum* pleno iure fit legatarii. completur autem usucapio, sicut alio quoque loco diximus, mobilium quidem rerum anno, earum vero, quae solo teneantur, biennio [2]).

1054. Gai. 2, 221. 222.

*S*ed diver*s*ae *s*cholae auctores putant etiam extranea per praeceptionem legari posse proinde, ac si ita scribatur: 'Titius hominem Stichum capito', supervacuo adiecta 'prae' syllaba; ideoque per vindicationem ea*m* *rem* legatam videri: quae sententia dicitur divi Hadriani constitutione confirmata esse. **222.** Secundum hanc igitur opinionem si ea res ex iure Quiritium defuncti fuerit, potest a legatario vindicari, sive is unus ex heredibus sit, sive extraneus; quod si in bonis tantum testatoris fuerit, extraneo quidem ex senatus consulto utile erit legatum, heredi vero familiae herciscundae [3]) iudicis officio praestabitur; quod si nullo iure fuerit testatoris, tam heredi quam extraneo ex senatus consulto utile erit.

1055. l. 116, 1 Dig. de legatis I, 30.

Florentinus libro undecimo institutionum H e r e d i a s e m e t i p s o l e g a t u m d a r i n o n p o t e s t, a coherede potest. itaque si fundus legatus sit ei qui ex parte dimidia heres institutus est et duobus extraneis, ad heredem cui legatus est sexta pars fundi pertinet, quia a se vindicare non potest, a coherede vero semissario duobus extraneis concurrentibus non amplius tertia parte: extranei autem et ab ipso herede cui legatum est semissem et ab alio herede trientem vindicabunt [4]).

---

[1]) nämlich per damnationem.

[2]) Vgl. Nr. 293. 294.

[3]) Vgl. Nr. 1015—1018.

[4]) Vgl. n. 1 der folgenden Seite.

1056. l. 34, 12 Dig. de legatis I, 30.

Ulpianus libro vicesimo primo ad Sabinum Inde dicitur, si duo sint heredes, unus ex uncia, alter ex undecim unciis, et eis fundus legatus sit, unciarium heredem undecim partes in fundo habiturum, coheredem unciam[1]).

1057. l. 1 pr. — § 2 Dig. ut leg. seu fideic. servand. causa caveatur 36, 3.

Ulpianus libro septuagesimo nono ad edictum Legatorum nomine satisdari oportere praetor putavit, ut, quibus testator dari fierive voluit, his diebus detur vel fiat dolumque malum afuturum stipu-
1 lentur. Semper autem satisdare cogitur, cuiuscumque sit dignitatis
2 vel facultatium quarumcumque heres. Nec sine ratione hoc praetori visum est, sicuti heres incumbit possessioni bonorum, ita legatarios quoque carere non debere bonis defuncti: sed aut satisdabitur eis aut, si satis non detur, in possessionem bonorum venire praetor voluit.[2])

§ 155. Ungültigkeit, Widerruf, Übertragung der Vermächtnisse.

1058. l. 1 pr. Dig. de reg. Caton. 34, 7.

Celsus libro trigesimo quinto digestorum Catoniana regula sic definit, quod, si testamenti facti tempore decessisset testator, inutile foret, id legatum, quandocumque decesserit, non valere[3]). quae definitio in quibusdam falsa est.

1059. Gai. 2, 244. 245.

An ei, qui in potestate sit eius, quem heredem instituimus, recte legemus, quaeritur. Servius recte legari putat, sed evanescere legatum, si quo tempore dies legatorum cedere solet, adhuc in potestate sit; ideoque sive pure legatum sit et vivo testatore in potestate heredis esse desierit, sive sub condicione et ante condicionem id acciderit, deberi legatum. Sabinus et Cassius sub condicione recte legari, pure non recte, putant; licet enim vivo testatore possit desinere in potestate heredis esse, ideo tamen inutile legatum intellegi oportere, quia quod

---

[1]) Vgl. Kohler im Archiv f. zivil. Prax. 91, 361.
[2]) Vgl. Nr. 269. 270. Über Fideikommisse s. Nr. 1029.
[3]) Vgl. Nr. 202.

nullas vires habiturum foret, si statim post testamentum factum decessisset testator, hoc ideo valere, quia vitam longius traxerit, absurdum esset[1]. *sed* diversae scholae auctores nec sub condicione recte legari *ei putant*, quia quos in potestate habemus, eis non magis sub condicione quam pure debere possumus. **245.** Ex diverso constat ab eo, qui in potestate *tua* est, herede instituto recte tibi legari; sed si tu per eum heres extiteris, evanescere legatum, quia ipse tibi legatum debere non possis; si vero filius emancipatus aut servus manumissus erit vel in alium translatus, et ipse heres extiterit aut alium fecerit, deberi legatum.

1060. Ulpianus lib. sing. reg. 24, 29.

Legatum, quod datum est, adimi potest vel eodem testamento vel codicillis testamento confirmatis, dum tamen eodem modo adimatur, quo modo datum est.

1061. l. 6 pr. Dig. de adim. vel transfer. legat. 34, 4.

Paulus libro quinto ad legem Iuliam et Papiam Translatio legati fit quattuor modis: aut enim a persona in personam transfertur: aut ab eo qui dare iussus est transfertur, ut alius det: aut cum res pro re datur, ut pro fundo decem aurei: aut quod pure datum est, transfertur sub condicione[2].

1062. l. 1 pr. Dig. si quis omissa causa test. 29, 4.

Ulpianus libro quinquagesimo ad edictum Praetor voluntates defunctorum tuetur et eorum calliditati succurrit, qui omissa causa testamenti ab intestato hereditatem partemve eius possident ad hoc, ut eos circumveniant, quibus quid ex iudicio defuncti deberi potuit, si non ab intestato possideretur hereditas, et in eos actionem pollicetur.

§ 156. Erbschaftsvermächtnis.

1063. Ulpianus lib. sing. reg. 24, 25.

Sicut singulae res legari possunt, ita universarum quoque summa legari potest, ut puta hoc modo: 'heres meus cum Titio hereditatem meam partitor, dividito'. quo casu dimidia pars bonorum legata videtur. potest autem et alia pars, velut tertia vel quarta, legari. quae species partitio appellatur.

---

[1]) Vgl. Nr. 202.

[2]) Vgl. Nr. 1002 § 3.

1064. l. 1, 1; 2 Dig. ad S. C. Trebell. 36, 1.

Ulpianus libro tertio fideicommissorum Factum est enim senatus consultum temporibus Neronis octavo calendas Septembres Annaeo Seneca et Trebellio Maximo consulibus [1]), cuius verba haec sunt: 'Cum esset aequissimum in omnibus fideicommissariis hereditatibus, si qua de his bonis iudicia penderent, ex his [2]) eos subire, in quos ius fructusque transferretur, potius quam cuique periculosam esse fidem suam: placet, ut actiones, quae in heredes heredibusque dari solent [3]), eas neque in eos neque his dari, qui fidei suae commissum sic, uti rogati essent, restituissent, sed his et in eos, quibus ex testamento fideicommissum restitutum fuisset, quo magis in reliquum confirmentur supremae defunctorum voluntates'.

1065. Ulp. lib. sing. reg. 25, 14—16.

Is, qui rogatus est alii restituere hereditatem, lege quidem Falcidia *locum* [4]) non habente, quoniam non plus puta quam dodrantem restituere rogatus est, ex Trebelliano senatus consulto restituit, ut ei et in eum dentur actiones, cui restituta est hereditas. lege autem Falcidia interveniente, quoniam plus dodrantem vel etiam totam hereditatem restituere rogatus sit, ex Pegasiano senatus consulto restituit, ut deducta parte quarta ips*i*, qui scriptus est heres, *et* in ipsum actiones conserventur; is autem, qui recipit hereditatem, legatarii loco habeatur. **15.** Ex Pegasiano senatus consulto restituta hereditate commoda et incommoda hereditatis communicantur inter heredem et eum, cui reliquae partes restitutae sunt, interpositis stipulationibus ad exemplum partis et pro parte stipulationum. partis autem et pro parte stipulationes proprie dicuntur, quae de lucro et damno communicando solent interponi inter heredem et legatarium partiarium, id est, cum quo partitus [5]) est heres. **16.** Si heres damnosam hereditatem dicat, cogitur a praetore adire et restituere totam, ita ut ei et in eum, qui recipit hereditatem, actiones dentur, proinde atque si ex Trebelliano senatus

---

[1]) im Jahre 56 p. Chr.?

[2]) für 'ex his' schlägt Mommsen vor: eas lites.

[3]) statt 'dari solent' stand im Senatsbeschluß wahrscheinlich 'iure civili competunt'. Vgl. Wlassak, Röm. Prozeßgesetze I p. 42 n. 6. Lenel, Palingenesie II p. 910 n. 1.

[4]) Ergänzung von Tilius.

[5]) partiri iussus: Huschke. partibus: die Handschrift.

consulto restituta fuisset. idque ut ita fiat, Pegasiano senatus consulto cautum.

§ 157. Schenkungen auf den Todesfall.

1066. l. 31, 2 Dig. de mort. causa donat. 39, 6.

Gaius libro octavo ad edictum provinciale Sine donatione autem[1]) capitur veluti pecunia, quam statuliber aut legatarius alicui condicionis implendae gratia numerat, sive extraneus sit qui accepit sive heres. eodem numero est pecunia, quam quis in hoc accipit, ut vel adeat hereditatem vel non adeat, quique in hoc accipit pecuniam, ut legatum omittat. sed et dos, quam quis in mortem mulieris a marito stipulatur, capitur sane mortis causa: cuius generis dotes recepticiae vocantur. rursus id, quod mortis causa donatur, aut in periculum [2]) mortis datur aut cogitationem [3]) mortalitatis, quod nos quandoque morituros intellegimus.

1067. § 1 Inst. de donat. 2, 7.

Mortis causa donatio est, quae propter mortis fit suspicionem, cum quis ita donat, ut, si quid humanitus ei contigisset, haberet is qui accepit: sin autem supervixisset qui donavit, reciperet, vel si eum donationis poenituisset aut prior decesserit is cui donatum sit. hae mortis causa donationes ad exemplum legatorum redactae sunt per omnia. nam cum prudentibus ambiguum fuerat, utrum donationis an legati instar eam optinere oporteret, et utriusque causae quaedam habebat insignia et alii ad aliud genus eam retrahebant: a nobis constitutum est [4]), ut per omnia fere legatis connumeretur et sic procedat, quemadmodum eam nostra formavit constitutio. et in summa mortis causa donatio est, cum magis se quis velit habere, quam eum cui donatur, magisque eum cui donat, quam heredem suum. sic et apud Homerum [5]) Telemachus donat Piraeo.

1068. l. 2 Dig. de mort. causa donat. 39, 6.

Ulpianus libro trigensimo secundo ad Sabinum Iulianus libro

---

[1]) Mommsen schiebt ein: mortis causa.
[2]) periculo: Haloander.
[3]) cogitatione: Haloander.
[4]) c. 4 Cod. de mort. caus. don. 8,56 (57).
[5]) Odyss. 17, 78—83.

septimo decimo digestorum tres esse species mortis causa donationum ait, unam, cum quis nullo praesentis periculi metu conterritus, sed sola cogitatione mortalitatis donat. aliam esse speciem mortis causa donationum ait, cum quis imminente periculo commotus ita donat, ut statim fiat accipientis. tertium genus esse donationis ait, si quis periculo motus non sic det, ut statim faciat accipientis, sed tunc demum, cum mors fuerit insecuta.

1069. l. 17 Dig. de mort. causa donat. 39, 6.

Iulianus libro quadragensimo septimo digestorum Etsi debitor consilium creditorum fraudandorum non habuisset, avelli res mortis causa ab eo donata debet. nam cum legata ex testamento eius, qui solvendo non fuit, omnimodo inutilia sint, possunt videri etiam donationes mortis causa factae rescindi debere, quia legatorum instar optinent.

Stellenverzeichnis.

Cicero.

pro Caecina 19, 55 .... Nr. 373
in Verrem II, 1, 45, 117 899

Codex Iustinianus.

1, 14 de legibus et constitutionibus principum et edictis c. 5 § 1 .... Nr. 14
c. 6 26
c. 7 27
2, 3 de pactis c. 20 280
2, 12 (13) de procuratoribus c. 10 572
2, 13 (14) ne liceat potentioribus patrocinium litigantibus praestare vel actiones in se transferre c. 2 685
2, 21 (22) de in integrum restitutione minorum viginti quinque annis c. 3 66
3, 28 de inofficiosis testamentis c. 30 pr. § 1 965
3, 32 de rei vindicatione c. 15 pr. 282
3, 36 familiae herciscundae c. 6 1017
4, 5 de condictione indebiti c. 4 631
4, 20 de testibus c. 6 818
4, 30 de non numerata pecunia c. 7 526
4, 31 de compensationibus c. 1 756
c. 7 758
c. 9 753
4, 32 de usuris c. 10 460
c. 19 747
c. 26 § 2 462
c. 27 § 1 461
c. 28 457
4, 35 mandati c. 22 pr. § 1 686
4, 44 de rescindenda venditione c. 2 552
4, 49 de actionibus empti et venditi c. 10 478
4, 52 de communium rerum alienatione c. 3 277
4, 66 de emphyteutico iure c. 1 407
5, 12 de iure dotium c. 5 797
5, 13 de rei uxoriae actione in ex stipulatu actionem transfusa et de natura dotibus praestita c. un. § 1 806
5, 16 de donationibus inter virum et uxorem et a parentibus in liberos factis et de ratihabitione c. 6 793

Codex Iustinianus.

5, 37 de administratione tutorum et curatorum et de pecunia pupillari feneranda vel deponenda c. 20 ..... Nr. 865
c. 24 851
5, 52 de dividenda tutela et pro qua parte quisque tutorum conveniatur c. 2 855
5, 54 de heredibus tutorum c. 1 862
5, 59 de auctoritate praestanda c. 5 pr. 857
5, 69 qui numero tutelarum c. 1 841
5, 75 de magistratibus conveniendis c. 5 868
6, 21 de testamento militis c. 15 § 1 908
6, 23 de testamentis: quemadmodum testamenta ordinantur c. 8 912
c 15 pr. § 1 918
o. 19 pr. § 1 905
c. 21 § 3 .. 914
c. 21 § 5 .. 937
c. 31 §§ 2; 3 913
6, 24 de heredibus instituendis et quae personae heredes institui non possunt c. 8 92
6, 29 de postumis heredibus instituendis vel exheredandis vel praeteritis c. 3 § 1 44
6, 30 de iure deliberandi et de adeunda vel adquirenda hereditate c. 18 § 2 980
6, 36 de codicillis c. 8 § 3 911
6, 41 de his quae poenae nomine in testamento vel codicillis relinquuntur c. 1 1024
6, 51 de caducis tollendis c. un. § 5 992
6, 61 de bonis, quae liberis in potestate constitutis ex matrimonio vel aliter adquiruntur, et eorum administratione c. 6 § 2 827
c. 8 § 4 d 828
7, 25 de nudo ex iure Quiritium tollendo c. un. 273
7, 32 de adquirenda et retinenda possessione c. 10 243
7, 39 de praescriptione XXX vel XL annorum c. 3 pr. 255
7, 40 de annali exceptione Italici contractus tollenda et de diversis temporibus et exceptionibus et praescriptionibus et interruptionibus earum 256
7, 56 quibus res iudicata non nocet c. 2 251
8, 4 unde vi c. 1 221
c. 7 226
8, 13 (14) de pignoribus c. 2 425
c. 3 222
8, 16 (17) quae res pignori obligari possunt vel non et qualiter pignus contrahatur c. 4 681
8, 17 (18) qui potiores in pignore habeantur c. 7 429
c. 11 § 1 413
8, 34 (35) de pactis pignorum et de commissoria lege in pignoribus rescindenda c. 3 421
8, 38 (39) de inutilibus stipulationibus c. 2 786
8, 39 (40) de duobus reis stipulandi et duobus reis promittendi c. 1 (2).. 721

Codex Iustinianus.

8, 40 (41) de fideiussoribus et mandatoribus c. 28 §§ 2; 3 .... Nr. 715
8, 41 (42) de novationibus et delegationibus c. 3 pr. 682
c. 8 746
8, 44 (45) de evictionibus c. 4 742
8, 52 (53) quae sit longa consuetudo c. 2 9
8, 53 (54) de donationibus c. 36 610
8, 54 (55) de donationibus quae sub modo vel condicione vel ex certo tempore conficiuntur c. 2 193
10, 40 (39) de incolis et ubi quis domicilium habere videtur et de his qui studiorum causa in alia civitate degunt c. 2 31
c. 7 § 1 29
12, 36 (37) de castrensi peculio militum et praefectianorum c. 1 824

Codex Theodosianus.

3, 2 de commissoria rescindenda c. un. 421
4, 14 de actionibus certo tempore finiendis c. 1 255

Collatio legum Mosaicorum et Romanarum.

10, 2, 3 571
12, 7, 7 465
16, 2, 12 945
16, 3, 20 944
16, 7, 2 947

Edictum praetoris ed. Lenel[2].

p. 449 375
p. 452 405
p. 457 404

Corpus iuris canonici.

Decretum Gratiani.

Causa 3 quaestio 1 canon 3 376
Causa 14 quaestio 4 canon 10 455

Decretalium Gregorii IX.

1, 4 de consuetudine c. 11 6
2, 13 de restitutione spoliatorum c. 10 377
2, 26 de praescriptionibus c. 20 257
4, 1 de sponsalibus et matrimoniis c. 26 155
5, 17 de raptoribus, incendiariis et violatoribus ecclesiarum c. 5 644
5, 19 de usuris c. 7 456
5, 33 de privilegiis et excessibus privilegiatorum c. 24 22

Liber sextus decretalium Bonifacii VIII.

5, 13 de regulis iuris reg. 66 186

Corpus inscriptionum latinarum.

III, 781 (Bruns, Fontes Iuris Romani [7] p. 261) .... Nr. 8
IV, 64 (Bruns, Fontes Iuris Romani [7] p. 361) 506

Dessau, Inscriptiones Latinae selectae.

Nr. 8731 (Bruns, Fontes Iur. Rom. [7] p. 362) 507

Digesta.

1, 1 de iustitia et iure l. 1 § 1 1
l. 6 § 1 2
1, 3 de legibus senatusque consultis et longa consuetudine l. 7 13
l. 14 18
l. 16 17
l. 17 24
l. 24 25
l. 28 12
l. 29 15
l. 32 § 1 4
l. 37 23
l. 38 10
l. 39 7
1, 4 de constitutionibus principum l. 4 11
1, 5 de statu hominum l. 7 53
l. 10 58
l. 12 48
l. 14 49
1, 6 de his qui sui vel alieni iuris sunt l. 6 77
1, 7 de adoptionibus et emancipationibus et aliis modis quibus potestas solvitur l. 15 pr. 815
l. 21 814
1, 8 de divisione rerum et qualitate l. 1 pr. 119
l. 5 pr. 117
l. 6 pr. 112
l. 6 § 1 85
2, 4 de in ius vocando l. 4 § 3 74
l. 5 75
2, 12 de feriis et dilationibus et diversis temporibus l. 8 132
2, 14 de pactis l. 4 § 3 601
l. 7 § 2 590
l. 7 § 3 177
l. 7 §§ 4; 5 597
l. 7 § 7 596
l. 7 § 8 770
l. 7 § 12 511
l. 7 § 17 772
l. 16 pr. 683

Digesta.

2, 14 de pactis l. 38 ... Nr. 16
l. 39 ... 206
l. 57 pr. ... 151
l. 61 ... 292
3, 2 de his qui notantur infamia l. 1 ... 73
3, 3 de procuratoribus et defensoribus l. 42 § 2 ... 570
3, 4 quod cuiuscumqae universitatis nomine vel contra eam agatur l. 1 § 1 ... 81
l. 7 § 1 ... 86
l. 7 § 2 ... 84
3, 5 de negotiis gestis l. 3 pr. ... 611
l. 5 § 5 (3) ... 616
l. 9 (10) § 1 ... 613
l. 10 (11) ... 469
l. 12 (13) ... 612
l. 20 (21) pr. ... 615
l. 23 (24) ... 200
l. 26 (27) § 1 ... 614
l. 38 (39) ... 728
l. 48 (49) ... 617
4, 1 de in integrum restitutionibus l. 1 ... 261
l. 2 ... 262
l. 4 ... 264
4, 2 quod metus causa gestum erit l. 6 ... 160
l. 9 pr. ... 161
4, 3 de dolo malo l. 1 § 2 ... 162
l. 15 § 1 ... 93
l. 37 ... 163
4, 4 de minoribus viginti quinque annis l. 11 § 4 ... 266
l. 16 pr. ... 263
l. 24 § 1 ... 265
l. 41 ... 19
4, 9 nautae caupones stabularii ut recepta restituant l. 1 pr. ... 467
l. 3 § 1 ... 618
5, 1 de indiciis: ubi quisque agere vel conveniri debeat l. 76 ... 83
5, 2 de inofficioso testamento l. 2 ... 962
l. 3 ... 963
l. 5 ... 964
5, 3 de hereditatis petitione l. 9 ... 1007
l. 10 ... 1007
l. 11—13 pr. ... 1008
l. 16 § 1 ... 1009
l. 20 § 6 ... 1011
l. 25 § 7 ... 241
l. 25 § 11 ... 1012
l. 25 § 18 ... 1014

Digesta.

5, 3 de hereditatis petitione l. 27 pr. .... Nr. 106
l. 28 1010
l. 36 § 3 1013
6, 1 de rei vindicatione l. 1 § 2 820
l. 1 § 3 343
l. 9 341
l. 24 367
l. 35 § 3 99
l. 38 41
l. 50 pr. 281
6, 2 de Publiciana in rem actione l. 1 pr. 345
7, 1 de usu fructu et quemadmodum quis utatur fruatur l. 12 § 5 307
l. 13 § 3 372
l. 15 § 1 385
l. 68 pr. 107
7, 6 si usus fructus petetur vel ad alium pertinere negetur l. 5 pr. 382
7, 8 de usu et habitatione l. 4 § 1 388
l. 8 § 1 178
l. 14 § 3 384
l. 19 389
7, 9 usufructuarius quemadmodum caveat l. 1 pr. 386
8, 1 de servitutibus l. 1 378
l. 8 pr. 391
l. 8 § 1 395
l. 9 393
l. 15 § 1 379
8, 2 de servitutibus praediorum urbanorum l. 6 402
l. 26 276
l. 28 392
l. 33 380
8, 5 si servitus vindicetur vel ad alium pertinere negetur l. 2 pr. 403
l. 6 § 2 381
8, 6 quemadmodum servitutes amittuntur l. 1 401
9, 1 si quadrupes pauperiem fecisse dicatur l. 1 § 3 668
9, 2 ad legem Aquiliam l. 2 pr. § 1 661
l. 4 pr. 210
l. 5 § 1 665
l. 5 § 2 67
l. 7 § 4 215
l. 8 § 1 667
l. 21 § 2 666
l. 23 § 8 663
l. 27 § 5 662
l. 27 § 9 465
l. 29 § 1 225

Digesta.

9, 2 ad legem Aquiliam l. 29 § 3 .... Nr. 212
l. 29 § 8 664
l. 31 216
l. 45 § 4 211
l. 49 § 1 213
9, 3 de his, qui effuderint vel deiecerint l. 1 pr. 676
l. 5 § 5 678
l. 5 § 10 679
l. 7 677
9, 4 de noxalibus actionibus l. 1 pr. 697
l. 2 pr. 699
10, 1 finium regundorum l. 1 346
l. 4 § 10 347
10, 2 familiae erciscundae l. 1 1015
l. 3 1018
l. 5 43
l. 22 § 4 1016
10, 3 communi dividundo l. 14 § 1 278
l. 14 § 2 279
l. 19 pr. 102
l. 28 42
11, 6 si mensor falsum modum dixerit l. 1 § 1 219
12, 1 de rebus creditis si certum petetur et de condictione l. 2 § 1 98
l. 2 § 2 525
l. 4 § 1 310
l. 14 529
l. 18 pr. 290
l. 40 519
12, 2 de iureiurando sive voluntario sive necessario sive iudiciali l. 42 § 3 720
12, 4 de condictione causa data causa non secuta l. 4 626
l. 7 § 1 634
l. 12 636
l. 14 635
12, 5 de condictione ob turpem vel iniustam causam l. 1 § 1 633
l. 1 § 2 637
l. 2 pr. § 1 638
l. 3 639
l. 4 pr. 640
l. 4 § 3 641
12, 6 de condictione indebiti l. 1 pr. § 1 629
l. 10 192
l. 12 624
l. 13 pr. 489
l. 16 182
l. 26 § 3 627

Digesta.

12, 6 de condictione indebiti l. 28 .... Nr. 496
l. 29 491
l. 32 § 2 498
l. 40 pr. 494
l. 41 493
l. 60 pr. 495
l. 65 § 9 628
l. 67 § 3 124
12, 7 de condictione sine causa l. 1 pr. 625
l. 1 § 3 621
13, 1 de condictione furtiva l. 1 658
l. 6 660
l. 7 § 1, 2 659
l. 8 § 1 481
13, 4 de eo quod certo loco dari oportet l. 1 471
13, 5 de pecunia constituta l. 14 § 3 602
l. 18 § 1 603
13, 6 commodati vel contra l. 5 § 2 464
l. 5 § 10 532
l. 5 § 15 275
l. 8 531
l. 14 649
l. 17 § 3 533
13, 7 de pigneraticia actione vel contra l. 1 pr. 414
l. 11 § 1 430
l. 11 § 6 195
l. 18 pr. 437
l. 40 § 2 440
14, 1 de exercitoria actione l. 5 § 1 691
14, 2 de lege Rhodia de iactu l. 2 pr. 563
14, 3 de institoria actione l. 11, 2 695
14, 6 de senatus consulto Macedoniano l. 1 pr. 527
l. 2 826
l. 1 § 3 825
l. 9 § 1 528
15, 1 de peculio l. 40 97
l. 41 487
15, 3 de in rem verso l. 3 § 2 692
16, 1 ad senatus consultum Velleianum l. 2 § 1 709
l. 2 § 3 711
l. 12 710
16, 2 de compensationibus l. 1 748
l. 3 761
l. 5 755
l. 6 752

Digesta.

16, 2 de compensationibus l. 10 § 1 .... Nr. 762
l. 14 751
l. 18, § 1 754
l. 20 757
16, 3 depositi vel contra l. 1 pr. 535
l. 24 452
l. 25 § 1 536
l. 32 218
17, 1 mandati vel contra l. 1 § 4 564
l. 2 § 6 577
l. 6 § 3 568
l. 6 § 4 701
l. 6 § 5 578
l. 10 § 5 696
l. 17 240
l. 20 pr. 573
l. 22 § 6 569
l. 22 § 11 575
l. 26 pr. 576
l. 26 § 6 574
l. 36 § 1 565
17, 2 pro socio l. 1 pr. 585
l. 1 § 1 579
l. 4 § 1 586
l. 5 § 1 581
l. 7 580
l. 14 588
l. 23 § 1 468
l. 29 § 2 583
l. 52 § 4 584
l. 65 § 3; 4 587
l. 65 § 6 589
l. 72 220
18, 1 de contrahenda emptione l. 1 pr. 451
l. 7 § 1 541
l. 8 § 1 540
l. 9 157
l. 25 § 1 543
l. 28 539
l. 34 § 1 538
l. 58 158
l. 75 600
18, 2 de in diem addictione l. 1 189
l. 2 pr. 166
18, 3 de lege commissoria l. 4 pr. 184

Digesta.

18, 4 de hereditate vel actione vendita l. 2 pr. .... Nr. 990
l. 4 684
l. 17 191
18, 5 de rescindenda venditione et quando licet ab emptione discedere l. 7 § 1 205
18, 6 de periculo et commodo rei venditae l. 5 484
l. 8 pr. 542
l. 18 485
19, 1 de actionibus empti venditi l. 6 § 1 599
l. 11 § 2 545
l. 13 pr. 547
l. 13 § 30 598
l. 13 § 31 103
l. 17 § 7 104
l. 17 § 10; 11 105
l. 28 518
l. 30 § 1 544
l. 49 § 1 454
19. 2 locati conducti l. 2 pr. 553
l. 9 § 2 150
l. 9 § 5 561
l. 19 § 4 556
l. 25 § 1 554
l. 25 § 6 557
l. 25 § 7 466
l. 38 pr. 559
l. 54 pr. 453
l. 55 § 1 555
l. 59 562
19, 3 de aestimatoria l. 1 594
19, 4 de rerum permutatione l. 1, 2 593
19, 5 de praescriptis verbis et in factum actionibus l. 5 pr. 592
l. 17 § 1 595
l. 22 591
20, 1 de pignoribus et hypothecis et qualiter ea contrahantur et de pactis eorum l. 4 415
l. 5 § 1 412
l. 9 § 1 417
l. 11 § 2 441
l. 12 442
l. 13 § 2 439
l. 14 422
l. 14 § 1 435
l. 16 § 9 420
l. 18 416
l. 20 438

Digesta.

20, 1 de pignoribus et hypothecis etc. l. 29 § 2 .... Nr. 423
20, 2 in quibus causis pignus vel hypotheca tacite contrahitur l. 8 418
20, 3 quae res pignori vel hypothecae datae obligari non possunt l. 3 431
20, 4 qui potiores in pignore vel hypotheca habeantur et de his qui in priorum creditorum locum succedunt l. 5 428
l. 9 pr. 427
l. 11 § 1 188
l. 12 § 2 426
l. 17 432
20, 5 de distractione pignorum et hypothecarum l. 13 419
20, 6 quibus modis pignus vel hypotheca solvitur l. 12 § 1 424
l. 13 497
21, 1 de aedilicio edicto et redhibitione et quanti minoris l. 1, 2 548
l. 19 § 3 546
l. 23 § 7 549
l. 31 § 11 550
l. 38 § 3 551
22, 1 de usuris et fructibus et causis et omnibus accessionibus et mora
l. 9 § 1 474
l. 17 § 4 480
l. 23 § 1 482
l. 24 § 2 477
l. 28 pr. 308
l. 28 § 1 108
l. 29 459
l. 32 pr. 476
l. 32 § 4 717
l. 38 § 4 738
l. 41 § 1 725
22, 3 de probationibus et praesumptionibus l. 2 245
l. 19 pr. 247
l. 21 246
l. 25 § 1 632
l. 25 § 2 248
l. 28 260
22, 4 de fide instrumentorum et amissione eorum l. 4 415
22, 5 de testibus l. 15 § 1 59
22, 6 de iuris et facti ignorantia l. 1 142
l. 7 147
l. 8 148
l. 9 143
23, 1 de sponsalibus l. 1 782
l. 2 783
l. 3 783
l. 10 788

Digesta.

23, 1 de sponsalibus l. 11 .... Nr. 784
l. 12 785
l. 14 63
23, 2 de ritu nuptiarum l. 1 781
l. 2 789
l. 10 56
l. 19 796
23, 3 de iure dotium l. 3 795
l. 10 pr. 798
l. 10 § 4; 5 799
l. 17 pr. 803
l. 61 § 1 801
23, 4 de pactis dotalibus l. 16 804
24, 1 de donationibus inter virum et uxorem l. 1 807
l. 5 § 8 809
l. 32 pr. § 2 810
l. 51 792
l. 58 pr. 149
24, 2 de divortiis et repudiis l. 1 791
l. 2 § 2 787
24, 3 soluto matrimonio dos quemadmodum petatur l. 5 805
25, 2 de actione rerum amotarum l. 25 622
25, 4 de inspiciendo ventre custodiendoque partu l. 1 § 1 45
26, 1 de tutelis l. 1 pr. 830
l. 6 § 2 840
26, 2 de testamentaria tutela l. 9 932
26, 3 de confirmando tutore vel curatore l. 2 pr. 835
l. 3 834
26, 4 de legitimis tutoribus l. 9 837
26, 7 de administratione et periculo tutorum l. 1, 2 61
l. 3 § 2 853
l. 3 § 9 l. 4 854
l. 22 847
l. 27 846
l. 30 848
l. 33 pr. 849
l. 44 § 1 864
26, 8 de auctoritate et consensu tutorum et curatorum l. 5 pr. § 1 490
l. 8 852
l. 9 pr. 65
27, 3 de tutelae et rationibus distrahendis et utili curationis causa ctione
l. 1 § 23; 24 859
l. 2 pr. § 2 858
l. 4 pr. 860
l. 4 § 3 866

Digesta.

27, 3 de tutelae et rationibus distrahendis et utili curationis causa actione l. 22 .... Nr. 863
27, 4 de contraria tutelae et utili actione l. 1 § 3 861
27, 7 de fideiussoribus et nominatoribus et heredibus tutorum et curatorum l. 4 § 3 867
27, 9 de rebus eorum, qui sub tutela vel cura sunt, sine decreto non alienandis vel supponendis l. 1 pr. 2 850
l. 5 § 8 128
27, 10 de curatoribus furioso et aliis extra minores dandis l. 1 pr. 68
28, 1 qui testamenta facere possunt et quemadmodum testamenta fiant l. 1 893
l. 5 134
l. 21 § 2 902
l. 21 § 3 904
l. 27.... 903
28, 2 de liberis et postumis heredibus instituendis vel exheredandis l. 9 § 2 941
l. 12 pr. 47
28, 3 de iniusto rupto irrito facto testamento l. 1 930
28, 4 de his quae in testamento delentur inducuntur vel inscribuntur l. 1 § 3 938
28, 5 de heredibus instituendis l. 1 § 4 923
l. 11 924
l. 60 § 3 999
l. 64 1000
l. 78 919
28, 6 de vulgari et pupillari substitutione l. 36 927
28, 7 de condicionibus institutionum l. 12 967
l. 16 180
28, 8 de iure deliberandi l. 1 §§ 1; 2 973
29, 1 de testamento militis l. 1 pr. 906
l. 3 201
l. 6 876
29, 2 de adquirenda vel omittenda hereditate l. 1 985
l. 2 987
l. 5 § 1 982
l. 6 pr. § 1 977
l. 8 pr. 996
l. 9 62
l. 10 986
l. 13 § 1 975
l. 20 pr. 970
l. 22 976
l. 23 974
l. 25 § 4 978
l. 30 pr. 994
l. 37 997
l. 39 873

Digesta.

29, 2 de adquirenda vel omittenda hereditate l. 53 § 1 .... Nr. 998
l. 54 881
l. 57 pr. 968
l. 86 pr. 995
l. 90 pr. 979
29, 4 si quis omissa causa testamenti ab intestato vel alio modo pasideat hereditatem l. 1 pr. 1062
29, 7 de iure codicillorum l. 2 § 2 910
30 de legatis I l. 1 1033
l. 34 § 12 1056
l. 37 pr. 1039
l. 39 § 1 483
l. 77 1031
l. 84 § 5 236
l. 108 § 4 780
l. 116 pr. 1019
l. 116 § 1 1055
32 de legatis III l. 22 pr. 934
33, 1 de annuis legatis et fideicommissis l. 4 1041
33, 5 de optione vel electione legata l. 19 1040
34, 1 de alimentis vel cibariis legatis l. 14 pr. 1042
34, 2 de auro argento mundo ornamentis unguentis veste vel vestmentis et statuis legatis l. 29 § 1 304
34, 3 de liberatione legata l. 11 pr. 1045
l. 21 § 1 776
34, 4 de adimendis vel transferendis legatis vel fideicommissis l. 4 933
34, 5 de rebus dubiis l. 3 153
l. 6 pr. 1061
l. 9 (10) § 4 55
l. 20 (21) 89
l. 26 (27) 207
34, 7 de regula Catoniana l. 1 pr. 1058
34, 9 de his quae ut indignis auferuntur l. 2 pr. 1006
l. 3 1004
l. 16 § 2 1005
35, 1 de condicionibus et demonstrationibus et causis et modis eorun quae in testamento scribuntur l. 2 187
l. 7 pr. 926
l. 15 790
l. 49 135
l. 71 § 2 179
l. 80 194
35, 2 ad legem Falcidiam l. 9 § 1 46
l. 77 1036
l. 80 § 1 447

Digesta.

36, 1 ad senatus consultum Trebellianum l. 1 §§ 1; 2 .... Nr. 1064
l. 35 (34) 54
l. 52 (50) 829
l. 61 (59) pr. 436
36, 2 quando dies legatorum vel fideicommissorum cedat l. 5 pr. 1046
l. 5 § 2 1048
l. 5 § 5 185
l. 7 pr. 1050
l. 21 pr. 1049
36, 3 ut legatorum seu fideicommissorum servandorum causa caveatur l. 1 pr.
— § 2 1057
37, 1 de bonorum possessionibus l. 3 pr. 38
l. 3 §§ 2. 3 888
l. 7 §§ 1. 2 981
l. 10 144
37, 4 de bonorum possessione contra tabulas l. 3 § 11 958
l. 8 § 14 959
l. 10 § 5 960
l. 12 pr. 1001
37, 5 de legatis praestandis contra tabulas bonorum possessione petita l. 1 pr. 961
37, 11 de bonorum possessione secundum tabulas l. 2 pr. 957
37, 15 de obsequiis parentibus et patronis praestandis l. 9 819
38, 1 de operis libertorum l. 37 pr. 505
38, 6 si tabulae testamenti nullae extabunt, unde liberi l. 1 pr. § 1 946
38, 8 unde cognati l. 1 pr. 949
38, 9 de successorio edicto l. 1 § 10 889
l. 1 § 11 948
38, 10 de gradibus et adfinibus et nominibus eorum l. 4 §§ 3. 4 80
38, 15 quis ordo in possessionibus servetur l. 2 § 5 145
38, 16 de suis et legitimis heredibus l. 3 §§ 11. 12 78
l. 7 51
38, 17 ad senatus consultum Tertullianum et Orphitianum l. 1 § 1 993
l. 1 § 12 28
39, 1 de operis novi nuntiatione l. 1 § 2 357
l. 1 § 6 360
l. 1 § 16 356
l. 8 § 4 358
l. 20 §§ 9. 10 359
39, 2 de damno infecto et de suggrundis et proiectionibus l. 2 348
l. 7 pr. 351
l. 9 pr. 352
l. 18 pr. 350
l. 24 §§ 2. 4. 9 349
39, 3 de aqua et aquae pluviae arcendae l. 1 § 1 353
l. 2 pr. 354

Digesta.

39. 3 de aqua et aquae pluviae arcendae l. 6 § 7 .... Nr. 355
39, 5 de donationibus l. 10 283
l. 13 331
l. 18 § 3 608
l. 33 pr. 606
l. 34 § 1 605
39, 6 de mortis causa donationibus et capionibus l. 2 1068
l. 17 1069
l. 31 § 2 1066
40, 1 de manumissionibus l. 1 pr. 133
40, 4 de manumissis testamento l. 54 § 1 773
40, 7 de statuliberis l. 4 § 1 175
l. 9 § 2 445
40, 11 de natalibus restituendis l. 1 21
41, 1 de adquirendo rerum dominio l. 7 § 3 305
l. 7 § 7 299
l. 7 §§ 8. 9 300
l. 7 § 10 301
l. 9 § 3 288
l. 13 pr. 329
l. 26 § 1 303
l. 30 § 3 116
l. 31 pr. 287
l. 31 § 1 306
l. 33 § 2 883
l. 34 884
l. 36 289
l. 37 § 6 332
l. 48 § 1 297
l. 50 113
l. 55 327
l. 61 pr. 885
41, 2 de adquirenda vel amittenda possessione l. 1 § 21 324
l. 1 § 22 94
l. 2 95
l. 3 § 1 323
l. 3 § 5 321
l. 3 § 6 334
l. 3 § 8 336
l. 3 § 12 328
l. 6 § 1 337
l. 12 § 1 315
l. 18 pr. 318
l. 18 § 2 326
l. 18 § 3 338

Digesta.

41, 2 de adquirenda vel amittenda possessione l. 23 pr. .... Nr. 339
l. 42 § 1 330
l. 44 § 2 333
l. 47 340
41, 3 de usurpationibus et usucapionibus l. 1 296
l. 6 137
l. 7 138
l. 10 § 1 399
l. 30 pr. 96
l. 32 § 2 322
41, 4 pro emptore l. 2 § 3 167
41, 7 pro derelicto l. 1 311
l. 2 § 1 312
41, 10 pro suo l. 5 295
42, 1 de re iudicata et de effectu sententiarum et de interlocutionibus l. 19 § 1 607
l. 63 .. 254
42, 4 quibus ex causis in possessionem eatur l. 1 269
l. 12 270
42, 8 quae in fraudem creditorum facta sunt ut restituantur l. 3 § 1 127
l. 6 § 4 129
l. 10 § 16 .. 224
l. 23 774
43, 8 ne quid in loco publico vel itinere fiat l. 2 § 2 121
l. 3 pr. 114
43, 12 de fluminibus ne quid in flumine publico ripave eius fiat, quo peius navigetur l. 1 § 3 115
l. 3 § 1 118
43, 16 de vi et de vi armata l. 1 pr. 374
l. 3 § 14 398
43, 17 uti possidetis l. 1 pr. 366
l. 1 § 2 316
43, 18 de superficiebus l. 1 pr. 408
43, 19 de itinere actuque privato l. 1 pr. 406
43, 20 de aqua cottidiana et aestiva l. 3 § 4 259
43, 24 quod vi aut clam l. 1 pr. § 1 361
l. 1 § 6 363
l. 4 146
l. 11 § 14 364
l. 16 pr. § 2 365
l. 20 § 5 362
43, 26 de precario l. 1 pr. — § 3 534
l. 6 § 2 319
l. 15 § 4 320
43, 27 de arboribus caedendis l. 1 § 7 274
43, 31 utrubi l. 1 368

Digesta.

44, 1 de exceptionibus praescriptionibus et praeiudiciis l. 2 § 1 ..... N . 238
l. 7 pr. 232
l. 19 703
44, 2 de exceptione rei iudicatae l. 1 252
l. 3 250
l. 11 § 10 253
l. 30 § 1 434
44, 3 de diversis temporalibus praescriptionibus et de accessionibus posessionum l. 2 141
l. 15 pr. 136
44, 4 de doli mali et metus exceptione l. 2 § 2 233
l. 2 § 5 235
l. 4 § 28 989
l. 4 § 33 234
l. 5 § 6 258
l. 8 760
l. 12 237
44, 7 de obligationibus et actionibus l. 1 § 2 524
l. 3 pr. 444
l. 3 § 2 154
l. 5 § 6 619
l. 6 139
l. 8 181
l. 17 778
l. 19 777
l. 21 472
l. 25 pr. 230
l. 25 § 2 227
l. 51 39
l. 55 284
l. 58 (59) 492
45, 1 de verborum obligationibus l. 5 268
l. 7 171
l. 8 517
l. 38 § 9 271
l. 61 520
l. 69 515
l. 72 pr. 446
l. 74 448
l. 77 516
l. 80 208
l. 82 § 2 242
l. 83 § 5 120
l. 88 707
l. 91 § 3 473

Digesta.

45, 1 de verborum obligationibus l. 100 .... Nr. 169
l. 114 479
l. 121 § 1 176
l. 134 § 2 512
l. 137 § 4 475
l. 138 § 1 450
45, 2 de duobus reis constituendis l. 9 pr. 713
l. 9 § 2 714
l. 10 719
l. 18 716
45, 3 de stipulatione servorum l. 5 100
l. 28 § 4 879
46, 1 de fideiussoribus et mandatoribus l. 8 § 7 702
l. 10 pr. § 1 706
l. 16 § 4 488
l. 22 82
l. 36 704
46, 2 de novationibus et delegationibus l. 1 pr. § 1 743
l. 2 744
l. 8 § 5 745
l. 9 § 1 170
l. 11 pr. 687
l. 27 689
46, 3 de solutionibus et liberationibus l. 1 733
l. 12 pr. 729
l. 12 § 4 730
l. 14 § 8 731
l. 15 732
l. 17 727
l. 20 726
l. 34 § 3 197
l. 43 411
l. 46 pr. 741
l. 51 198
l. 72 pr. 486
l. 75 775
l. 79 325
l. 80 724
l. 95 § 3 708
l. 95 § 4 769
46, 4 de acceptilatione l. 7 766
l. 8 § 3 764
l. 18 § 1 768
l. 19 § 1 767
46, 5 de stipulationibus praetoriis l. 1 pr. 267

Digesta.

47, 2 de furtis l. 1 § 3 .... Ir. 645
l. 12 § 1 655
l. 14 § 16 654
l. 15 §§ 1. 2 651
l. 50 § 3 656
l. 55 (57) § 1 648
l. 83 pr. 647
47, 4 si is qui testamento liber esse iussus erit, post mortem domini ate aditam hereditatem subripuisse aut corrupisse quid dicetur l. 1 § 15 877
47, 8 vi bonorum raptorum et de turba l. 2 pr. 669
l. 2 § 7 670
l. 2 § 24 671
47, 10 de iniuriis et famosis libellis l. 3 §§ 1. 2 672
l. 13 § 7 122
47, 11 de extraordinariis criminibus l. 4 50
47, 19 expilatae hereditatis l. 6 878
47, 22 de collegiis et corporibus l. 3 § 1 88
l. 4 87
48, 7 ad legem Iuliam de vi privata l. 7 223
48, 16 ad senatus consultum Turpillianum et de abolitionibus l. 1 § 11.. 845
49, 14 de iure fisci l. 1 §§ 1. 2 953
l. 11 36
l. 46 § 5 759
49, 17 de castrensi peculio l. 2 823
l. 11 822
50, 1 ad municipalem et de incolis l. 6 § 2 34
l. 21 § 4 800
l. 23 § 1 32
l. 27 § 2 30
l. 38 § 3 33
50, 8 de administratione rerum ad civitates pertinentium l. 2 § 1 156
50, 12 de pollicitationibus l. 2 pr. § 1 504
l. 3 pr. 502
l. 7 503
50, 13 de variis et extraordinariis cognitionibus et si iudex litem suam fecise dicetur l. 1 pr.; § 1 566
l. 1 §§ 4; 5 567
l. 5 § 1 70
l. 6 674
50, 16 de verborum significatione l. 5 § 1 560
l. 25 § 1 101
l. 28 pr. 125
l. 39 § 1 37
l. 49 35
l. 67 pr. 126

Digesta.

50, 16 de verborum significatione l. 79 .... Nr. 344
l. 85 90
l. 86 390
l. 98 130
l. 120 954
l. 134 131
l. 151 871
l. 156 370
l. 213 pr. 190
l. 213 § 2 217
l. 219 204
l. 231 52
l. 238 § 2 409
l. 242 § 1 396
50, 17 de diversis regulis iuris antiqui l. 7 875
l. 23 463
l. 25 410
l. 29 202
l. 34 203
l. 35 723
l. 38 643
l. 45 pr. 433
l. 53 630
l. 55 40
l. 59 870
l. 62 869
l. 67 209
l. 73 pr. 836
l. 73 § 1 833
l. 77 164
l. 82 604
l. 101 140
l. 110 pr. 159
l. 112 722
l. 138 pr. 882
l. 142 152
l. 153 335
l. 161 183
l. 167 § 1 214
l. 173 pr. 607
l. 173 § 2 718
l. 173 § 3 760
l. 193 880
l. 196 20
l. 203 470

Digesta.

50, 17 de divers s regulis iur s antiqui l. 206 ... Nr. 620
l. 207 ... 249

Pomponius Festus, De verborum significatu.

s. v. nuncupata p. 173 ed. O. Müller ... 508
s. v. possessio p. 233 ed. O. Müller ... 314

Fragmentum de iure fisci.

§ 8 ... 244

Fragmenta Vaticana.

§ 158 ... 843
§ 260 ... 821
§ 263 ... 123
§ 266 ... 627
§ 283 ... 193
§ 329 ... 165

Gai Institutiones.

1, 55 ... 811
97—102 ... 812
104 ... 813
130—132 ... 817
144 ... 57
156 ... 79
185 ... 839
190 ... 57
2, 2; 3; 8—11 ... 119
20 ... 286
29—33 ... 397
38. 39. ... 680
40. 41 ... 272
63 ... 802
99 ... 872
102—104 ... 898
114 ... 894
117 ... 917
145. 146 ... 931
151 ... 935
157 ... 966
179. 180 ... 928
194 ... 1052
200 ... 1051
204 ... 1053
221. 222 ... 1054
229 ... 915

Gai Institutiones.

244. 245 .... Nr. 1059
252 991
261 1034
270 a 1025
3, 12 945
78. 79 734
85—87 988
88. 89 499
91 623
92. 93 510
95 a. 96 500
98 173
107 64
109 64
115. 116 700
121. 122 705
128—134 521
160 199
168 740
169 765
173. 174 763
176—179 688
182 642
195 646
197 652
200 650
203 653
220—222 673
4, 34 890
35 735
52 675
62 229
63 749
69—73 690
77. 78 698
114 239
144 891
145 736
148 313
152 369
153 317
182 72

Iustiniani Institutiones.

1, 2 de iure naturali et gentium et civili § 9 5

Iustiniani Institutiones.

1. 10 de nuptiis § 12 Nr. 76
1, 11 de adoptionibus § 4 816
§ 10 813
1, 13 de tutelis § 1 830
1, 25 de excusationibus pr. 831
§ 16 842
1, 26 de suspectis tutoribus et curatoribus pr. § 1 844
2, 1 de rerum divisione § 1 109
§ 3 111
§ 5 110
§ 12 298
§ 25 299
§ 29 301
§ 35 309
§ 41 291
2, 4 de usu fructu pr. 383
§ 2 387
§ 3 400
2, 7 de donationibus § 1 1067
2, 10 de testamentis ordinandis § 6 897
§§ 10. 11 901
2. 14 de heredibus instituendis pr. 920
§ 5 874
§ 9 925
§ 10 174
2, 16 de pupillari substitutione § 2 928
§ 5 929
2, 17 quibus modis testamenta infirmantur §§ 4. 5 931
§ 7 936
2, 19 de heredum qualitate et differentia § 2 966
§ 7 969
2. 20 de legatis § 4 1037
§ 6 779
§ 14 1044
§ 21 1043
§ 22 1038
§ 24 1021
2, 22 de lege Falcidia pr. 1035
2, 23 de fideicommissariis hereditatibus § 1 1029
§ 12 1032
2, 25 de codicillis § 2 909
3, 1 de hereditatibus quae ab intestato deferuntur pr. 939
§ 7 940
3. 2 de legitima adgnatorum successione § 6 942
3. 3 de senatus consulto Tertulliano § 2 950

Iustiniani Institutiones.

3, 4 de senatus consulto O fitiano pr. .... Nr. 951
3, 9 de bonorum possessionibus § 2 886
3, 12 de successionibus sublatis, quae fiebant per bonorum venditionem et ex senatus consulto Claudiano pr. 737
3, 13 de obligationibus pr. 443
3, 14 quibus modis re contrahitur obligatio § 1 623
3, 15 de verborum obligatione § 6 168
3, 16 de duobus reis stipulandi et promittendi pr. § 1 712
3, 19 de inutilibus stipulationibus § 11 172
§ 12 513
3, 20 de fideiussoribus § 4 705
3, 21 de litterarum obligatione 523
3, 23 de emptione et venditione pr. 537
3, 25 de societate § 2 582
3, 29 quibus modis obligatio tollitur pr. 740
§ 2 768
§ 4 771
4, 1 de obligationibus quae ex delicto nascuntur § 6 646
§ 7 652
§ 10 650
§§ 11. 12 657
4, 5 de obligationibus quae quasi ex delicto nascuntur § 3 619
4, 6 de actionibus § 2 342
§ 6 739
§ 28 228
§ 30 750
§ 33 d 449
4. 7 quod cum eo qui in aliena potestate est negotium gestm esse dicitur pr.—§ 1 690
4, 8 de noxalibus actionibus §§ 5. 6 698
4, 13 de exceptionibus §§ 8—11 231
4, 15 de interdictis § 3 891
§ 4 [a] 371

Lex duodecim tabularum ed. Schoell.

5, 4; 5 943
6, 3 294
6, 7 302
8, 22 71

Novellae Iustiniani.

118 de heredibus ab intestato venientibus et de agnatorum ire sublato c. 5 838

Pauli Sententiarum libri quinque.

1, 7 de integri restitutione § 2 262

Pauli Sententiarum libri quinque.

2, 8 de institoribus .... Nr. 693
2, 9 de in rem verso 694
2, 14 de usuris § 2 458
§ 3 530
2, 18 de locato et conducto § 1 558
2, 22 de pactis inter virum et uxorem § 2 514
3, 4 A de testamentis § 7 69
4, 8 de intestatorum successione § 20 (22) 944
5, 2 de usucapione § 2 196
5, 11 de donationibus § 5 609
§ 6 605

Pomponii fragmentum.

ex libro singulari regularum (*Iurispr. Anteiust.*[a] *p. 96*) 394

Ulpiani liber singularis regularum.

tit. 1 § 1—2 3
tit. 6 de dotibus § 1—9 794
§ 2 501
tit. 7 de iure donationum inter virum et uxorem § 1 808
tit. 11 de tutelis § 14 832
§ 26 856
§ 28 60
tit. 15 de decimis 983
tit. 16 de solidi capacitate inter virum et uxorem §§ 1—2 984
tit. 17 de caducis §§ 1—3 1002
tit. 18 qui habeant ius antiquum in caducis 1003
tit. 19 de dominiis et adquisitionibus rerum § 7 285
§ 8 293
tit. 20 de testamentis § 1 892
§ 7 921
§ 12 895
tit. 22 qui heredes institui possunt § 1 896
§ 4 922
§ 14 955
§§ 27. 28 971
§§ 31. 32 972
tit. 23 quemadmodum testamenta rumpuntur § 3 956
§ 10 907
tit. 24 de legatis §§ 1—11 1020
§ 11[a] 1027
§ 17 1023
§ 18 1022
§§ 20. 21 1026
§ 25 1063

Ulpiani liber singularis regularum.

tit. 24 de legatis § 28 .... Nr. 91
§ 29 1060
§ 31 1047
tit. 25 de fideicommissis § 1 1028
§ 12 1030
§§ 14—16 1065
tit. 28 de possessionibus dandis § 6 900
§ 7 952
§ 13 887

Valerius Maximus, Factorum et dictorum memorabilium libri IX.

8, 2, 2 522

Terentius Varro, De lingua latina.

7, 105 509

Wörterbuch.[1])

abhinc von jetzt ab, vor.
abicere wegwerfen, verschleudern.
abigere (partum) sich die Leibesfrucht abtreiben.
abire fortgehen, von etwas abgehen, etwas aufgeben (societate). abit res ab aliquo die Sache wird jemandem entzogen.
abolere abschaffen.
abrogare abschaffen.
abscidere abschneiden, entscheiden.
absimilis unähnlich.
absolvere freisprechen, vollenden.
absque ohne.
abstinere sich enthalten.
absumere vernichten, verzehren.
absurdus abgeschmackt.
abunde im Überfluß.
abusio Mißbrauch. per abusionem mißbräuchlich.
abusus Mißbrauch.
abuti mißbrauchen.
ac, atque und; nach vergleichenden Ausdrücken (aeque, perinde, proinde): wie.
acceptilatio Schulderlaß.
acceptum ferre als empfangen eintragen, die Schuld erlassen.
accessio Nebensache, Nebenverpflichtung.
accipere annehmen, entnehmen, verstehen. accipere iudicium die Klage entgegennehmen, sich auf den Streit einlassen, insbesondere auf seiten des Beklagten die Litiskontestation vollziehen. post iudicium acceptum nach vollzogener Litiskontestation.
accommodare gewähren.
acescere sauer werden.
acetum Weinessig.
acies eigentl.: Schärfe: übertragen: Schlachtreihe, Schlacht.
accrescere, adcrescere hinzuwachsen, hinzukommen, anwachsen.
acta die Akten.
actio Klage.
actor Kläger, Geschäftsführer.
actus 1. Handlung, Rechtsgeschäft Geschäftsführung — 2. Recht, das Vieh zu treiben, Viehtrift.
addicere zusprechen: in publicum addicere enteignen.
addictio das Zusprechen, der Zuschlag. in diem addictio Zuschlag unter Vorbehalt eines besseren Angebots innerhalb einer bestimmten Frist.
adeo so sehr.
adeptio Erlangung.
adfinis verschwägert.
adfinitas Schwägerschaft.
adfirmator Bestätiger.
adgnoscere anerkennen, annehmen.
adhibere hinzuziehen.
adhuc noch; ferner, außerdem.
adicere hinzufügen.
adimere wegnehmen, widerrufen.
adimplere erfüllen. fidem adimpl. sein Wort halten.
adire herangehen; aliquem jemanden angehen, sich an jemand wenden.
adire hereditatem die Erbschaft antreten.
aditio das Angehen, Anrufen. aditio hereditatis Antritt der Erbschaft.
adiungere hinzufügen.
adiutorium Unterstützung, Beihilfe.
admetiri zumessen.
adminiculum Unterstützung, Aushülfe.
administrare verwalten.
admittere 1. zulassen — 2. begehen.
adnumerare zuzählen, auszahlen, zu rechnen.
adoptare an Kindesstatt annehmen.
adoptio Annahme an Kindesstatt.
adprehendere ergreifen, erlangen.
adpromissor Nebenverpflichteter.
adquiescere sich bei etwas beruhigen.
adquirere erwerben.
adrogare in der Volksversammlung adoptieren.
adrogatio Annahme an Kindesstatt in der Volksversammlung.

[1]) kan. bedeutet, daß das betreffende Wort überhaupt oder doch in dieser Bedeutung nur in den Quellen des kanonischen Rechtes vorkommt.

adrogator der Adoptivvater.
adsectari beständig hinter jemand hergehen, auf Schritt und Tritt begleiten.
adsequi erlangen.
adserere behaupten, in Anspruch nehmen
adsidue beständig.
adsiduus ständig.
adstringere verstricken, verpflichten.
adsumere annehmen.
adterere abnützen.
adulterium Ehebruch.
adventicius von dritter Seite (nicht vom Aszendenten) her stammend.
adversarius Gegner.
advocatus Rechtsbeistand, Anwalt.
aedes Singular: Tempel (in der späteren Kaiserzeit Kirche). — Plural: Gebäude, Privatgebäude.
aedilis ein römischer Beamter, der hauptsächlich die städtische Polizei verwaltete.
aeger krank.
aenigma Rätsel.
aequaliter gleichermaßen.
aeque in gleicher Weise, gleichwohl (vgl. ὅμως).
aequitas Billigkeit.
aequus gleich, billig.
aer Luft.
aes Kupfer, Geld. aes alienum Schulden.
aestimare abschätzen. actio de aestimato Klage aus dem Trödelvertrag.
aestimatio Abschätzung, Schätzungssumme.
affectare erstreben.
affectio Absicht.
affectus Absicht, Wille.
agere 1. handeln, vornehmen. aliquid agere eine Wirkung hervorbringen. nihil agere keine Wirkung hervorbringen, nichtig, unwirksam handeln. — 2. beabsichtigen. — 3. klagen. actum est es ist Litiskontestation geschlossen. agere cum aliquo gegen jemand klagen, jemanden beklagen. is cum quo agitur = der Beklagte. — 4. treiben (Vieh).
agnatio Verwandtschaft durch Personen männlichen Geschlechts, zivile Verwandtschaft. Gegens. cognatio.
agnatus verwandt durch Personen männlichen Geschlechts.
agnoscere anerkennen.
agricultor Landbauer.
alea Würfel, Würfelspiel, Spekulation.
alere ernähren, unterhalten.
alias zu andrer Zeit, sonst; auch: auf andere Weise. non alias — quam nur dann, wenn.
alienare veräußern.
alienus 1. einem andern gehörend. — 2. unangemessen.
alimentum Nahrung, Unterhalt.
alioquin sonst, dagegen.
aliquamdiu eine Zeit lang.
aliquando einst, dereinst, bisweilen.
aliquatenus bis zu einem gewissen Grade.
aliquo irgend wohin. aliquo loci an irgend einem Orte.
allegare anführen, nachweisen.
allegatio Behauptung, Einwand.
alluvio Anschwemmung.
alteruter der eine von beiden.
alveus Becken, Flußbett.
ambages Umschweife, Weitläufigkeiten.
ambigere zweifeln.
ambiguitas Zweifel, Zweideutigkeit.
ambiguus zweideutig.
ambulatorius wandelbar.
amita Vatersschwester, Tante.
amittere verlieren.
amoenus schön, lieblich.
amovere wegschaffen.
amphora ein Hohlmaß für flüssige Körper, Tonne.
ampliare vergrößern, vermehren.
amplitudo Größe, Umfang.
amputare wegschneiden, beseitigen.
anchora Anker.
ancilla Sklavin.
angustus eng.
animadvertere bemerken, beobachten, untersuchen.
animosus leidenschaftlich.
animus Geist, Absicht, Wille.
anniculus ein Jahr alt.
annonarius auf die Getreideversorgung, Proviantierung bezüglich.
annuus einjährig.
anteferre vorziehen.
aper Eber.
aperte offen, offenkundig, deutlich.
apisci erlangen.
apocha Empfangsbescheinigung, Quittung.
apparere sich zeigen, erscheinen, offenkundig sein.
appellare nennen, Berufung einlegen.
appellatio 1. Bezeichnung. — 2. Berufung.
appellere navem das Schiff anlegen.
applicare hinzufügen, beigesellen.
approbare beweisen.
aptus angemessen, geeignet.
aquaeductus Wasserleitung.

arbiter Schiedsrichter, Richter.
arbitratus Ermessen.
arbitrium Ermessen, Entscheidung.
arbustum Rebengelände.
arca Kiste, Kasse.
arcarius zur Kasse gehörig. nomen arcarium Buchungsposten.
arcere abhalten.
area unbebautes Grundstück.
argentum Silber.
arguere beschuldigen.
argumentum Beweisgrund.
armare ausrüsten.
armarium Schrank.
armentum Rinderherde, Rindvieh.
arra Draufgabe.
articulus Glied, Satzglied, Unterabteilung.
artifex Handwerker, Techniker, Künstler, Sachverständiger.
as eine Münze, ursprünglich ein Pfund Kupfer (aes grave), später = 1/10 Denar, zuletzt, seit 217 v. Chr., 1/16 Denar, etwa 5 Pfennige unseres Geldwertes. — In der Erbschaftsrechnung: das Ganze.
asperitas Rauheit, Strenge.
atque si wie wenn.
atquin nun aber.
atriensis Flurfeger, Hausdiener.
atrox heftig, schwer.
attamen doch, dennoch.
attingere berühren.
auctor 1. Urheber, Rechtsverschaffer, Veranlasser. auctor in fieri einem Rechtsgeschäft das Vollwort erteilen, es genehmigen.—2. Schriftsteller, Lehrer.
auctoritas 1. Ansehen. — 2. auctoritas tutoris Vollwort des Vormunds. — 3. auctoritas senatus Gutachten des Senats, auch ungültiger Senatsbeschluß. — 4. Gewährschaftsverpflichtung bei Übertragung des Eigentums.
aucupari Vögel fangen.
auditorium Verhandlungssaal.
auferre wegnehmen, stehlen.
auris Ohr.
aurum Gold.
auxilium Hülfe, Rechtsmittel.
avellere wegreißen, wegnehmen.
avitus von den Ahnen ererbt, altangestammt.
avocare abrufen, wegnehmen.
avunculus Mutterbruder, Oheim.
avus Großvater.

balbutire stammeln.
balneum Bad, Badeanstalt.
balniator Badediener.
basilica Halle.
beneficium Wohltat, Rechtswohltat, Privileg, kan. das mit dem Priesteramte verbundene Einkommen, die Pfründe.
bes, Gen. bessis zwei Drittel.
biennium Zeitraum von zwei Jahren.
bimus zweijährig.
bisextum oder bissextum Schalttag (d. 24. Februar).
blandiri schmeicheln.
bonum das Gut, das Beste; bono publico zum allgemeinen Besten.
bos Rind.
bona die Gesamtheit der Lebensgüter, das Vermögen. in bonis habere im bonitarischen Eigentum haben.
bonorum possessio prätorische Erbfolge.

cadere fallen. cadere in aliquo jemanden befallen.
caducus hinfällig. caducum letztwillige Zuwendung, die der Bedachte nicht erwerben kann.
caelum Himmel, Luft, Klima.
calare berufen. calata comitia die Versammlung der Curien, in welcher Testamente errichtet werden konnten, vermutlich am 24. März und 24. Mai jedes Jahres.
calendae, kalendae der erste eines Monats.
callide schlau, hinterlistig.
calliditas Schlauheit.
calumnia Verleumdung, Schikane.
calx Kalk.
capax fähig, insbes. fähig, aus einem Testament etwas zu erwerben.
capere nehmen, fangen, erwerben, täuschen, betrügen.
captare nach etwas haschen, erschleichen
captio Falle, Fangnetz, Betrug.
captiosus schädlich, Verderben bringend.
captus, us der Fang.
caput Haupt, Rechtsstellung, Kapitel. capite minui oder deminui eine Minderung der Rechtsstellung erleiden. capitis minutio oder deminutio Minderung der Rechtsstellung.
carere entbehren, frei sein.
carnaliter fleischlich (kan.).
caro Fleisch.
casa Hütte, Haus.
castrensis zum Lager gehörig. castrense peculium das Sondergut des Soldaten.
casus Fall, Zufall.
caupo Gastwirt.
caupona Gasthof, Gastwirtschaft, Kneipe.

causa Grund, Rechtsverhältnis, Rechtslage, Sachlage, Prozeß. causa cognita nach Untersuchung der Sachlage.
cautela Verpflichtung, Schuldschein.
cautio Sicherheitsleistung, Schuldschein, Quittung.
cautionalis zur Sicherung von Ansprüchen bestimmt.
cavea Sitzraum im Theater.
cavere Sicherheit leisten, einen Schuldschein ausstellen, sich Quittung geben lassen; bestimmen.
cedere 1. weichen. tempus cedit die Frist läuft. dies legati cedit der Fälligkeitstermin des Vermächtnisses tritt ein, das Vermächtnis fällt an, d. h. das Recht auf das Vermächtnis wird erworben. — 2. abtreten. in iure cedere vor dem Gerichtsmagistrat durch feierlichen Akt ein Recht abtreten. — 3. cedere alicui rei (superficies solo cedit) Bestandteil einer Sache werden.
celebrare feiern, anstellen, vollziehen.
cella Gelaß, Keller. cella vinaria Weinkeller.
cena Gastmahl.
censitor Steuereinschätzer.
cera Wachs.
certare streiten, wetteifern.
certiorare benachrichtigen.
cessare säumen, aufhören, keine Anwendung finden.
cessio 1. Abtretung, Abtretungsurkunde. in iure cessio Abtretung vor dem Gerichtsmagistrat. — 2. cessio diei Eintritt eines Termins, Ablauf einer Frist.
ceterum übrigens, aber.
chirografum, chirographum Handschrift, handschriftliche Schuldverschreibung.
cicatrix Narbe.
circa um herum, in betreff.
circumambulare umwandeln.
circumscribere übers Ohr hauen, übervorteilen.
circumscriptio Übervorteilung, Begaunerung.
circumvenire hintergehen, übervorteilen.
citatus reißend.
citra diesseits, ohne.
civiliter nach dem Zivilrecht; rücksichtsvoll, maßvoll.
civitas Bürgerschaft, Bürgerrecht, Ortsgemeinde, Stadtgemeinde.
clam heimlich, hinter dem Rücken.
clavis Schlüssel.
clavus Purpurstreifen an Toga oder Tunica. latus clavus der breite Purpurstreifen an der Tunica des Senators.
clipeus Schild.
cloaca Schmutzwasserleitung, Entwässerung.
coadunare vereinigen.
coalescere zusammenwachsen.
coangustare einengen.
coartare einengen, zwingen.
codicillus meist im Plural gebraucht: codicilli, letztwillige Verfügung ohne Erbeseinsetzung.
coemere zusammenkaufen, kaufen.
coercere 1. im Zaume halten, zügeln, züchtigen, bestrafen. — 2. beschneiden.
cogere zusammenbringen, zwingen.
cogitatio Absicht.
cognatio Blutsverwandtschaft, natürliche Verwandtschaft. Gegensatz: agnatio.
cognatus der Blutsverwandte, Gegens. agnatus.
cognitor Prozeßvertreter.
cognitorius den Cognitor betreffend.
cognoscere erkennen, untersuchen. — (kan.) beschlafen.
cohaerere zusammenhängen.
coheres Miterbe.
cohibere einschränken.
coire zusammentreten, sich vereinigen, sich begatten; gemeinsam begründen (societatem, negotiationem).
coitus Begattung, Zeugungsakt.
colere bebauen.
collegium Korporation, Zunft, Gilde.
colligare zusammenbinden, anknüpfen.
collocare setzen, stellen, anlegen (pecuniam). se collocare sich niederlassen. in matrimonio collocare zur Ehe geben, verheiraten.
colluctatio Ringkampf.
collyrium Salbe.
colonus 1. Pächter. — 2. Bürger einer colonia.
color Farbe, Vorwand.
columna Säule.
comes Begleiter, Graf.
commeare gehen, kommen.
commendare empfehlen, anpreisen, zur Verwahrung anvertrauen.
commendatio Empfehlung.
commercium Rechtsverkehr, Fähigkeit zum Rechtsverkehr. commercium libidinis unerlaubter Geschlechtsverkehr.
commilito Kame ad.

commissoria lex Verwirkungsklausel bei Kauf und Pfandvertrag.
committere 1. begehen. — 2. anvertrauen, zulassen, erlauben. — 3. zur Fälligkeit bringen. stipulatio committitur die Stipulation wird fällig. committere edictum bewirken, daß das Edikt zur Anwendung gelangt.
commodare leihen.
commodatum Leihe, Leihvertrag.
commode bequem.
commodum Vorteil.
commodus bequem, angemessen, vorteilhaft.
commorari sich aufhalten.
communicare gemeinsam machen, verteilen.
communio Gemeinschaft.
communis gemeinsam, im Eigentum mehrerer stehend. communi dividundo iudicium Teilungsklage. ius commune das allgemeine, für alle geltende Recht. Gegensatz: ius singulare. Auch gewöhnlich, ordentlich. auxilium commune das ordentliche Rechtsmittel im Gegensatz zum auxilium extraordinarium, der Restitutio in integrum.
communiter von Gemeinschafts wegen, im gemeinschaftlichen Interesse.
compages Zusammenfügung.
comparare bereiten, anschaffen, kaufen.
comparatio Anschaffung, Erwerb.
compellere zwingen.
compendium Vorteil, Gewinn.
compensare gegeneinander abwägen, ausgleichen, aufrechnen.
compensatio Ausgleichung, Aufrechnung.
competere zustehen, gebühren.
complere erfüllen, vollenden.
completio Erfüllung.
componere zur Ruhe bringen.
comprehendere einbegreifen, zusammen fassen.
comprimere zusammendrücken, einengen.
compromissum Schiedsvertrag.
computare rechnen, berechnen.
computatio Berechnung.
conamen Versuch, Unterfangen.
concapes (?) Zusammenfügung.
concedere erlauben, einräumen.
conceptio Abfassung, Feststellung des Wortlauts, Formulierung.
concīdere zerschneiden.
concipere 1. den Wortlaut festsetzen. — 2. im Mutterleib empfangen.
conclave Zimmer.
concubina Beischläferin, weibliche Person, mit der jemand in außerehelicher Geschlechtsgemeinschaft lebt.
concubinatus außereheliche, aber monogamische Verbindung zwischen Mann und Frau.
concubitus Beiwohnung.
concumbere cum aliqua persona den Beischlaf ausüben.
concurrere zusammentreffen.
condere einsammeln, aufspeichern.
condere bergen, begründen.
condīcere zurückfordern.
condicio Bedingung, Rechtslage, Lage, Möglichkeit, Angebot, Heiratsgelegenheit.
condicionalis bedingt.
condictio Rückforderungsklage.
condigne (kan.) in angemessener Weise.
conditor Gründer.
conducere mieten, pachten.
conductor Mieter, Pächter.
conectere verknüpfen, verbinden.
conferre zusammentragen, übertragen (institutionem), zuwenden, beisteuern, einwerfen; se conferre sich begeben.
confessio Geständnis, Anerkenntnis.
confessorius behauptend.
confestim sofort.
conficere anfertigen.
confinis Grenznachbar.
confinium Grenze.
confirmare bekräftigen, bestätigen.
conflare schmelzen.
confringere umbrechen.
confundere zusammengießen, verschmelzen, vereinigen.
confusio Vermischung, Vereinigung, Verwirrung.
connumerare mitzählen, hinzuzählen.
consanguineus blutsverwandt, vom selben Vater gezeugt.
conscribere niederschreiben, abfassen.
consensus Übereinstimmung, Einigung, Einwilligung.
consentire übereinstimmen, sich einigen, einwilligen.
consequens folgerichtig.
consequentia Folgerung, Analogie.
consequi erreichen, einholen.
conserere (Perf. conserui Nr. 41) säen, pflanzen.
consignare versiegeln.
consilium Rat.
consistere bestehen, zustande kommen
consolidatio Vereinigung eines dinglichen Rechtes mit dem Eigentum.
consortium Gemeinschaft.

conspectus Angesicht, Gesichtskreis.
constans charakterfest.
constare bestehen, feststehen, bekannt sein.
constituere begründen, einführen, festsetzen, bestimmen, versprechen. constitutus seiend, befindlich (καθεστώς).
consuetudo Gewohnheit, Gewohnheitsrecht. (geschlechtlicher) Umgang, Verkehr.
consulere aliquem um Rat fragen. alicui für jemand sorgen.
consulto absichtlich, freiwillig.
consumere verzehren, vertilgen, vernichten.
consummare vollenden.
consummatio Vollendung.
contagio Ansteckung.
contemplatio Betrachtung. contemplatione mit Rücksicht.
contendere sich anstrengen, bemühen; behaupten; streiten.
contentiosus streitsüchtig.
conterrere in Schrecken setzen.
contestari sich bezeugen lassen. litem contestari den Streit befestigen, im Formularprozeß durch Einigung des Klägers mit dem Beklagten über den Wortlaut der Formel und Erteilung derselben an die Parteien durch den Prätor.
contestatio Bezeugung, Akt vor Zeugen. litis contestatio Streitbefestigung.
contextus Zusammenhang.
continens zusammenhängend. in continenti in unmittelbarem Zusammenhang, sofort.
continere enthalten.
contingere (sich) berühren.
continuatio Fortsetzung.
continuo sofort.
continuus ununterbrochen, zusammenhängend.
contractare s. contrectare.
contractus der für beide Teile verbindliche und klagbare Vertrag des Zivilrechts.
contrahere abschließen.
contrarius entgegengesetzt. in, per contrarium, e contrario umgekehrt.
contrectare, contractare etwas anrühren, sich mit etwas befassen.
contrectatio Berührung, das Sichbefassen mit etwas.
contributio Verteilung, Ausgleichung.
controversia Rechtsstreit. controversiam movere einen Rechtsstreit anfangen.
contumelia Beleidigung, Schimpf.
conturbare verwirren.
convalescere gesund werden, fehlerlos, gültig werden.
convenienter übereinstimmend.
convenire 1. zusammenkommen. — 2. unpersönlich: convenit inter aliquos oder cum aliquo übereinkommen, sich einigen. — 3. transitiv: convenire aliquem belangen. — 4. convenit (alicui) es geziemt sich, gehört sich.
conventio Verabredung, Abmachung, Vertrag.
conventionalis auf Privatvertrag beruhend.
conversus verkehrt.
convicium Schimpfwort, Schmähung.
copia Möglichkeit, Zugang, Zutritt.
copula carnalis (kan.) das fleischliche Band der Ehe.
copulare verbinden.
corporaliter körperlich.
corradere abkratzen.
corruere zusammenstürzen.
corrumpere verderben, zerstören.
corpus 1. körperlicher Gegenstand, Objekt. — 2. Korporation mit den Rechten einer juristischen Person.
cotidianus, quotidianus täglich.
credere 1. glauben. — 2. ein Darlehn, Kredit gewähren.
creditor Gläubiger.
creditum Darlehn.
cretio feierliche, förmliche Erklärung, die Erbschaft antreten zu wollen.
cubiculum Schlafgemach.
culpa Verschulden, Fahrlässigkeit.
cultura Bodenpflege.
cunabula Wiege, Ursprung.
cunctari zaudern, zögern.
cura 1. Sorge, Bemühung. — 2. Pflegschaft.
curatio Besorgung, Pflege, Heilung, Pflegschaft.
curator Pfleger.
curiosus sorgfältig.
custodela Obhut, Gewahrsam.
custodia Bewachung, Gewahrsam. Haftung für niederen casus.
custodire bewachen, beobachten.

damnare verurteilen, dem Erben im Testament eine Verpflichtung auferlegen.
damnas verpflichtet.
damnosus schadenbringend.
damnum Schaden, Verlust.
datio Hingabe.
debere müssen, schuldig sein.
debitor Schuldner.

debitum Schuld.
decedere ausscheiden, sterben
decerpere abpflücken.
decidere entscheiden.
decipere täuschen, enttäuschen.
decisio Entscheidung.
declinare abweichen, vermeiden, entgehen.
decretum Entscheidung.
decuria organisierte Abteilung einer Beamtenschaft.
decurio Mitglied des ordo decurionum, des Stadtrates.
decus Schmuck.
dedicare weihen.
deditio Übergabe, Auslieferung.
deducere 1. abziehen. — 2. überleiten, überführen, bringen.
deesse fehlen.
defendere verteidigen.
defensor Prozeßvertreter des Verklagten.
deferre antragen (hereditatem), zuschieben (ius iurandum).
deficere ausfallen, von der Bedingung gesagt. schwach werden, sterben.
definire abgrenzen, eine Begriffsbestimmung geben.
definitio Begriffsbestimmung.
deformitas Entstellung.
defunctorie vorübergehend, nebenbei.
defungi sterben.
degere zubringen, sich aufhalten.
dehonestare entehren, schänden.
deicere herabwerfen, umwerfen, aus dem Besitze vertreiben.
delegare überweisen, anweisen.
delegatio Überweisung, Anweisung.
delibatio Schmälerung.
deliberare überlegen.
delictum Vergehen, Rechtsverletzung, Zivilunrecht.
demens verrückt.
demerere verdienen.
deminuere vermindern, verschlechtern.
demolire niederwerfen, zerstören.
demonstrare zeigen, bezeichnen, nachweisen.
demori sterben.
denarius Silbermünze, etwa 80 Pfennige unseres Geldwertes.
denegare versagen, verweigern, abschlagen.
denique endlich, demgemäß.
depellere wegtreiben, abwehren.
deperire umkommen, zugrunde gehen, sterben.
deponere zur Aufbewahrung geben, hinterlegen.
depositio Niederlegung, Hinterlegung; Angabe, Erklärung.
depositum Verwahrung, Hinterlegung.
depraedari ausplündern.
deprehendere ergreifen, ertappen, abfassen.
derelinquere im Stich lassen, aufgeben.
deridere verlachen, verspotten.
derogare abschaffen.
descendere herabsteigen, herrühren, sich herleiten, abstammen.
describere abschreiben. descriptum Abschrift.
desecare abschneiden.
deserere im Stiche lassen.
deservire dienen.
desiderare verlangen.
desidia Faulheit, Müßiggang, Nichtstun.
desinere aufhören. desinere possidere sich des Besitzes entäußern.
desponsare (kan.) sich verloben.
destinare bestimmen, beabsichtigen.
destinatio Bestimmung, Absicht.
destituere im Stich lassen. testamentum destitutum ein Testament, aus dem niemand Erbe geworden ist.
destrictus entschieden.
desuetudo Nichtgebrauch.
detegere aufdecken, enthüllen, von der Hülse befreien.
deterior schlechter.
detinere festhalten, behaupten, innehaben.
detrahere abziehen, wegnehmen.
detrimentum Schade.
deunx elf Zwölftel.
dextans zehn Zwölftel.
dicare weihen.
dicis causa, gratia zum Schein, der Form halber.
dictare laut sagen, diktieren.
dies Tag, Termin, Frist.
differentia Unterschied.
differre sich unterscheiden, aufschieben.
digitus Finger.
dilabi auseinanderfallen.
dilacerare verschleudern.
dilapidare verschleudern.
dilatare ausdehnen.
dilatio Aufschub.
dilatorius aufschiebend.
diligentia Sorgfalt.
dimidiare halbieren.
dimittere entlassen. dimittere creditorem einen Gläubiger abfinden.
dirimere trennen, schlichten (litem).
diruere zerstören.
discrepare sich unterscheiden.

discretio Unterscheidung, Trennung.
discutere trennen, auflösen.
dispendium Nachteil, Schaden.
dispensator Auszahler, Kassenführer.
disperdere vergeuden.
dispicere untersuchen.
disponere bestimmen.
dispositio Bestimmung.
dissensus Meinungsverschiedenheit, Veruneinigung.
dissentire anderer Meinung sein, nicht zustimmen.
dissimilitudo Unähnlichkeit, Verschiedenheit.
dissimulatio das Verheimlichen.
dissipare vertun.
dissociare eine Gesellschaft auflösen, endigen.
dissolvere auflösen.
distare getrennt sein, sich unterscheiden.
disterminare trennen.
distinctio Unterscheidung.
distinguere unterscheiden.
distrahere auseinanderziehen, verkaufen.
distribuere verteilen.
distringere auseinanderschnüren, durch bindende Verpflichtung fernhalten.
diurnus täglich.
diversus verschieden.
divertere sich scheiden.
dividuitas Teilbarkeit.
divinare ahnen.
divortium Scheidung.
doctrina Unterweisung, Unterricht, Ausbildung.
dodrans drei Viertel.
dolium Faß.
dolus Vorsatz, Arglist.
domesticus dem Hause angehörig.
domicilium Wohnsitz.
dominium Herrschaft, Eigentum.
dominus Herr, Eigentümer.
domus Haus. de domo numerare in bar auszahlen (Gegensatz: durch Überweisung).
donare schenken.
donatio Schenkung.
donator der Schenker.
donec bis, so lange als.
donum Geschenk.
dos Mitgift.
dotalis zur Mitgift gehörig.
ducere uxorem als Gattin heimführen, heiraten.
dum 1. während. — 2. wenn nur. — 3. hinter negativen Ausdrücken (non, nemo) = noch.
dummodo wenn nur.
dumtaxat nur, höchstens.
dupla, duplum das Doppelte.
durare fortdauern.
durus hart.

ecce siehe da. ut ecce zum Beispiel.
ecclesia (kan.) Kirche.
edere (Pf. edidi) 1. vorlegen, kundmachen. ludos edere Spiele veranstalten. — 2. gebären.
edere (Sup. esum; Infinit. edere, esse) essen.
edictum Verordnung eines Beamten.
effectus Wirkung, Wirksamkeit.
efficere bewirken, effici zustande kommen.
effringere aufbrechen.
effundere ausgießen.
egere bedürfen, arm, bedürftig sein.
egestas Armut.
egredi überschreiten.
eicere herauswerfen.
electio Wahl.
eleganter in feiner Weise, feinsinnig.
elidere beseitigen, entkräften.
eligere auswählen.
elogium Testament.
elugere betrauern.
emancipatio Befreiung von der väterlichen Gewalt.
embamma Holzessig.
emendare ausbessern, wieder gut machen.
emere kaufen.
emolumentum Vorteil.
emphyteuticarius auf die Emphyteuse (eine Art Erbpacht) bezüglich.
emplastrum Pflaster.
emptio Kauf.
emptor Käufer. emptor bonorum Massekäufer.
endo = in.
enimvero aber.
eniti gebären.
eo dorthin. eo loci an diesem Orte.
episcopus (kan.) Bischof.
equitium Pferdekoppel.
ercisci, hercisci abgrenzen. actio familiae (h)erciscundae Erbteilungsklage.
ergasterium Arbeitshaus, Fabrik.
erogare ausgeben.
eruere ausgraben.
escit = erit.
esse mit dem Genetiv einer Person oder einem Possessivpronomen verbunden, bedeutet: im Eigentum jemandes

stehen; mit dem Genetiv einer Sache verbunden bedeutet es: Bestandteil oder Zubehör sein. — s. auch edere.
etiamsi auch wenn, obgleich.
evadere entkommen.
evagari ausschweifen, um sich greifen.
evalescere Geltung erlangen.
evanescere erlöschen.
eventus Erfolg, Ausgang.
everriculum Schleppnetz.
evictio Entwehrung.
evincere entwehren.
evitare vermeiden.
evocare laden.
exactio Forderung.
exactor Einforderer, Eintreiber.
exactus genau, peinlich.
exaequare gleich machen.
examinare prüfen.
excedere überschreiten.
excelsus erhaben.
exceptio Ausnahme, Einrede.
excipere 1. annehmen, auffangen. — 2. ausnehmen.
excurrere steigen, von der Flut gesagt.
excutere ausschütteln, ausdreschen, aus der Hand schlagen.
exercere üben, ausüben, ausführen, betreiben. navem: ein Schiff laufen lassen.
exercitor wer ein Schiff laufen läßt, Reeder.
exercitoria actio Klage gegen den Reeder aus einem mit dem Schiffskapitän abgeschlossenen Rechtsgeschäft.
exhaurire erschöpfen.
exheredare enterben.
exheredatio Enterbung.
exheres enterbt.
exhibere vorweisen, herausgeben, unterhalten, für etwas einstehen.
exigere fordern. exigi verfließen, ablaufen.
exilium Verbannung.
eximere herausnehmen.
eximius außerordentlich.
exinde von da an.
existimatio der gute Ruf, die Ehre, die Vorstellung von etwas.
exonerare entlasten.
expedire erledigen, befreien, nützen. expedire pecuniam Geld aufbringen.
expeditio Unternehmen, Marsch.
expeditus einfach, leicht.
expendere abwägen, auszahlen.
expensa Ausgabe. expensae Kosten.
expensum ferre als ausgezahlt in das Hausbuch eintragen; jemanden zum Schuldner machen.
experiri versuchen, vorgehen, klagen.
expers unkundig.
explere erfüllen, vollenden.
explicare auseinanderfalten, auseinanderwickeln, befreien, entwickeln.
exponere aussetzen; ausstellen, z. B. cessionem = eine Zessionsurkunde.
exprimere ausdrücken.
expromissor der, welcher sich für einen andern verpflichtet, seine Schuld übernimmt.
exsecare herausschneiden, aufschneiden
exsequi ausführen, vollstrecken.
exsistere vorhanden sein. condicio exsistit die Bedingung tritt ein. heredem exsistere alicui jemanden beerben.
exsolvere auslösen, völlig bezahlen.
exsolutio Auszahlung, Abzahlung.
exspectare abwarten.
exspirare ausatmen, untergehen.
exspoliare (kan.) berauben.
exstare vorhanden sein.
exstinguere auslöschen. exstingui erlöschen.
extraneus außenstehend, der Dritte.
extrinsecus von außen her.
exuere entziehen.
exurere abbrennen.

fabricare herstellen.
fabula Geschwätz.
facere quominus bewirken, verursachen, daß nicht. facere alicuius zum Eigentum jemandes machen.
facies Aussehen.
facilitas Leichtigkeit, Leichtsinn.
factio testamenti die Befugnis a) ein Testament zu errichten, b) im Testament bedacht zu werden, c) bei der Errichtung des Testamentes als Zeuge mitzuwirken.
factum Tat, Tatsache.
facultas Fähigkeit, Möglichkeit, Mittel, Geldmittel.
faenerare auf Zinsen ausleihen, wuchern.
faeneratrix Wucherin.
faenus, fenus Verzinsung, verzinsliches Darlehn, zinsenbringendes Geschäft.
fallacia Täuschung.
fallere täuschen. fallit me es entgeht mir.
familia Familie, Gesinde.
famosus berüchtigt, infam.
fari sprechen.
fatalis vom Schicksal bestimmt.

fateri eingestehen, sich zu etwas bekennen.
fatum Geschick. fato zufällig.
favor Begünstigung, Bevorzugung.
favorabiliter freundlich, vorzugsweise.
fenestra Fenster.
ferire schlagen, stoßen.
ferramentum eisernes Werkzeug.
fetus das Tierjunge.
fictio Erdichtung, Annahme.
fideicommissarius derjenige, welchem eine Erbschaft oder ein Teil derselben auf Grund eines Fideikommisses herauszugeben ist (vgl. den Nacherben des BGB.).
fideicommissum formloses Vermächtnis.
fideiubere Bürgschaft leisten, bürgen.
fideiussio Bürgschaft.
fideiussor Bürge.
fidepromissor Bürge.
fides Treue. bona fides 1. Treu und Glauben, 2. guter Glaube; bonae fidei possessor der gutgläubige Besitzer.
fiducia Übereignung 1. zum Zwecke der Verwahrung (fiducia cum amico contracta), 2. zum Zwecke der Sicherung des Gläubigers.
fieri alicuius jemandes Eigentum werden.
fingere annehmen.
finire beendigen, begrenzen.
finis Ende, Grenze.
firmitas Festigkeit, Gültigkeit.
fiscus die kaiserliche Kasse (Gegens.: aerarium).
fistula Röhre.
fluctus Flut.
flumen Fluß, Abfluß.
fodere (fodire) graben.
foramen Loch.
forensis zum Gericht gehörig. forenses res Rechtssachen.
fornax Esse, Kamin.
fornicarius zur Esse, zum Kamin gehörig. fornicarius servus der Sklave, der die Heizung zu besorgen hat, der Heizer.
forsitan vielleicht.
fortasse, fortassis vielleicht.
forte vielleicht.
fortuitu zufällig.
fortuitus zufällig.
fossa der Graben.
frangere zerbrechen.
fraudare aliqua re einer Sache berauben.
fraudatio Hintergehung, Benachteiligung.
fraus Betrug, Schaden, fraus legis Umgehung des Gesetzes.
frequentari üblich sein.
frequenter häufig.
fructuarius Nießbraucher.
fructus Frucht, Ertrag.
frumentum Getreide.
frustra vergeblich, erfolglos, unwirksam
fulcire stützen.
fullo Walker.
fundamentum Grundlage.
funditus von Grund aus.
fundus das Grundstück, in der Regel das ländliche.
funestus im Trauerzustand.
fungi aliqua re verrichten, leisten.
funis Tau.
funus Leichenbegängnis.
fur Dieb.
furiosus wahnsinnig, geisteskrank.
furor Wahnsinn.
furtivus von einem Diebstahl herrührend.
furtum Entwendung, Diebstahl.
fustis Knüttel.

gener Schwiegersohn.
generalis allgemein.
generaliter allgemein.
generare zeugen.
genus Gattung.
gesta, orum Beurkundung.
gestare tragen, reiten.
gladius Schwert.
gleba Erdscholle.
granum Korn.
gratia (Praepos.) wegen. verbi gratia zum Beispiel.
gratis umsonst, unentgeltlich.
gratuitus unentgeltlich.
gravamen Belästigung, Schwierigkeit.
gravare beschweren.
gregatim herdenweise.
grex Herde.
gubernare regieren, verwalten.
gubernatio Regierung, Verwaltung.

habitare wohnen.
habitus Beschaffenheit, Zustand.
haedus Bock.
haerere hängen, zappeln.
haesitare zögern, schwanken.
harena Sand.
harenosus sandig.
hercisci s. ercisci.
hereditarius zur Erbschaft, Erbmasse, zum Nachlaß gehörig. ius hereditarium Erbrecht.
hereditas Erbschaft, Nachlaß, Erbrecht.
heres Erbe. heres exsisto alicui ich beerbe jemand.

hermaphroditus Zwitter.
hibernus winterlich.
histrio Schauspieler.
honeste anständigerweise, sittlich.
honor Ehre, Ehrenamt, Gehalt.
honorarius auf das Ehrenamt (honor) des Prätors oder Ädils gegründet.
honorarius tutor Ehrenvormund.
hora Stunde.
horreum Speicher.
hortus Garten.
huc hieher. huc usque insoweit.
humanitus auf menschliche Weise. alicui quid humanitus contingit jemandem passiert etwas Menschliches, er stirbt.
hypotheca das durch bloßen, formlosen Vertrag begründete Pfandrecht, durch das dem Gläubiger kein Besitz verschafft wird, die Hypothek.
hypothecaria actio dingliche Pfandklage, Hypothekenklage.

iactare prahlen, anpreisen, zuversichtlich behaupten.
iactura Verlust.
iactus Wurf; Auswurf aus dem Schiffe, Schiffswurf.
iam non nicht mehr.
idcirco deshalb.
ideo deshalb.
idiochirum Handschrift, eigenhändige Nieder- oder Unterschrift.
idoneus tauglich, angemessen, geeignet.
idus der 13. oder 15. Tag eines Monats. s. nonae.
ignis Feuer.
ignominia die Anrüchigkeit, Ehrlosigkeit.
ignominiosus ehrlos, anrüchig.
ignorantia Nichtwissen.
ilico sofort.
illibatus ungeschmälert.
illicite unerlaubt.
illustris berühmt; in der späteren Kaiserzeit: der ersten Rangklasse angehörig (Exzellenz).
imaginarius bildlich, symbolisch, scheinbar.
immerens unverdient.
immerito mit Unrecht.
imminere drohen.
immittere einlassen, z. B. einen Balken in die Wand des Nachbars, einwirken in eine fremde Rechtssphäre.
immo nein; ja.
immodicus unmäßig, ungeheuer groß.
impar nicht gewachsen.
impedimentum Hindernis.
impellere hineintreiben.
impendēre herüberragen.
impendĕre verwenden.
impendium Ausgabe, Verwendung.
impensa Aufwendung, Verwendung.
imperativum verbum Wort, Verbum in Imperativform, Befehlsform.
imperfectus unvollendet, unvollkommen.
imperitia Unerfahrenheit, Ungeschicklichkeit.
impetus Ungestüm.
implere erfüllen, vollenden.
implorare nachsuchen.
imponere auferlegen.
importune zu ungelegener Zeit.
impossibilis unmöglich.
imprudens ohne es zu wissen.
impubes(inpubes) noch nicht geschlechtsreif, unmündig.
impugnare bekämpfen, widerrufen.
impune ungestraft.
imputare anrechnen, zuschreiben.
inaedificare hineinbauen.
inanis nichtig.
incalescere sich erwärmen.
incendium Brand, Feuersbrunst.
incertus unbestimmt.
inchoare anfangen.
incīdere hineinfallen, hineingeraten.
incīdere aufschneiden.
incivilis nicht dem Zivilrecht entsprechend, unangemessen, ungehörig.
incola der Einwohner, Angesessene, der an dem Orte, an welchem er wohnt, Wohnsitz, nicht Heimatsberechtigung hat (Gegensatz: civis, municeps, colonus).
incommodum Nachteil.
inconsulto unabsichtlich.
inconsulte, inconsultus unüberlegt.
incorruptus unverdorben.
incrementum Zuwachs.
incrustatio Wandbekleidung.
inculpatus schuldlos, nicht rechtswidrig.
incumbere obliegen.
indebitum das Ungeschuldete, die Nichtschuld.
indefensus unverteidigt.
indemnis schadlos.
indemnitas Schadlosigkeit.
individuus unteilbar.
indivisus ungeteilt. partes indivisae, partes pro indiviso ideelle, begriffliche Teile.
inducere 1. einführen. — 2. unterstreichen und dadurch für ungültig erklären. — 3. überziehen mit Stuck. — 4. (kan.) verführen.

indulgentia Gnade.
indulgere alicui nachgeben, gewähren, nachlassen.
indutiae Waffenstillstand.
inefficax unwirksam.
inemptus ungekauft.
inermis unbewaffnet.
infamia üble Nachrede.
infans das unmündige Kind.
infectus ungeschehen, nichtig. damnum infectum ein noch nicht eingetretener, aber drohender Schaden.
inferre 1. hineintragen, einflößen (metum), zufügen (vim). — 2. beisteuern, zahlen.
infirmare entkräften.
infirmitas Schwäche, Krankheit.
infirmus schwach, wirkungslos, unverbindlich.
infitiari leugnen.
infitiatio das Ableugnen.
inflexus im Konjunktiv.
infligere damnum Schaden zufügen.
infringere brechen, vernichten.
ingenuus frei geboren.
ingredi betreten. Ingredi possessionem sich in den Besitz setzen.
ingressus Eintritt, Beginn.
inhiare nach etwas schnappen, gierig erstreben.
inhibere verhindern.
inhoneste unanständig. unsittlich.
iniuria 1. Unrecht, Widerrechtlichkeit. damnum iniuria datum. abgekürzt damnum iniuriae widerrechtliche Schadenszufügung, Sachbeschädigung. — 2. Beleidigung.
iniuriosus zu Unrecht, Widerrechtlichkeit geneigt.
iniustus ungerechtfertigt.
inlaesus unverletzt.
innotescere bekannt werden.
innovatio Neuerung.
innoxius schuldlos, frei von Haftpflicht.
inofficiosus lieblos.
inprobus anrüchig.
inquietare beunruhigen.
inquietudo Beunruhigung.
inquilinus Mieter.
inquirere erforschen, nachforschen.
inquisitio Untersuchung, Prüfung.
inrevocabilis unwiderruflich.
inritus s. irritus.
inrogare aufbürden, eintragen, zufügen.
insequi folgen, nachfolgen.
inserere einfügen.
insidiari nachstellen.
insignis hervorragend.
insinuare zu den Akten erklären.
insinuatio Erklärung zu den Akten.
instimulare anstacheln, aufreizen.
institor der mit der Leitung eines Geschäfts oder Geschäftszweiges oder Zweiggeschäftes Betraute.
institoria actio Klage gegen den Geschäftsherrn aus einem mit einem Angestellten abgeschlossenen Rechtsgeschäft.
instituere heredem zum Erben einsetzen.
instruere einrichten.
instrumentum Werkzeug, Urkunde.
insula 1. Insel. — 2. Mietshaus.
insuper obendrein.
integer unversehrt, neu. in integro im unversehrten, unberührten Zustande.
integritudo Unbescholtenheit.
intellectus Einsicht, Begriffsvermögen, Begriff, Verständnis.
intempestive zur Unzeit.
intentio Anspruch; Teil der Formel, in welchem der Anspruch des Klägers zum Ausdruck gebracht wird.
intercalare einschalten.
intercalaris dies Schalttag (d. 24. Februar). interc. mensis Schaltmonat.
intercedere 1. stattfinden. — 2. für jemand eintreten (durch Bürgschaft oder Schuldübernahme). — 3. verbieten.
intercessio Vermittlungsgeschäft.
intercīdere niederhauen.
intercĭdere untergehen.
intercipere beiseite schaffen, unterschlagen, vernichten.
interdicere untersagen. bonis interdicere alicui jemandem die Vermögensverwaltung entziehen, ihn entmündigen.
interdictum magistratisches Verbot oder Gebot.
interdum bisweilen, manchmal.
interest es ist daran gelegen, es macht einen Unterschied, es ist von Interesse.
interim inzwischen, einstweilen.
intermiscere dazwischen bringen.
internuntius Bote.
interpellare mahnen.
interpellatio Anfrage.
interponere einlegen, interp. auctoritatem: das Vollwort erteilen. sich ins Mittel legen. interp. cautionem: einen Schuldschein (auch eine Quittung) ausstellen. delegationem:

eine Anweisung vornehmen. stipulationem: eine Stipulation abschließen.
inserpretatio Auslegung, Übersetzung.
interrumpere unterbrechen.
intervallum Zwischenraum.
intervenire eintreten, sich an etwas beteiligen, für jemand eintreten.
interventus die Dazwischenkunft, das Eintreten.
intestabilis zeugnisunfähig.
intestatus ohne ein Testament errichtet zu haben.
intueri ins Auge fassen, berücksichtigen.
inundatio Überschwemmung.
inutilis ungültig.
inutiliter unnützlich, unwirksam.
invadere angreifen.
invicem gegenseitig, umgekehrt.
invitus wider*Willen.
iocus Scherz.
ire gehen, ein Wegerecht ausüben.
irritus ungültig.
irrogare s. inrogare.
ita so. ita — si nur dann, wenn.
item ebenso.
iterare wiederholen.
iubere ermächtigen.
iudicare ein Urteil fällen, aburteilen. res iudicata die abgeurteilte Sache. ante rem iudicatam vor rechtskräftigemUrteil. exceptio rei iudicatae die Einrede aus der Rechtskraft des Urteils.
iudicatus der Abgeurteilte.
iudicialis richterlich, prozessual.
iudicium 1. gerichtliches Verfahren, insbes. das Verfahren vor dem iudex im Gegensatz zum Verfahren in iure. Niemals heißt iudicium Urteil. in iudicium deducere zum Gegenstand der richterlichen Untersuchung, Prüfung machen. in iudicium venire Gegenstand richterlicherUntersuchung werden. Bisweilen kann man iudicium der Bequemlichkeit halber mit 'Formel' übersetzen; doch hüte man sich vor der Vorstellung, daß iudicium und formula identisch seien. — res in iudicium deducta est heißt: es ist Litis contestatio geschlossen. iudicium accipere bedeutet: auf Seite des Beklagten die Litis contestatio schließen. — 2. Urteilskraft, Fähigkeit, die Tragweite der eigenen Handlungen zu übersehen. — 3. iudicium defuncti der letzte Wille.
iumentum Einhufer (Pferd, Esel, Maultier).
iungere verbinden.
iuris consultus Rechtsgelehrter.
ius 1. das Recht. — 2. die Gerichtsstätte. in ius vocare vor Gericht laden.
ius iurandum Eid.
iussum, Abl. iussu Ermächtigung.
iustus 1. gerecht, rechtswirksam, nach der Rechtsordnung gültig oder anerkannt, so matrimonium iustum, testamentum non iustum. — 2. gerechtfertigt, z. B. iusta causa, iustus error.
iuxta neben, gemäß, entsprechend.

kalendae s. calendae.

labi ausgleiten, sich verfehlen.
laborare arbeiten, leiden, in Not sein.
lac Milch.
lacus See, Teich.
laedere verletzen. laedi Schaden leiden.
laesio Verletzung.
lana Wolle.
languor Krankheit.
lapillus Steinchen.
lapis Stein, Meilenstein.
laqueus Strick, Fallstrick.
lascivia Mutwillen, Übermut.
latitare sich verborgen halten.
latitudo Breite, Größe.
latrina Abort.
latro Räuber.
latrunculus Räuber.
latus breit, ausführlich. lata culpa grobe Fahrlässigkeit.
laxare lockern, nachlassen.
laxitas Ungebundenheit, Freiheit.
lectio Vorlesung, Lesart.
legare vermachen.
legatarius Vermächtnisnehmer.
legatio Gesandtschaft.
legatum Vermächtnis.
legislator Gesetzgeber.
legitimus, Adv. legitime auf einem Gesetz (sehr häufig dem Zwölftafelgesetz) beruhend.
lenocinium Kuppeleigewerbe.
leoninus an den Löwen erinnernd.
levis leicht, gering.
levitas Leichtigkeit. levitas animi Leichtsinn.
lex Gesetz, Gesetzesparagraph, Vertrag, Vertragsklausel.
libellus Schmähschrift, Bittschrift, Prozeßeingabe, Klagschrift.
liber frei. liberi die Kinder.
liberalis eines freien Mannes würdig.
liberalitas Freigebigkeit.

liberare befreien von Herrschaft oder Schuld.
libertas Freiheit.
libertinus der Freigelassene.
libertus der Freigelassene.
libet es beliebt.
libra die Wage.
librarius Schreiber, Kopist.
libripens der Wagehalter beim Manzipationsgeschäft.
licentia Freiheit, Erlaubnis, Möglichkeit.
licere frei stehen, erlaubt sein.
licet obgleich.
licitus erlaubt.
lignum Holz.
linum Leinewand, leinener Faden.
liquere klar sein.
lis Rechtsstreit, Prozeß.
litigare streiten, prozessieren.
litigiosus im Rechtsstreit befangen, streitig.
litigium Prozeß.
litteratus schriftkundig.
litus Küste, Gestade.
locare vermieten.
locuples reich.
longaevus langjährig.
loricatio Wandputz, Tünchwerk, Vergitterung.
lucrum Gewinn.
luctari ringen.
ludibrium Hohn, Unsinn.
ludicrus zum Schauspiel gehörig. ars ludicra Schauspielkunst.
luere büßen, tilgen.
lustrum ein Zeitraum von fünf Jahren; die fünfjährige Pachtperiode.
lux Licht, Tag. lux media Mittag.

machinarius Gerüstarbeiter.
machinatio listige, sinnreiche Veranstaltung.
maculare beflecken.
maenianum Söller, Balkon.
magister militum kommandierender General, Generaloberst.
magister navis Schiffskapitän.
maleficium Vergehen, Delikt.
malitia Bosheit, Schikane.
mancipare durch das Rechtsgeschäft der Manzipation Eigentum oder eine Servitut übertragen.
mancipium 1. das altzivile, formelle Rechtsgeschäft, durch welches bestimmte Gegenstände, die sogen. res mancipii, nämlich Sklaven, Pferde, Esel, Maultiere, Rinder, Grundstücke und Dienstbarkeiten an ländlichen Grundstücken übertragen (übereignet) wurden. — 2. der Sklave.
mandare auftragen; mandare actionem: die Klage abtreten.
mandatela Auftrag.
mandator der Auftraggeber, Kreditbürge.
mandatum Auftrag. mandatum principis kaiserliche Verordnung.
manifestare offenbar machen.
manifestus offenbar.
manumittere freilassen.
manus 1. Hand. — 2. eheherrliche Gewalt. — 3. Mannschaft.
margaritum Perle.
marītus Ehemann.
massa die Masse.
materia Stoff.
matertera Schwester der Mutter, Tante.
matrimonium Ehe.
maturare beschleunigen.
maturus reif.
mel Honig.
meminisse sich erinnern.
memoria Gedächtnis, Erinnerung.
mens Verstand, Absicht.
mensor Feldmesser.
menstruus monatlich.
mentio Erwähnung, Erklärung.
mercari kaufen.
mercennarius besoldet.
merces, ēdis Lohn.
merere verdienen, dienen, Dienste tun.
meretrix öffentliches Frauenzimmer, Dirne, Freudenmädchen, Hure.
merito mit Recht.
merus rein.
merx die Ware.
migrare wandern, ausziehen.
milies tausendmal.
militia Kriegsdienst.
minime am wenigsten, keineswegs, nicht.
ministerium Dienstleistung, Dienst, Hilfe.
minor kleiner, minderjährig.
minuere vermindern. capite minui eine Minderung der Rechtsstellung erleiden.
minus weniger, nicht.
missilia Münzen und andere Gegenstände, die bei Festlichkeiten unter das Volk geworfen werden.
missio Sendung, Einweisung. Entlassung aus dem Militärdienst, Verabschiedung.
mittere schicken, senden, werfen.
mixtura Vermischung.
mobilis beweglich.
moderatio Mäßigung.
modice wenig.

modicus mäßig, klein.
modius ein Hohlmaß für feste Körper. Scheffel.
modus Art und Weise, Maß, Grenze.
molestia Belästigung.
moliri in Bewegung, ins Werk setzen.
momentum das, was den Ausschlag gibt, Einfluß. nullius momenti unwirksam. momentum (temporis) Zeitpunkt.
monstrosus mißgestaltet.
monstrum Ungeheuer, Mißgeburt.
monumentum Grabdenkmal.
mora Verzug. moram facere in Verzug kommen.
morari sich aufhalten; in Verzug geraten.
morbosus krank.
mori sterben. lis moritur der Prozeß erlischt durch Parteiuntätigkeit.
mos Sitte, Gewohnheit, Art und Weise; mores Gewohnheitsrecht.
mula Maulesel.
mulio Maultiertreiber, Kutscher.
mulsum Honigtrank, Meth, Bowle.
multare bestrafen.
municeps der Bürger eines Munizipiums.
municipium Stadtgemeinde mit Selbstverwaltung.
munire schützen.
munus Geschenk, Leistung an Staat oder Gemeinde.
mutare verändern, ändern.
mutilare verstümmeln.
mutus stumm.
mutuum Darlehn.
mutuus gegenseitig, geliehen.

nancisci erlangen.
nasci geboren werden, wachsen, entstehen.
natales, ium die durch die Geburt erlangte Rechtsstellung; natalibus restituere durch Fiktion der freien Geburt dem Freigelassenen den Rang des Freigeborenen verleihen.
natalis oder natalis dies Geburtstag.
naturalis natürlich. Gegensatz: civilis.
naturaliter auf natürliche Weise. Gegensatz: civiliter.
naufragium Schiffbruch.
naulum Schiffslohn, Verfrachtungslohn.
nauta Schiffer, Schiffskapitän.
nec, neque und nicht; nicht einmal (= ne — quidem). nec in altertümlichen Wendungen, wie nec manifestus, nec mancipii, heißt: nicht. neque–neque, nec–nec weder—noch. — nec enim, neque enim denn nicht.
necesse nötig. necesse habere müssen.
necessitudo Verwandtschaft.
negativus verneinend, bestreitend.
negotiatio Handelsgeschäft.
negotium Geschäft.
nepos Enkel.
neptis Enkelin.
nequaquam keineswegs.
neque s. nec.
nequitia Nichtswürdigkeit.
nexum das altzivile Verpflichtungsgeschäft.
nocturnus nächtlich.
nomen 1. Namen. nomine im Namen, wegen. — 2. Schuldforderung.
nominare nennen, ernennen.
nominatim mit Namensnennung, ausdrücklich.
nonae der fünfte oder siebente (im März, Mai, Juli, Oktober) Tag eines Monats.
notare anmerken, bemakeln.
notitia Kenntnis.
notum habere Kenntnis haben von etwas.
novare ein Rechtsverhältnis umwandeln.
novatio Erneuerung, Novation.
noverca Stiefmutter.
novicius junger, ungelernter Sklave.
novissime zuletzt.
novus neu. novissimus der letzte.
nox Nacht. nox media Mitternacht.
noxa Schaden.
noxalis zum Schadenersatz verpflichtend, jedoch mit der Einschränkung, daß die Schadenersatzpflicht durch Auslieferung des Schaden stiftenden Menschen oder Tieres abgewendet werden kann.
nudus nakt, bloß.
nullus keiner, nichtig.
numerare zählen, hinzählen. pecunia numerata bares Geld.
nummarius aus Münzen, Geld bestehend.
nummus Geldstück, Münze.
nuncupare öffentlich erklären.
nundinae eig. Zeitraum von 9 Tagen; übertr. Wochenmarkt.
nuntiatio Ankündigung.
nuptiae Ehe, Hochzeit.
nurus Schwiegertochter.

obdormiscere einschlafen.
obesse schaden.
obicere exceptionem eine Einrede vorschützen.
obire sterben.
obligare verbinden, verpflichten. obligare rem eine Sache verpfänden.

oblivio Vergessen, Vergeßlichkeit.
obrepere erschleichen.
obscurus dunkel.
obsequens willfährig, gefällig.
observare beobachten.
observatio Beobachtung.
observator Beobachter, Kontrollperson.
obsignare versiegeln.
obsistere sich in den Weg stellen.
obstare im Wege stehen, hindern.
obstetrix Hebeamme.
obstringere verpflichten.
obstruere versperren.
obtinere behaupten, siegen, Geltung haben.
obtingere eintreten.
obturare verstopfen.
obvenire zuteil werden.
occupare besetzen, einnehmen, sich aneignen.
offensa Beleidigung.
offerre anbieten.
officere schaden.
officina Werkstatt.
officium Pflicht, Amtspflicht, Gefälligkeit, Dienstleistung. officium magistratuum Dienstpersonal der Beamten, Bureau.
oleum Öl.
oliva Olive.
olivetum Olivenhain.
omittere ausschlagen.
omnimodo in jedem Fall.
omnino überhaupt.
onerare belasten.
onus Last.
opera Dienstleistung, Bemühung. operam dare sich Mühe geben. data opera absichtlich.
oportunius an gelegnerer, geeigneterer Stelle.
oportunus günstig, gelegen, gehörig.
ops Hilfe, Beihilfe.
optio Wahlrecht, Wahlvermächtnis.
opus das Werk. opus est es ist nötig.
orbis Kreis, Erdkreis.
ordinare anordnen, ernennen, errichten (testamentum).
ordinatio Anordnung, ordnungsgemäße Anfertigung.
origo Ursprung, Entstehung, Heimat, Heimatsberechtigung.
ostium Tür.
ovis Schaf.

pacisci sich vertragen, vergleichen, eine Abmachung (pactum, pactionem) treffen.
pactio Abmachung, Abrede, Satzung, Statut.
pactum formlose Abrede.
pactum conventum formlose Verabredung.
paganus einer, der nicht dem Soldatenstande angehört, ein Zivilist.
pagina die Seite eines Buches.
palaestra Ringschule.
palam öffentlich.
palatium Palast.
palus, i Pfahl.
palustris sumpfig.
pancratium Ring- und Faustkampf.
pannus Tuch.
parare bereiten, anschaffen.
parentes 1. die Eltern. — 2. die männlichen Aszendenten.
parĕre (pario) gebären.
parēre 1. gehorchen. — 2. offenbar sein. paret = es wird bewiesen.
pariatio Abrechnung.
paries Wand.
pariter in gleicher Weise.
parochianus (kan.) Pfarrkind.
pars Teil, Bruchteil, Bestandteil. a parte von seiten. partes die Rolle.
partiarius colonus Teilpächter, der statt des Pachtzinses dem Verpächter eine Quote der Früchte zu leisten hat. partiarius legatarius Teilvermächtnisnehmer.
particula Teilchen. particula minima Atom.
particulatim teilweise.
partiri teilen.
partitio Teilung, Teilungsvermächtnis.
partus das Geborne, das neugeborne Kind.
parum zu wenig.
pastinatio Umgraben, Rigolen.
pati zulassen, dulden.
patientia das Dulden.
patrimonium Vermögen.
patronus Schutzherr, Freilasser.
patruus Vatersbruder, Oheim.
paulatim allmählich.
pauperies Schaden, Tierschaden.
pavimentum Estrich, Pflaster.
peccatum (kan.) Sünde.
peculiariter aus dem Peculium, mittelst des Peculiums.
peculium das dem Haussohn oder Sklaven vom Vater oder Herrn zu freier Verwaltung überlassene Vermögen.
pecuniarius in Geld bestehend.
pecus Gen. pecudis oder pecoris Vieh

peiorare verschlechtern.
pendĕre wägen, zahlen.
pendēre schweben.
in pendenti esse sich im Schwebezustand befinden.
penes bei.
penitus völlig, von Grund aus, ganz und gar.
pensare ausgleichen, aufrechnen.
pensio Zahlung, Ratenzahlung.
percipere erlangen, gewinnen, ernten.
percutere durchschlagen, prägen.
perducere durchführen, ausdehnen.
peregre ins (im) Ausland, auf die (der) Reise.
peregrinari sich auf der Reise befinden.
peregrinus Ausländer, Nichtrömer.
peremere vernichten.
peremptorius vernichtend.
perennis immer fließend.
perfectus vollendet, vollkommen. perfecta aetas Volljährigkeit.
perfrui bis zu Ende die Früchte, Erträge ziehen.
perhibere gewähren.
periculosus gefährlich.
perinde — ac ebenso wie.
permiscere vermischen.
permissu mit Erlaubnis.
permutare eintauschen.
permutatio Tausch.
pernecessarius sehr nötig.
perniciose in Verderben bringender Weise, unheilvoll.
perperam fälschlich, irrtümlich.
perpetuare verewigen; dauernd, unverjährbar machen.
perpetuo, Adv. dauernd, ständig.
perpetuus ewig, dauernd, ständig.
perscriptura Niederschrift.
perseverare verharren, bestehen bleiben.
persolvere völlig bezahlen.
pertinere ad aliquem jemandem gehören. ad aliquid zu etwas gehören. eo pertinet, ut es bezieht sich darauf, daß. non ad rem pertinet es kommt nicht darauf an, ist nicht erheblich.
petere fordern, einklagen.
petitio Forderung, Klage, insbes. die dingliche Klage.
pictura Gemälde.
pignerare verpfänden.
pigneraticia actio Pfandklage.
pigneratio Verpfändung.
pignus eigentlich das Faustpfand, Besitzpfand, doch auch das Vertragspfand, die Hypothek.
pilus Haar der Tiere.
pirata Seeräuber.
piscari fischen.
piscator Fischer.
pistrinum Stampfmühle.
plenus voll, umfassend.
plerumque meistenteils, häufig.
plumbum Blei.
poculum Becher.
poenalis zu Strafzwecken, Bußzwecken bestimmt.
poenitentia Reue.
polire glätten, reinigen, aufmöbeln.
pollere vermögen, Wirkung (Kraft) haben.
pollicitatio (einseitiges) Versprechen, insbes. an eine Stadtgemeinde.
pomum Apfel, Obst.
pondus Gewicht.
popularis actio eine Klage, bei der jedem, nicht nur dem Verletzten, das Klagerecht zusteht.
portio Teil, Bruchteil, Bestandteil.
possessor Besitzer, insbes. der juristische Besitzer. Bei dinglichem Klagen der Beklagte.
possidere besitzen, juristischer Besitzer (Eigenbesitzer) sein.
postliminium Rückkehrrecht.
postliminii ius Rückkehrrecht.
postulare Anträge vor Gericht stellen.
potestas Möglichkeit, Gewalt. potestas dominica die hausherrliche Gewalt. patria pot. die väterliche Gewalt.
potentior mächtiger, in besserer Rechtslage.
potior vorzüglicher. potiorem esse den Vorrang haben.
potissimum vornehmlich.
praecedere vorausgehen.
praeceptio das Vorwegnehmen, das Vorausvermächtnis.
praeceptor Lehrer.
praecīdere vorn abschneiden.
praecipere 1. vorwegnehmen. — 2. vorschreiben.
praecipue vornehmlich, hauptsächlich.
praecipuus vorzüglich.
praedium Grundstück.
praedo Räuber, bösgläubiger Besitzer.
praefectus praetorio eigentlich der Kommandeur der kaiserlichen Leibgarde, dann der höchste Beamte der ritterlichen Ämterlaufbahn.
praefigere vermauern.
praegravare beschweren.
praeiudicare eine spätere Entscheidung durch eine frühere beeinflussen.

praeiudicium eigentlich: Vorentscheidung; übertragen: Beeinflussung, Beeinträchtigung. — Feststellungsklage.
praeponere an die Spitze stellen, vorziehen.
praepositio die Vorsilbe.
praescribere voranschreiben. actio praescriptis verbis eine Klage, in deren Formel der Tatbestand kurz vorangeschrieben ist. — verjähren.
praescriptio 1. Begrenzung, Klagbegrenzung. — 2. Einrede. — 3. Verjährung.
praesens gegenwärtig. ad praesens für den augenblicklichen Gebrauch.
praesentialiter (kan.) sofort.
praeses Statthalter.
praestare gewähren, leisten, für etwas einstehen, haften. actionem praestare die Klage abtreten.
praestatio Leistung.
praestituere vorher bestimmen.
praesto, Adv. bereit, anwesend.
praeterire vorübergehen, übergehen.
praeteritus vergangen.
praetextatus ein Jüngling, der noch die toga praetexta, d. h. die mit gesticktem Saum versehene Toga, das Knabenkleid, trägt, ein halbwachsener Knabe.
praetextus Vorwand.
praetor der oberste Gerichtsbeamte.
praetorium Herrenhaus, Palast.
praevalere mehr gelten, überwiegen, vorwiegen, vorherrschen.
praevaricatio Begünstigung der Gegenpartei.
precario bittweise, auf Widerruf.
precarium Überlassen auf Widerruf.
precative bittweise.
precativus bittweise.
pretiosus wertvoll.
pridie am Tage vorher; pridie kalendas der letzte eines Monats.
primordium Beginn.
princeps der Kaiser.
principalis 1. hauptsächlich. principalis obligatio die Hauptverpflichtung im Gegensatz zur Nebenverpflichtung (accessio) des Bürgen. — 2. kaiserlich.
principium Anfang.
pristinus früher, vorig.
privare berauben.
privatum Privatgrundstück.
privatus dem einzelnen Individuum (nicht der Allgemeinheit) gehörig. Gegensatz: publicus, communis.
privigna Stieftochter.
privignus Stiefsohn.
privilegium Vorzugsrecht.
probabilis annehmbar, entschuldbar.
probare billigen, beweisen.
probatio Beweis, Beweislast.
probrosus ruchlos, unsittlich.
probus redlich, vollgültig, vollwichtig (von Münzen gesagt).
procedere vorwärtsschreiten, von statten gehen, möglich sein.
procinctus das zur Schlacht gerüstete Heer.
procreare erzeugen.
procul fern. procul dubio ohne Zweifel.
procurare Prokurator sein.
procurator Prozeßvertreter, Stellvertreter, Verwalter, kaiserlicher Beamter.
procuratorius den Prokurator betreffend.
prodigiosus unnatürlich.
prodigium Wunderzeichen, Mißgeburt.
prodigus Verschwender.
prodire hervortreten, auftreten.
profanus nicht heilig.
profecticius vom Aszendenten herstammend.
proficere nützen.
profiteri öffentlich erklären, lehren.
profluere fließen.
profundere vergeuden, hervorstoßen.
profusus verschwenderisch, übertrieben.
prohibere verhindern, verbieten.
prohibitorius verbietend.
proicere einen Vorbau, Überdach, Balkon haben oder errichten.
proinde daher; proinde—ac ebenso wie.
proluere abspülen.
promiscue ohne Unterschied.
promissor Versprecher, Schuldner.
promulgatio Veröffentlichung.
pronuntiare verkünden, ein Urteil fällen.
propinquus Verwandter.
proponere vorlegen, veröffentlichen, den Fall setzen. in proposito im vorliegenden Falle.
propositum Absicht.
proprie eigentlich.
proprietas Eigentum.
propulsare abwehren.
prorsus völlig.
proscribere durch Aufschrift an sichtbarer Stelle bekannt machen. zum Verkauf ausbieten.
prospectus Aussicht.
prospicere Aussicht, das Recht auf Aussicht haben. prospicere alicui sorgen für jemand.
protectum Vordach.
protegere ein Vordach errichten.

protendere erstrecken.
protinus sofort.
protrahere wegziehen.
prout je nachdem.
providentia Fürsorge.
provocare aufrufen, auffordern.
proximior näher.
proximitas Verwandtschaftsnähe.
proximus am nächsten.
pubes geschlechtsreif, mündig.
publicare öffentlich machen.
publicum öffentliche Straße, öffentlicher Platz.
publicus öffentlich, der Gesamtheit, dem Staate oder einer Gemeinde gehörig. equus publicus das Staatsroß.
pugil Faustkämpfer.
pugillares Notizbuch.
pugnus Faust.
pulsare schlagen, verklagen.
pulvis Staub.
pupillaris den Mündel, Unmündigen betreffend. aetas pupillaris das unmündige Alter.
pupillus Mündel, Unmündiger.
pure unbedingt.
purus rein, unbedingt, unbefristet.
puta zum Beispiel.
putator Ausputzer, Beschneider von Bäumen.
puteal Brunnendeckel.

quaerere suchen, erwerben.
quaestus Erwerb, Erwerbsgeschäft.
qualitas Eigenschaft.
qualus Korb, Mulde.
quamdiu so lange als, bis.
quandoque wann auch immer, irgend einmal, da ja.
quapropter deshalb.
quadrans ein Viertel.
quasi gleichsam.
quatenus wieweit.
querel(l)a Beschwerde, Klage.
quidam ein gewisser.
quidem zwar (bleibt oft besser unübersetzt). ne – quidem nicht einmal, auch nicht.
quiescere ruhen.
quilibet jeder beliebige.
quin immo ja sogar.
quincunx fünf Zwölftel.
quippe denn; quippe cum da ja.
quivis jeder beliebige.
quo wohin.
quodammodo gewissermaßen.
quod si wenn aber.
quotiens wie oft, so oft als, jedesmal wenn.
quotus der wievielste.

radicitus mit den Wurzeln.
ramus Zweig.
rapina Raub.
raptor Räuber.
ratihabitio Genehmigung.
ratio Vernunft, Überlegung, Plan, Rechnung, System (tenor rationis), Grund, Art und Weise.
ratiocinium Rechenschaftslegung, Rechenschaftslegungspflicht.
rationabilis vernünftig.
ratus gültig. ratum habere genehmigen.
rea Schuldnerin.
recĭdere zurückfallen. reccidere in unum sich auf einen reduzieren.
recīdere abhauen.
recedere sich entfernen.
recepticius zur Rückgabe verpflichtend.
recessus Zurückweichen.
recipere zurücknehmen, aufnehmen, zulassen, übernehmen, versprechen.
recitare verlesen.
recognoscere wieder erkennen, anerkennen, beglaubigen. recognitum Beglaubigung.
recreare wieder aufnehmen.
recte richtig, rechtmäßig, rechtsgültig.
rector Leiter. rector provinciae Statthalter.
recusare sich weigern, ablehnen.
redemptio Loskauf.
redemptor Loskäufer, Aufkäufer.
redhibere zurückgewähren, insbesondere auf Grund des Wandlungsrechtes zurückgeben.
redhibitoria actio Wandlungsklage.
redigere zurückführen, zurückbringen. usuras in sortem redigere die Zinsen zum Kapital schlagen.
redimere loskaufen.
redintegrare (kan.) wieder herstellen.
reditus 1. Rückkehr, — 2. Einkünfte.
redundare überfließen, sich erstrecken.
refectio Wiederherstellung.
referre 1. berichten. — 2. darauf ankommen, einen Unterschied machen. — 3. se referre sich zurückbeziehen.
refundere zurückzahlen.
regio Gegend. e regione auf seiten.
regularis (kan.) regelrecht, ordentlich.
regulariter regelmäßig, in Regelform, in aller Regel.
religare anbinden.
religiosus den unterirdischen Göttern geweiht, heilig; gewissenhaft.

relinquere zurücklassen, hinterlassen.
reliquatio Restschuld.
remedium Heilmittel, Hilfsmittel.
remissio Erlaß, Widerruf.
remittere erlassen.
removere beseitigen, entfernen.
remunerari belohnen.
renuntiare kündigen auf etwas verzichten (alicui rei).
renuntiatio Kündigung.
reparare wiederherstellen, Schadenersatz leisten.
repetere zurückfordern, wiederholen.
repetitio Rückforderung, Wiederholung.
replere erfüllen, vollenden.
replicatio Gegeneinrede des Klägers auf die Einrede des Beklagten.
reponere wieder einsetzen.
repraesentare darstellen, sofort zahlen.
repraesentatio sofortige Leistung, sofortige Auszahlung.
reprehendere tadeln.
reprimere unterdrücken.
repromissio Wiederversprechen.
repudiare verschmähen, ausschlagen.
repudiatio Ausschlagung.
repugnare widerstreben, widersprechen.
requiescere ruhen.
res Sache, Gegenstand, Tatsache, Anspruch, Lage.
rescindere wieder aufreißen, ungültig machen.
resecare abschneiden.
residuum der Rest.
resolvere auflösen.
respectus Rücksicht.
respirare wieder aufatmen.
restituere wieder herstellen, herausgeben.
restituere in integrum wieder in den vorigen Stand einsetzen.
restitutorius von herstellender Wirkung.
resupinus auf dem Rücken liegend, sorglos, faul.
resuscitare wieder aufwe ken.
retardare verzögern, hemmen.
rete Netz.
retentio Zurückbehaltungsrecht.
reticescere verschweigen.
retinere zurückbehalten.
retro früher.
retrorsum, retrorsus nach rückwärts, in die Vergangenheit.
reus der Angeklagte, Schuldner. reus promittendi der Stipulationsschuldner. reus stipulandi der Stipulationsgläubiger. duo rei Korreal- oder Gesamtschuldner. rei die Parteien im Prozeß.
reverentia Ehrfurcht.
revocare widerrufen, aufheben; (kan.) wiederherstellen.
ridiculus lächerlich.
rigor (kan.) Strenge.
ripa Ufer.
rivus Bach.
rixa Wortstreit.
rogare bitten, fragen.
ruber rot.
rudis roh.
ruina Einsturz.
rumpere brechen, zerstören, verstümmeln.
rursus wiederum.
rus das Land. Akkus.: auf das Land.
rusticanus Landmann.
rutilare rot, gerötet sein.

sacramentum 1. heiliger Dienst, Mysterium. — 2. Eid.
sacrilegium Tempelraub, Tempelschändung, Kirchenraub.
sagarius Kriegsmäntel betreffend. sagaria negotiatio Militärmäntelgeschäft.
salientes, scil. aquae, Springbrunnen.
salubritas Gesundheit.
salus Heil, Gruß.
salvus unversehrt, unbeschadet.
sanctio Festsetzung, Verordnung.
sanguis Blut.
sarcinae Reisegepäck.
sarcinator Flickschneider, Schneider.
sarcire flicken, wieder gut machen, ersetzen (damnum).
satis genug, recht.
satis accipere sich Sicherheit bestellen lassen.
satisdare Sicherheit leisten durch Stipulationsversprechen und Bürgen.
satisdatio Sicherheitsleistung durch Stipulationsversprechen mit Bürgen.
satisfacere alicui jemanden befriedigen.
scaena Bühne.
scaenicus Schauspieler.
scala Leiter.
schola Schule, Sekte.
scilicet selbstverständlich.
scindere zerreißen, teilen.
scrinium Schrein.
scriptura Schrift. pactio scriptura interveniente habita ein Vertrag, dessen Gültigkeit Schriftform verlangt.
securus sorglos, sicher.
sedes, sedium Wohnsitz.
seges Saat.
semel iterumque ein und das andere Mal, zu wiederholten Malen.

seminex halbtot.
semis ein halber As, die Hälfte.
semissarius (heres) auf die Hälfte eingesetzt.
sententia Ansicht, Urteil.
sensus Sinn, Vernunft.
sentire fühlen. damnum sentire Schaden erleiden.
separare trennen.
separatim getrennt.
sepelire begraben.
seponere beiseite legen.
septunx sieben Unzen, sieben Zwölftel.
sepultura Begräbnis.
sermo Rede, Ausdruck.
sequela Folge, Anhang.
sequi folgen, eintreten.
servare bewahren, erhalten, aufrecht erhalten, beobachten.
servire dienen, mit einer Grunddienstbarkeit belastet sein.
servitus 1. Sklavenstand. — 2. Dienstbarkeit.
sestertius eine Münze im Wert von 2½, später 4 Assen; nach unserer Rechnung etwa 20 Pfennige. Das Neutrum sestertium bedeutet 1000 Sesterzien.
sextans ein Sechstel.
sexus das Geschlecht.
siccare trocknen.
sicubi wo auch immer, wenn auch immer.
signare siegeln.
signum Zeichen, Siegel.
silva Wald.
simplicitas Einfachheit, Einfalt, Beschränktheit.
simulare vorgeben, heucheln.
simulatio Heuchelei.
simulatque sobald als.
sinere zulassen, dulden.
sobrie nüchtern, vernünftig, überlegt.
socer Schwiegervater.
sociare sich vereinigen.
societas Gesellschaft.
socius Gesellschafter.
socrus Schwiegermutter.
sodalis Mitglied einer Korporation, eines Vereins.
solatium Trost.
solennitas (kan.) Förmlichkeit.
solidus, Adj. ganz.
solidus, Subst. Goldstück.
sollemnia die Förmlichkeiten.
sollemnis, Adv. sollemniter feierlich, förmlich.
sollemnitas Feierlichkeit, Förmlichkeit.
sollicitus besorgt.
solum Boden. res soli unbewegliche Sache, Immobilie.
solutio Zahlung.
solvendo (scil.: idoneus) zahlungsfähig.
solvere lösen, zahlen.
sonus Ton, Klang.
sopire einschläfern, zur Ruhe bringen.
sors Kapital.
spatiari spazieren gehen.
specialis besonders.
species Form, Gestalt, Einzelsache, Fall.
speciosus scheinbar.
sperare hoffen, erwarten.
spectare schauen, ins Auge fassen. spectari in Betracht kommen.
spica Ähre.
spiritus Geist, Hauch, Idee.
spolia, orum Beute.
spoliare berauben, plündern.
spoliator (kan.) Räuber.
spondere sich verpflichten, geloben.
sponsa Braut.
sponsalia Verlöbnis.
sponsor Bürge.
sponsus, us feierliches Versprechen.
sponsus, i Bräutigam.
(sua) sponte freiwillig.
spurius unehelich.
stabilis fest, gültig.
stabilitas Festigkeit.
stabularius Stallwirt.
stabulum Stall.
stadium Rennbahn.
stagnum stehendes Gewässer, Teich, Tümpel.
stare per aliquem quominus es liegt an jemandem die Schuld, es wird von ihm verursacht, daß nicht. stare pacto bei dem Vertrage verbleiben.
statim sogleich. statim atque sobald als.
statio Verwaltungsabteilung, Departement.
statuliber bedingt frei.
status Rechtsstellung.
stercorare ausmisten.
stillicidium Tropfenfall, Regentraufe.
stipendiarium praedium ein Grundstück in einer Provinz des römischen Volkes. Gegensatz: tributarium praedium, Grundstück in einer kaiserlichen Provinz.
stipendium Sold, Steuer.
stipulari sich feierlich versprechen lassen.
stipulatio mündlicher Formalvertrag, Verbalvertrag.
strictus streng.
stuprum Keuschheitsdelikt, unerlaubter

Verkehr mit einer Jungfrau oder Witwe.
subesse zugrunde liegen.
subicere unterschieben, vorschieben.
subinde häufig.
subire sich unterziehen, erschleichen.
subnotatio Unterschrift.
subripere stehlen.
subsellium Bank.
subsequi nachfolgen, eintreten.
subsidiarius nur zum Ersatz, nur zur Aushülfe bestimmt.
subsidium Hülfe, Ersatz.
subsistere vorhanden sein.
substantia Wesen, Eigenschaft, Vermögen.
substituere an Stelle jemandes setzen, bes. an Stelle des zunächst eingesetzten Erben für den Fall, daß dieser nicht Erbe werden sollte, einen andern einsetzen.
substitutus Ersatzerbe.
subtilitas Feinheit, Spitzfindigkeit.
subtrahere entziehen, stehlen.
suburbanus in der Nähe der Stadt gelegen.
subvertere umstürzen.
successio Nachfolge, insbes. Rechtsfolge.
successor Rechtsnachfolger.
successorius die Erbfolge betreffend.
succidere abschneiden, abhauen.
sufficere genügen.
suffragium Abstimmung.
suggerere an die Hand geben, anraten.
suggrunda Wetterdach.
summa die Gesamtheit, Geldsumme; in summa schließlich, kurz.
summittere ergänzen, einstellen.
sumptus Aufwand, Kosten.
superesse übrig sein.
superficiarius auf das Recht der superficies begründet.
superficies jedes menschliche Bauwerk auf (fremdem) Grund und Boden, auch Pflanzungen, sodann das dingliche Recht, ein solches Bauwerk auf fremdem Grund und Boden zu haben (Erbbaurecht).
superfluus überflüssig, überschüssig. superfluum der Überschuß.
superstes überlebend
supervacuo überflüssigerweise.
supervacuus überflüssig.
supervenire hinzukommen.
supervivere überleben.
suppetere zustehen.
supplere ergänzen.
supponere von unten ansetzen, unter schieben, vorschieben.
supremus der letzte.
surdus taub.
su(r)sum versum hinauf, aufwärts.
suscipere übernehmen. suscipere iudicium sich auf die Klage, den Prozeß einlassen.
suspectus verdächtig.
suspendere (kan.) entheben.
suspicio Verdacht.
symphonia Musikkapelle.
syndicus Rechtsbeistand.
syngrafa (abstrakte?) Schuldverschreibung.
synodus (kan.) Kirchenversammlung.

tabellio Notar.
taberna Geschäftsladen, Werkstatt.
tabula Tafel. tabulae ceraeque Wachstafel. tabulae das Testament.
tactus Berührung.
tametsi obgleich.
tangere berühren.
tantisper eine Zeitlang, einstweilen.
tantum, tantummodo nur.
tantundem ebensoviel.
tarde verspätet.
taxare eine Höchstgrenze setzen.
taxatio Begrenzung.
tectorium Wandputz.
tegula Ziegel.
temere leichthin, unüberlegt.
temperare mäßigen, mildern, schonen.
temporalis zeitlich begrenzt, verjährbar (actio). Gegensatz: perpetuus.
tenaciter hartnäckig.
tenere halten, binden. teneri haften.
tenor Zusammenhang.
terminus Grenze.
terrae motus Erdbeben.
testamentarius durch Testament berufen.
testamentum die feierliche, förmliche, vor Zeugen abgegebene Erklärung des letzten Willens; (kan.). utrumque testamentum das Alte und Neue Testament.
testari zum Zeugen aufrufen, sich bezeugen lassen, ein Testament errichten.
testatio Bezeugung.
testator Testamentserrichter, Erblasser.
testimonium Zeugnis, Beweis.
thensaurus Schatz.
tignum Balken.
titulus Rechtsgrund.
tolerabilis erträglich.

tollere wegnehmen, wegschaffen; ius tollendi das Wegnahmerecht.
torquere foltern.
totidem ebensoviele.
trabes Balken.
tractare behandeln, untersuchen. negotia tractare Geschäfte besorgen.
tractatus Untersuchung.
tractus Zug, Ablauf, Zeitraum.
traditio Übergabe.
traiecticius überseeisch. traiecticius contractus Bodmereivertrag. trai cticia pecunia Seedarlehn.
traiectus Durchgang, Durchführung.
transactio der Vergleich.
transfundere übertragen.
transfusio Verwandlung.
transigere sich vergleichen, einen Vergleich schließen. transigi verfließen, ablaufen.
translatio Übertragung.
transferre übertragen.
transmittere übertragen.
transscripticius überschreibend, überweisend.
transscriptio Überschreibung, Überweisung.
tribunal Richterstuhl.
tributoria actio Klage gegen den Vater oder Herrn aus einem mit dem Sohne oder Sklaven abgeschlossenen Handelsgeschäft, wenn das Peculium überschuldet ist und der Kläger bei der anteilsmäßigen Befriedigung der Gläubiger durch den Vater oder Herrn übervorteilt worden ist.
tributum Steuer.
triclinium Speisesaal.
triens ein Drittel.
trimus dreijährig.
triticum Weizen.
tueri schützen.
tumultus Aufruhr.
tunc damals, in jenem Zeitpunkt; tunc — cum nur dann, wenn.
tunica Rock.
turpis unsittlich.
turpitudo Unsittlichkeit.
turris Turm.
tutela Schutz, Verteidigung; insbes. Vormundschaft.
tutor Vormund.
tutus geschützt, sicher.

uber reichlich.
ulcisci sich rächen.
ultro aus freien Stücken.
uncia der zwölfte Teil eines Asse oder Pfundes; ein Zwölftel.
unciarius auf eine Unze, d. i. ein Zwölftel eingesetzt.
unde von wo, woher, daher.
universitas Gesamtheit.
urere brennen, verbrennen.
urguere bedrängen.
usque bis. eo usque solange.
usucapere ersitzen.
usucapio Ersitzung.
usurae Zinsen.
usurpare anmaßen, die Ersitzung unterbrechen.
usus Gebrauch, das dingliche Gebrauchsrecht. In der Sprache der zwölf Tafeln: Ersitzung.
usus fructus Nießbrauch.
ut ecce zum Beispiel.
uter welcher von beiden.
uterus Mutterleib.
uti frui das Nießbrauchrecht haben oder ausüben.
utilis nützlich, tauglich, wirksam, analog
utilitas Nutzen, praktische Rücksicht
utique jedenfalls.
utpote da ja.
ut puta zum Beispiel.
utrubi an welchen von beiden Orten bei welchem von beiden.
utrubique an beiden Orten.
uva Weintraube.
uxorius der Gattin, zum Frauengut gehörig. res uxoria das Frauengut

vacare frei, herrenlos sein.
vacatio Befreiung.
vacillare schwanken.
vacuus leer, frei, besitzfrei.
vagina Scheide (des Schwertes).
valere gelten. (kan.) können.
valetudo Gesundheitszustand.
valide kolossal, sehr.
vanus eitel, einbildungsreich, phantasiereich.
vas Gefäß.
vectigalis mit einem Bodenzins belastet, abgabepflichtig, in Erbpacht stehend
vector Schiffsgast, Passagier.
vectura Fuhrlohn, Frachtgeld.
vehiculum Wagen.
vel oder. vel — vel entweder — oder
venalis käuflich, feil.
venari jagen.
vendere verkaufen.
venditio Verkauf.
venditor Verkäufer.
venire (veneo) verkauft werden.

venter der Mutterleib, auch die Leibesfrucht.
verberare geißeln.
verbum das Wort. verbi gratia zum Beispiel.
verecundia Zartgefühl, Anstand.
vero aber.
versari sich aufhalten, sich verhalten (neglegenter), in Frage kommen.
vertere drehen, wenden. verti in Frage kommen. in rem vertere zum Nutzen jemandes verwenden, in das Vermögen jemandes bringen.
verum aber, sondern.
vestimentum Kleidungsstück.
vestis Stoff zu Decken und Kleidern, Kleid.
vetare verbieten.
veteres die Alten, d. h. die Juristen der republikanischen Zeit.
vexatio Quälerei, Schererei.
vicarius Stellvertreter, Sklave eines Sklaven, Untersklave.
vice an Stelle. vicem obtinere, sustinere die Stelle einnehmen. vice personae fungi die Stelle einer Person einnehmen.
vicinitas Nachbarschaft.
vicinus benachbart, der Nachbar.
videlicet offenbar, selbstverständlich.
vidua Witwe.
vilis wohlfeil, gering.
villa Wirtschaftsgebäude.
vinarius zum Wein gehörig.
vinculum Band.
vindicare das Eigentumsrecht oder ein anderes dingliches Recht (z. B. Pfandrecht) geltend machen.
vindicatio Geltendmachen des Eigentums oder anderer dinglicher Rechte. legatum per vindicationem Eigentumsvermächtnis.
vindicta Freiheitsstab.
vinea Weinberg.
violenter gewaltsam.
violentia Heftigkeit.
viridis grün. viridia Wintergärten.
virilis männlich. pars (portio) virilis der Kopfteil.
virtus Tugend, Kraft, Bedeutung.
vis Gewalt, Kraft, Bedeutung. vis maior höhere Gewalt.
viscera (Sing. viscus) Eingeweide.
visus das Aussehen.
vitiare verderben, fehlerhaft machen.
vitiosus fehlerhaft.
vitis Rebe.
vitium Fehler.
vitricus Stiefvater.
vitulus Kalb.
vocatio Berufung, Ladung.
volucris Vogel.
volumen Rolle, Band, Buch.
voluntas Wille.
voluptarius nur dem Vergnügen dienend, zu Luxuszwecken bestimmt.
voracitas Gefräßigkeit, Habgier.
votum Gelübde.
vovere geloben.
vulgo allgemein. vulgo concipere in ungeregeltem Geschlechtsverkehr, außerhalb der Ehe empfangen. vulgo quaesitus außerhalb der Ehe erzeugt.
vulnerare verwunden.

Druck von Georg Reimer, Berlin W.

FSC
www.fsc.org
MIX
Papier | Fördert
gute Waldnutzung
FSC® C083411

Kolibri 360 GmbH
Ferdinand-Jühlke-Straße 7
99095 Erfurt, Deutschland
produktsicherheit@kolibri360.de